ペルシア帝国

青木 健

講談社現代新書

2582

#『ペルシア帝国』目次

プロローグ　「ペルシア」とは何か

1　二つの帝国――ハカーマニシュ朝とサーサーン朝

イラン系諸国家のなかのペルシア帝国

本書の主題は、古代オリエント時代に、イラン高原（図1参照）の南西部のペルシア州を拠点として、ペルシア人が建てた二つの帝国の興亡である。その二つの帝国とは、後世からふりかえっての学問上の呼称では、ハカーマニシュ朝（紀元前五五〇年～紀元前三三〇年、ギリシア語名アケメネス朝）とサーサーン朝（二二四年～六五一年）を指す。それぞれ、古代ペルシア語で「クシャサ」、中世ペルシア語で「エーラーン・シャフル」と自称した国家である。

そのかみはアーリア民族と自称していたイラン民族が建てた国家、すなわち「イラン系諸国家」を主題とするならば、メディア人によるメディア王国（紀元前七一五年～紀元前五五〇年）、パルティア人によるアルシャク朝パルティア（紀元前二四七年～紀元後二二四年、ギリシア語名アルサケス朝）、バクトリア人が参画したと考えられるクシャーン朝（一世紀～三世紀）、サカ人が関与したであろうインド・パルティア王国（一世紀）、ソグド人の都市国家たる昭《しょう》武九姓《ぶきゅうせい》（四世紀～八世紀）なども、同等の比重を以って扱われる資格がある。

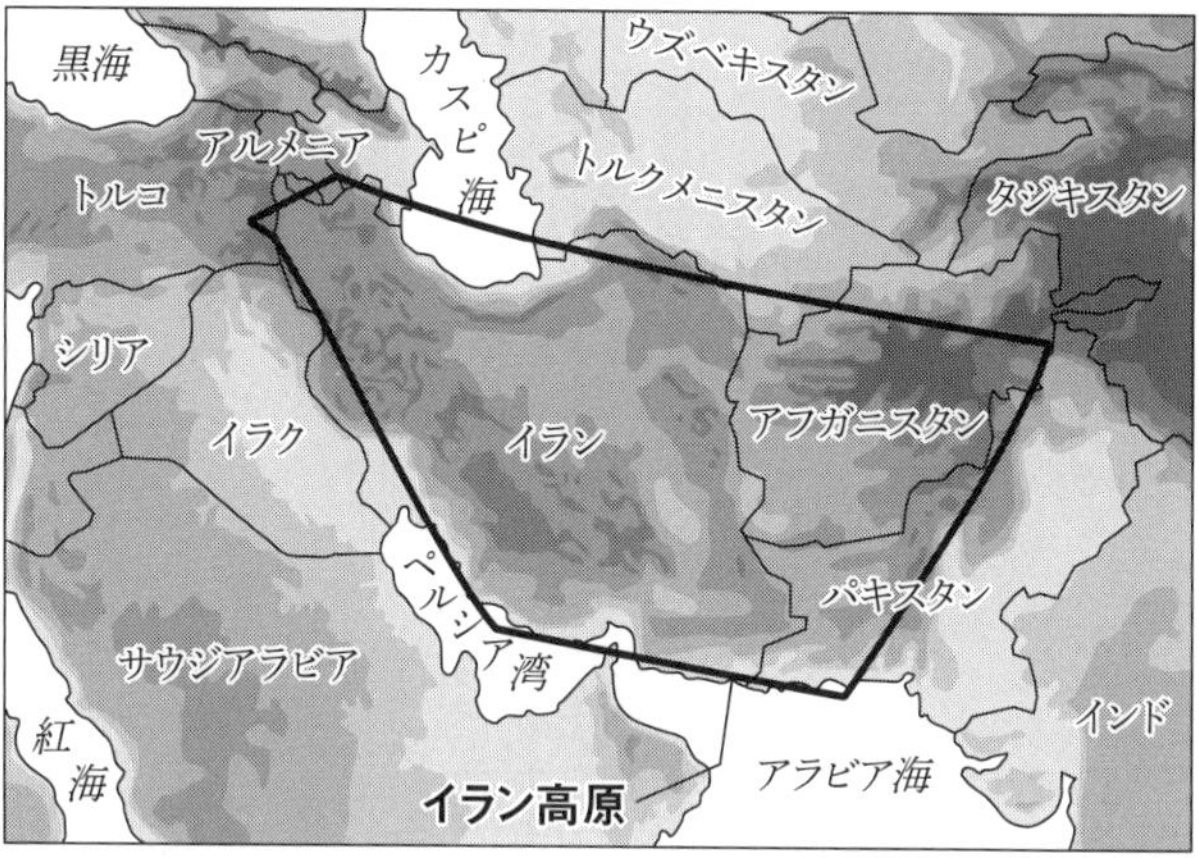

図1：イラン高原の地理的範囲

しかし、筆者には、イラン系諸国家全体の歴史的展開をカバーする力量はない。本書では、古代オリエント期のイラン民族のなかで、世界帝国の樹立に成功し、もっとも広域にわたる支配を確立したペルシア人だけを取り上げ、彼らが建国した二つの王朝、他称で言うところの「ペルシア帝国」に絞って記述する。これが、本書が扱う範囲であり、同時に表題の由来でもある（イラン高原上に展開した世界帝国を概説した日本語書物としては、足利一九七七年を参照。こちらは『ペルシア帝国』との書名ながら、叙述対象にパルティア系のアルシャク朝を含む）。

イスラーム期以降の「ペルシアの王朝」

付言するならば、イスラーム期以降（七世

紀〜）も、ペルシア州を基盤とする王朝は断続的に続いている。例えば、発祥の地はタバリスターン（カスピ海沿岸地域）ながら、ペルシア州に本拠を置いたブワイフ朝（九三二年〜一〇六二年）、トルクメン族のサルグル朝（一一四八年〜一二八七年）、モンゴル族のインジュー朝（一三〇三年〜一三五七年）、クルド人のザンド朝（一七五〇年〜一七九四年）などがある。しかし、これらは、ブワイフ朝とザンド朝をのぞいて地方政権に留まったうえに、いずれも短命に終わっている。しかも、王朝の担い手は外来の山岳民や遊牧民であって、土着ペルシア人ではない。したがって、これらのイスラーム諸王朝を指して「ペルシア帝国」と呼ぶことはない。本書でも、イスラーム期以降の「ペルシアの王朝」は叙述対象に含めない。

現実の「ペルシア州」とイマジネーションの「ペルシア概念」

すなわち、本書は数多いアーリア人の王朝のなかでも、古代ペルシアを本拠とした二つの帝国に特化した概説書である。而して、一般にこの二つのペルシア帝国を理解するうえでは、現実の「ペルシア州」とイマジネーションのなかの「ペルシア概念」が区別されぬまま混同され、ともすれば根拠を欠いた幻影を生み出す傾向がある。しかも、それが独自の力学で動き出して、「野蛮なアラブ人イスラーム教徒の侵略による悲劇的な滅亡」というファクターまで加わったら、立派な「ペルシア悲劇」が完成する。ここに、「ペルシア」という口当たりの良い響きやペルシア絨毯という工芸品の美の効果までもが加わると、過剰にドラマタイズされた誤解が先行してしまう可能性無きにしも非ずである。

本書では、同じ中東に位置する「ペルシア」が、しばしば「アラビア」と混同されている点には目を瞑りたい。そこまで話が及ぶと、ほとんど収拾がつかないからである。ただ、現実の「ペルシア州」とイマジネーションのなかの「ペルシア概念」を区別するのは、ペルシア帝国を扱う本書の責任範囲である。そこで、このプロローグでは、まずは第二節で歴史的・地理的事実というアングルから、実際の「ペルシア州」について記述する。次に第三節で、その実際に即して形成された「ペルシア」という一個の有機的概念に説き及ぶ。そして最後に、第四節では、時間の経過とともに変質していく「ペルシア概念」の展開まで視野に入れる。

プロローグの結論を先取りして言えば、本書が扱う古代ペルシアは、「古代」とか「ペルシア」という哀調を帯びた語感が醸し出す叙情的郷愁とは無縁である。むしろ、仮借の無い機能性が醸し出すリアリズム、加えて、イスラーム期以降のペルシア州からは想像できかねるような尚武の気風、そういったものが前面に出てくる。現代的尺度での道義性など、古代ペルシアにはもちろんのこと存在しない。そして、そのリアリズムの塗料が剝げ落ちた時、古代ペルシアに衰亡が忍び寄る。本書全体は、そのようなストーリー構成になっている。

2　高原のなかに連なる盆地――地理上の「ペルシア州」

ザーグロス山脈と盆地・塩湖

本書では、現在のイラン・イスラーム共和国内部の「ペルシア州（現代ペルシア語でファールス州）」と呼ばれている地域を、「ペルシア州」として扱う（図2参照）。行政単位としてのペルシア州の規模には、各時代によって多少の増減はあるものの、おおむねこの一帯を中核とした地域が、歴史上の「ペルシア州」に相当する。

地形上からいえば、このペルシア州は、高原上の盆地と塩湖から構成される。すなわち、トルコ南東部からペルシア湾にかけて連なる標高二〇〇〇～三〇〇〇メートル級のザーグロス山脈の山中の、一〇〇〇～一八〇〇メートル付近に形成された盆地と塩湖である。高原盆地の代表例が、マルヴダシュト盆地、ネイリーズ盆地、ラール盆地、ジャフロム盆地などであり、塩湖の代表例が、マハールルー湖である。高原のなかに点々と盆地が連なるという構造だけを取り出せば、多少、日本の信州に似ていると言えなくもない。

農耕民、都市住民、牧畜民――住民の生業

ペルシア州の住民は、生業別に分類すれば、農耕民、都市住民、牧畜民に大別される。

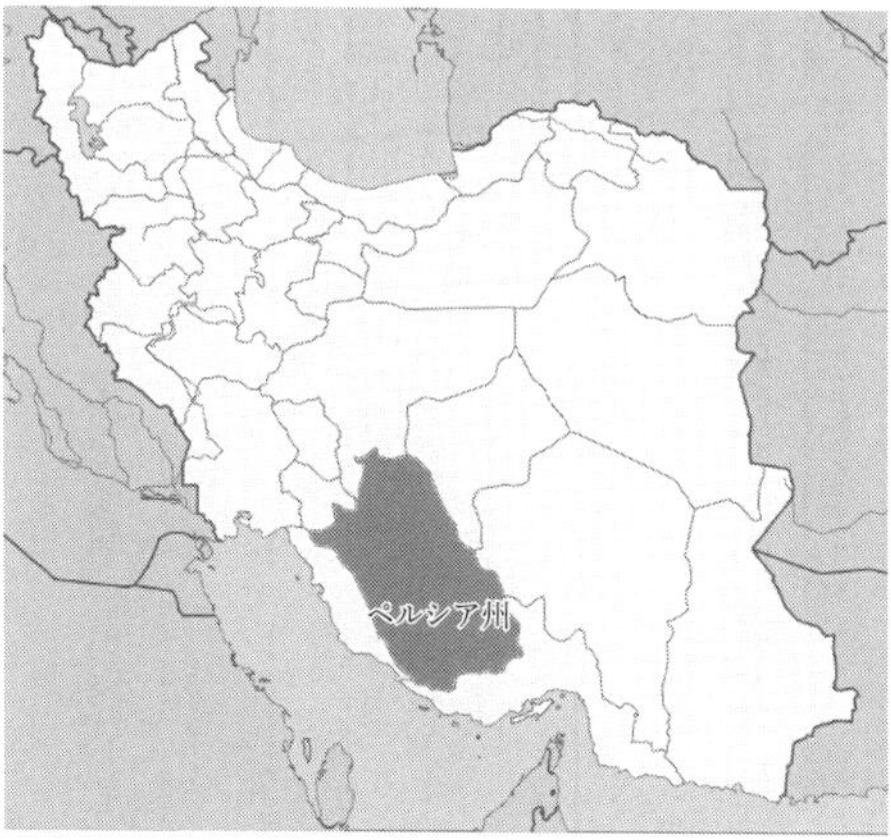

図2：イラン・イスラーム共和国のペルシア州の範囲

ペルシア州は、砂漠地帯に囲まれた「高原盆地」という地理的特性から乾燥が著しく、マルヴダシュト盆地では年間降水量が三四八ミリで、天水農業は不可能である。このため、ペルシア州の農耕民は、有名な灌漑施設カナートを活用した農業を営み、小麦やナツメヤシなどを栽培している。

交通の要衝には、ラール、ジャフロム、フィールーザーバード、カーゼルーンなどといった交易上の都市が形成された。これらの諸都市の中心として栄えたのは、マルヴダシュト盆地のなかのパサルガダエ（チシュピシュ朝

時代)、ペルセポリス(ハカーマニシュ朝時代〜ペルシス地方王朝時代)、エスタフル(サーサーン朝時代)、シーラーズ(イスラーム時代)などである。

近現代の牧畜民を例にとれば、ペルシア州の西部一帯にはイラン系バフティヤール族、フィールーザーバードからシーラーズ一帯にはトルコ系ガシュガーイー族、東部にはアラブ系ハムサ族が分布している。彼らは冬営地と夏営地を季節的に巡回して生活しており、農耕民、都市住民と共存している。農耕民、都市住民、牧畜民の三者の共存は、先住のエラム人の間にイラン系アーリア人の「ペルシア人(次節で解説)」が移動してきた紀元前一〇〇〇年紀から始まっていると考えられる。

3　名馬の産地と「ペルシア」

イラン高原西北部＝名馬の産地

「ペルシア」の語源は、シュメール語で「名馬の産地」を意味する「パラフシェ」とされる。この語は、紀元前三〇〇〇年紀にはアッシリア語に入って「パルスアシュ」となり、イラン高原西北部(オルーミーイェ湖南岸、現在の東西アゼルバイジャン州からケルマーン・シャー州

イラン高原西北部 パラフシェ（パルスアシュ）	イラン高原東北部 （不明）
イラン高原西南部 アンシャン（アンザン）	イラン高原東南部 （不明）

図３：紀元前2000年紀のイラン高原の地名

の周辺）を指す言葉として定着した。この周辺は、ユーラシア大陸ではモンゴル高原と並んで馬の飼育に適した土地とされ、後世、幾多のトルコ・モンゴル系の騎馬遊牧民族がここに本拠を構えている。それを憶えば、たしかに「名馬の産地」なる称号を捧げられるに相応《ふさわ》しい土地柄ではある。

イラン高原西南部＝アンシャン

イラン高原西南部――のちの「ペルシア」――は、この当時何と呼称されていたのであろうか？　こちらについては、紀元前三〇〇〇年紀後半以降、シュメール語やアッカド語の資料における言及が残っている。現在のペルシア州全体ではなく、単にマルヴダシュト平原周辺だけだが、一応、「アンシャン」なる地名で呼ばれている。これがエラム語に入ると、「アンザン」となり、紀元前二〇〇〇年紀にはエラム人の重要拠点を指す地名として通用していた。ここまでを概念化すると、上図のようになる。

紀元前九世紀になると、中央アジア（またはコーカサス）から移動してきたイラン系アーリア民族の一派がイラン高原西北部の「パルスアシュ」に定着し、「パルスア人」と呼ばれるようになった。しかし、このパルスア人は、後続のイラン系アーリア民族がつぎつぎに南下・西進をくりかえすにつれて、いわば玉突き状態でイラン高原西北の「パルスアシュ」から押し出され、イラン高原西南の「アンシャン」付近にまで進出した。通常なら、「パルスアシュ」から「アンシャン」へ移動した「パルスア人」は、移動先の地名に即して「アンシャン人」と呼ばれるはずなのだが、この時は地名を名乗っていた「パルスア人」が地名ごと移動してしまい、逆に移動先の地名の方が「パルスアシュ」と呼ばれるに至った。より正確に言えば、アッシリア語「パルスアシュ」が古代ペルシア語「パールサ」と訛った地名で呼ばれるようになったのである。これが、イラン高原西南部が「パールサ」と命名された発端である。

地名交代

この地名交代の完了は、およそ紀元前六世紀後半と推定される。チシュピシュ朝初代世界王のクールシュ二世（在位紀元前五五〇年～五二九年、ギリシア語名キュロス大王）のバビロニア語文書のなかでは、祖父のクールシュ一世は「アンシャンの王」と呼ばれているので、紀元前六世紀の段階でも「アンシャン」の名称は機能していた。しかし、続くハカーマニシ

イラン高原西北部 アゼルバイジャン（アトロパテネ）	イラン高原東北部 （不明）
イラン高原西南部 パールサ（ペルシア）	イラン高原東南部 （不明）

図4：紀元前500年以降のイラン高原の地名

ュ朝の初代大王ダーラヤワウシュ一世（在位紀元前五二二年〜四八六年、ギリシア語名ダレイオス一世）のビーソトゥーン碑文では、主に「パールサ」の名称が用いられ、「アンシャン」の名称はエラム語版でしか見えなくなる。この頃に、「アンシャン」の名称が廃され、イラン高原西南部を古代ペルシア語で「パールサ」とだけ呼ぶ習慣が定着したようである。最終的には、この「パールサ」がさらにギリシア語風に訛って、「ペルシア」の地名が完成した。本書では、通用性の観点から、古代ペルシア語「パールサ」に代えて、ギリシア語訛りの「ペルシア」の語を用いる。

こうして、イラン高原西北部にくらべれば、決して馬の飼育地としての好条件を備えているとは言い難いイラン高原西南部が、偶然の積み重なりによって「名馬の産地」を名乗るに至った。佳名と内実の間に相当の懸隔があるようだが、上述のような歴史的経緯に照らして、致し方のないところである。なお、現実に名馬の産地であるにも拘らず、「名馬の産地」の地名を失ったイラン高原西北部は、「ペルシア人」を押し退けて定着したメディア人によって、「聖火によって守護された土地＝アーザル・バーイジャーン」と命名された。こちらにも、ギリシア語で「アトロパテネ」という地名があるのだが、ペルシア語の「アゼルバイジャン」の方がそのまま国際的な通用語になっている。

4 リアリズムの極致――「ペルシア概念」の展開

「ペルシア」の二重イメージ

本書においては、この「ペルシア」を主題化する。而して、巷間流布するペルシアのイメージと、本書で主題化する「ペルシア」のイメージには、少なからぬ乖離があるであろうから、プロローグの最後で説明しておきたい。それは、地理的な意味で、イラン高原の辺境に過ぎぬペルシア州のイメージが拡大解釈されて、イラン全土を覆うに至ったという「ペルシア／イランの混同」を指すのではない。そのような事例ならば、日本人読者にとっては、日本列島の一部分に過ぎぬ「奈良＝大和」を以って列島全土を覆う名称「大和朝廷」として用いた「大和／日本／日本の混同」のイラン版として、容易に理解できる。

筆者が問題とするのは、「ペルシア」自体のイメージが歴史上で大きく二つに分裂している点である。しかもそれは、縦に裂けた亀裂ではなく、横に走った亀裂である。つまり、紀元後一〇世紀を顕著な境界線として、「ペルシア」はまったく異なった相貌を見せるのである。これは、単に「ゾロアスター教／イスラーム」という宗教交代を指すのではない。それはむしろ表層の出来事に過ぎず、奥深いところで、「ペルシア」が持つ性格が確実に変わってしまったのである。この状況を後世から見た場合、しばしばこの二つの相貌が二重写しになって、人を惑わせる。以下では、読者にとって馴染み深いと思われる一〇世紀以後の「ペルシア」の紹介から始め、ついで、それとはまったく違う一〇世紀以前の「古代ペルシア」に説き及ぶ。

文学と神秘主義

現在、ペルシアと言えば、当のイラン人にとってさえ、先ずは（近世）ペルシア文学の淵叢としてイメージされる。アブドゥッラー・サアディー（一三世紀）も、モハンマド・シャムスッディーン・ハーフェズ（一四世紀）も、ともにペルシア州出身の大詩人である。これに加えて、両名ともにイスラーム神秘主義者を兼ね——当時、文学と神秘主義は一体化していた——、下っては十二イマーム・シーア派の神秘哲学者モッラー・サドラー・シーラーズィー（一七世紀）もペルシアの古都シーラーズ出身なのだから、「ペルシア」イメージには神秘主義の色彩も色濃く揺曳する。ここに、ペルシア特有の薔薇のイメージが纏綿《てんめん》すると、「ペルシア」は芸術と思想によって代表される桃源郷の姿を以って語られることになる。

だが、本当はそうではないのだ。少なくとも、それはある時代の事実を言い当てたに過ぎず、つまりは七世紀〜一〇世紀に三〇〇年間かけて進行したイスラーム化以降のペルシアに対してのみ当て嵌《は》まる。このような像は、イスラーム以前の「古代ペルシア」にとっては、まったく妥当しないと筆者は考えている。

組織力と現実主義

本書は、そのような通俗を避けて、かつてそうであった「古代ペルシア」を語る。古代ペルシアでは、文学活動は盛んではなかった。古代イラン史上で、唯一文学活動の痕跡——吟遊詩人（ゴーサーン）の徘徊というかたちで——が認められるのは、ペルシアならざるパルティア系のアルシャク朝の時代である（この時代については、本書では詳述しない）。

神秘主義思想については、言わずもがなである。筆者はかつて——一九九〇年代にイスラーム神秘主義を専攻する大学院生だった頃——、イスラーム化以降のペルシア人思想家たちの描く自己イメージに幻惑され、「イスラーム期にこれだけ神秘思想家が輩出されている以上、古代ペルシアでは定めし神秘主義思想が盛んだったに違いない」との確信の下、できるかぎりの文献を漁った。而して、費やした労力に比して得られた結果の乏しさに愕然とした記憶がある。ゾロアスター教中世ペルシア語文献のなかのほんの数行程度が、神秘主義思想と思えば思い込めなくもないといった惨状であった。

古代ペルシア研究を推し進めるうちに筆者が愕《おどろ》いたのは、その壮大な組織力と現実主義であった。イスラーム化以後のペルシアの、あの現実剝離の形而上的特質の対極にあるかのような「古代ペルシア」の現実に対する構築性は、如何《いか》にして生み出されたのだろうか？　人類文明発祥の地たるメソポタミアは、ついにオリエント全体を統一するような強大な王権を生み出さなかったが、僻陬《へきすう》の地たるペルシアの方で、かえって優れた組織力を見せ、魔法の杖の一振りでオリエント全体を軽々と取り纏めてしまったのである。

これがただ一度限りのことであれば、神の気紛れとして片付けることもできよう。しかし、何たる不条理か、五〇〇年以上の間隔を空けて二度までも、この高原沙漠ペルシアの地から興起した王朝が、オリエント全域を覆ったのである。この古代ペルシアの意表外の万能性には、イラン学者として瞠目せざるを得ない。筆者は、この現実的組織力の点――及び思想的貧困の点――で、メソポタミアに対する（古代）ペルシアは、ギリシアに対するローマに相当すると捉えている。

リアリズムと軍事力の淵叢としての「ペルシア」

　したがって、本書の焦点は、思想史的・文化史的なモメントには無い。往々にして「ペルシアの宗教」とされるゾロアスター教にしても、中央アジアで蒔かれた種子が、偶々《たまたま》政治権力の中枢たるペルシアの地で発芽したに過ぎない。それを、ペルシアにおける内発的な産物とは謂《い》わないであろう。ゾロアスター教史におけるペルシアの最も独自の貢献は、それまであった各種ゾロアスター教思想を、中世ペルシア語文献という一つの有機体に纏め上げた点にあると筆者は思う。古代ペルシアは、如何にもペルシアらしく、思想文化の面でも、独自性の発揮によってではなく、その集大成化によって貢献したのである。

　それらのことどもよりも、古代ペルシアの驚倒すべき点は、あれだけ多民族――定住民も牧畜民も遊牧民も含めて――が跋扈《ばっこ》するオリエントの地を、最初は二二〇年間にわたって、つぎには四二七年間にわたって、かなりの程度の調和と持続力を以って統治した点にある。これが、夢と観念の世界に遊ぶイスラーム期のペルシア人とは似ても似つかぬ、リアリズムの極致を窮めた古代ペルシア人の姿である。もっとも、そのリアリズムとは、要するに叛乱を起こした者が居たら、容赦なく頭をぶっ叩くまでの話であって、軍事力を背景とした政治的エネルギーと言い換えても可である。

本書の構成

本書では、古代ペルシアのエネルギーが拠って来るところを、ハカーマニシュ朝における大王の宮廷政治と、サーサーン朝における皇帝と大諸侯との鬩《せめ》ぎ合いに見る。これらの艶治豊かなとは言い難い殺伐とした泉は、なるほど宮廷クーデターと頻繁な暴力の行使に満ちてはいる。しかし、そこに、単なる冗漫な史実の羅列ではなく、古代ペルシアの瑞々しいリアリズムと荒々しい力が充溢し、オリエントを覆った源泉を見るべきである。筆者には、古代メソポタミア文明を論じることはできないし、仮にそうしたら、「味噌汁で面を洗って出直して来い」と言われるだけであろう。だが、おそらくこのような活力は、古代ペルシアをはるかに凌ぐ古い歴史を持つ古代メソポタミアには、かえって欠けていたのではないだろうか。

このリアリズムが、何ら陰のない平面体だというのではない。少なくともサーサーン朝時代には、その裏付けとして、急激に進む都市化、ペルシア銀貨の大量発行、海のシルクロードの掌握などの史実が存在した。ただし、これらはペルシア固有の条件だったわけではなく、経済的な先進地帯メソポタミア平原に近いが故の恩恵である。これらの条件だけであれば、例えば西隣のフーゼスターン州（エラム王国、エリュマイス王国の故地）であっても、同様の内容を達成できたであろう。あくまで、ここに軍事力を結びつけた点に、ペルシア州の独自性があった。

だが、古代ペルシアのリアリズムは、軍事力の行使と相俟《あいま》って、無限に拡張していく性質を帯びていた。そして、彼らの現実感覚は、結局のところ、自律的に拡張する力の行使に付き従って、いつかは彼らの軍事力が覆いきれる範囲を超え、現実から乖離していかざるを得ないものでもあった。こうして、軍事力の行使が優先し、リアリズムの有効性を越えた瞬間に、古代ペルシアの没落が訪れる。自分では古代ペルシアの帝国を中興したと思っていたであろうホスロー一世は、大諸侯によって抑制されていた軍事力行使の留め金を自ら外し、その孫ホスロー二世は、ペルシア帝国をビザンティン帝国との無謀な世界大戦に突入させた。

この世界大戦は、実質的にはペルシア帝国の敗戦に終わった（ついでに言えば、ビザンティン帝国の側も疲弊し切っていて、別に勝利したわけでもなかった）。斯くして、古代ペルシアは、新興のアラブ人イスラーム教徒が到来する以前に、実質的には自ら滅んでいたのである。アラブ人たちは、単に破産した帝国を、これ幸いと接収したに過ぎない。本書は、ここまでの範囲を扱う。

これ以降のペルシア人が、政治的リアリズムを失った果てに、花鳥風月を愛《め》で、神秘主義を論じるようになる経緯——そちらの方が筆者本来の専門だったような気がするのだが——は、残念ながら本書の埒外である。

第一部　ハカーマニシュ朝「帝国（クシャサ）」

第一章　チシュピシュ朝（初代〜第三代世界王）

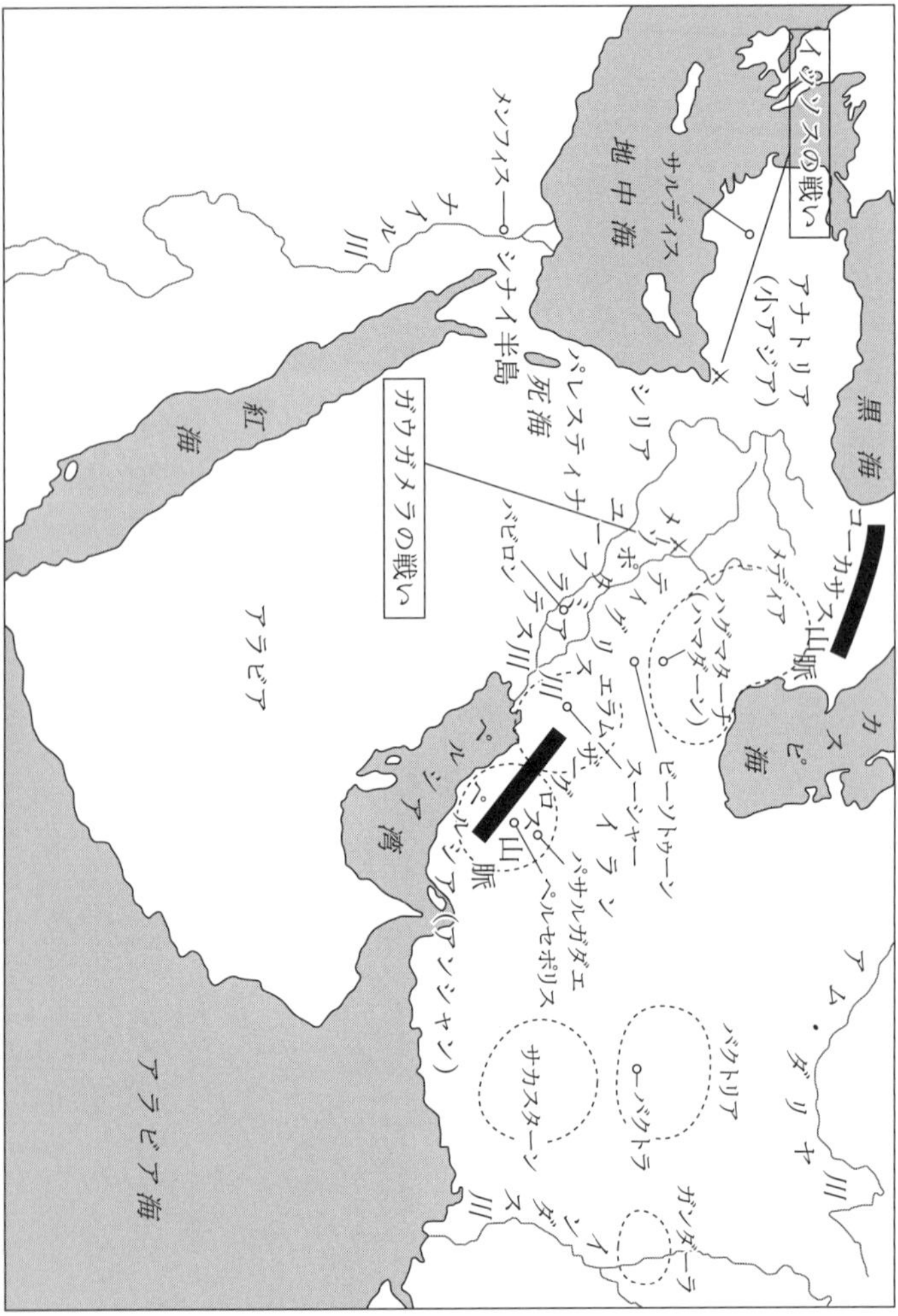
イッソスの戦い
地中海
サルディス
メンフィス
ナイル川
シナイ半島
アナトリア（小アジア）
黒海
シリア
パレスティナ
死海
紅海
ガウガメラの戦い
ユーフラテス川
メソポタミア
バビロン
ティグリス川
メディア
コーカサス山脈
ハグマターナ（ハマダーン）
カスピ海
エラム
スーサ
スージャー
ビーソトゥーン
イラン
ザーグロス山脈
ペルシア湾
ペルシア（アンシャン）
パサルガダエ
ペルセポリス
アラビア
アラビア海
アム・ダリヤ川
バクトリア
バクトラ
サカスターン
ガンダーラ
インダス川

ハカーマニシュ朝地図

1　アンシャン王国時代――前史三代

エラム王国の衛星国

プロローグで述べたように、西アジア全体で見れば、「アンシャン」は取り立てて政治上・軍事上の要地でもなければ、経済的に重要な産物に恵まれているわけでもない。むしろ交通の便の悪い辺境の地で、フーゼスターン州に住むエラム人（民族系統不明）が、ついでのようにして統治する土地に過ぎなかった。ちなみに、その中心であるアンシャン市とは、現在のシーラーズの北北西五〇キロ地点（現在のバイザー近辺）にあるテペ・マリヤーンの都市遺跡を指す。

紀元前七世紀頃、アーリア民族のなかの「ペルシア人」がイラン高原西北部から移住してからは、「アンシャン」はペルシア人の君主チシュピシュ王（古代ペルシア語発音。エラム語でズィシュピシュ王、バビロニア語でシシュピシュ王。系図は47ページ参照。以下同）が統治するアンシャン王国になった。このチシュピシュという名前は、古代ペルシア語としては解釈できないので、先住のエラム人の名称を転用したと推測されている。

つまり、当時のアンシャン王国は、より文化程度の高いエラム王国の属国に過ぎなかったものの、チシュピシュ本人は、一応「アンシャン王」の称号を名乗っていた。彼以前の王統譜は判明しておらず、おおむね馬や羊を追いかけて、イラン高原西北部からアンシャンに移動していただけと思われる。本書では、彼以前に遡らないことを前提に、この王統をチシュピシュ王家と名付ける。

新アッシリア王国、メディア王国の衛星国

チシュピシュ王の子がクールシュ一世で、名前の原義は「舌戦で敵に屈辱を与える者」である。彼の事績もおおむね不明だが、紀元前六四〇年代後半に、新アッシリア王国のアッシュールバニパル王（在位紀元前六六八年～六二七年）に長男アルックを派遣して朝貢している。この頃、宗主国をエラム王国から新アッシリア王国に変更したらしい。

クールシュ一世の子がカンブージヤ一世である。この名称は、古代ペルシア語ではなく、エラム語起源と考えられており、当時のアンシャン王国でのエラム文化の影響力の強さを物語っている。紀元前六一二年には、それまで宗主国だった新アッシリア王国が滅亡してしまい、アンシャン王国は、後継四国家（新バビロニア王国、メディア王国、エジプト第二六王朝、リディア王国）のうち、イラン高原西北部を支配するメディア王国の衛星国と化し

た。カンブージヤ一世は、メディア王リシュティ・ヴァイガ（ギリシア語アスティアゲスから推定復元された古代イラン語名）の娘マンダネと政略結婚している。

2 西アジアの征服——クールシュ二世

チシュピシュ王家の貴公子

カンブージヤ一世とマンダネの間に生まれたのが、クールシュ二世である（系図は111ページも参照）。彼はペルシア人とメディア人の両方の血統を引いており、これはのちに彼にとって甚だ有利に作用した。しばらくの間、チシュピシュ王家の貴公子として、メディア王国の首都ハグマターナ（中世・近世ペルシア語名ハマダーン、ギリシア語名エクバタナ）で人質生活を送り、ここでメディア文化の素養を身に付けた。

成人後は、正妻カッサンダネ（紀元前五三八年三月下旬に死去）との間に、推定上の出生順で、長女ウタウサ（アヴェスター語名フタオサー、ギリシア語名アトッサ）、長男カンブージヤ（ギリシア語名カンビュセス）、次男バルディヤ、次女リタストゥーナー（ギリシア語名アルティュストネ）の二男二女を儲けている。

図５：パサルガダエの人物レリーフ

西アジアの統一

クールシュ二世は、紀元前五五九年に、父王カンブージヤ一世の後を受けてアンシャン王となった。王国の首都は、マルヴダシュト平原に新たに造営したパサルガダエ（ギリシア語名。エラム語名はバトラカタシュ。推定上の古代ペルシア語名はパースラガータ）。この新都には、「髪型はエジプト風、服装はエラム風、翼はアッシリア風」のレリーフが造営され、クールシュ二世当時のアンシャン王国の文化状況を伝えている（図5参照）。

この後、クールシュ二世は、宗主国であるメディア王国に対して叛乱を起こし、紀元前五五三年にはその首都ハグマターナを陥れた。また、紀元前五四〇年代には、アナトリア半島のリディア王国も征服した。クールシュ二世の活発な軍事活動の間、新バビロニア王

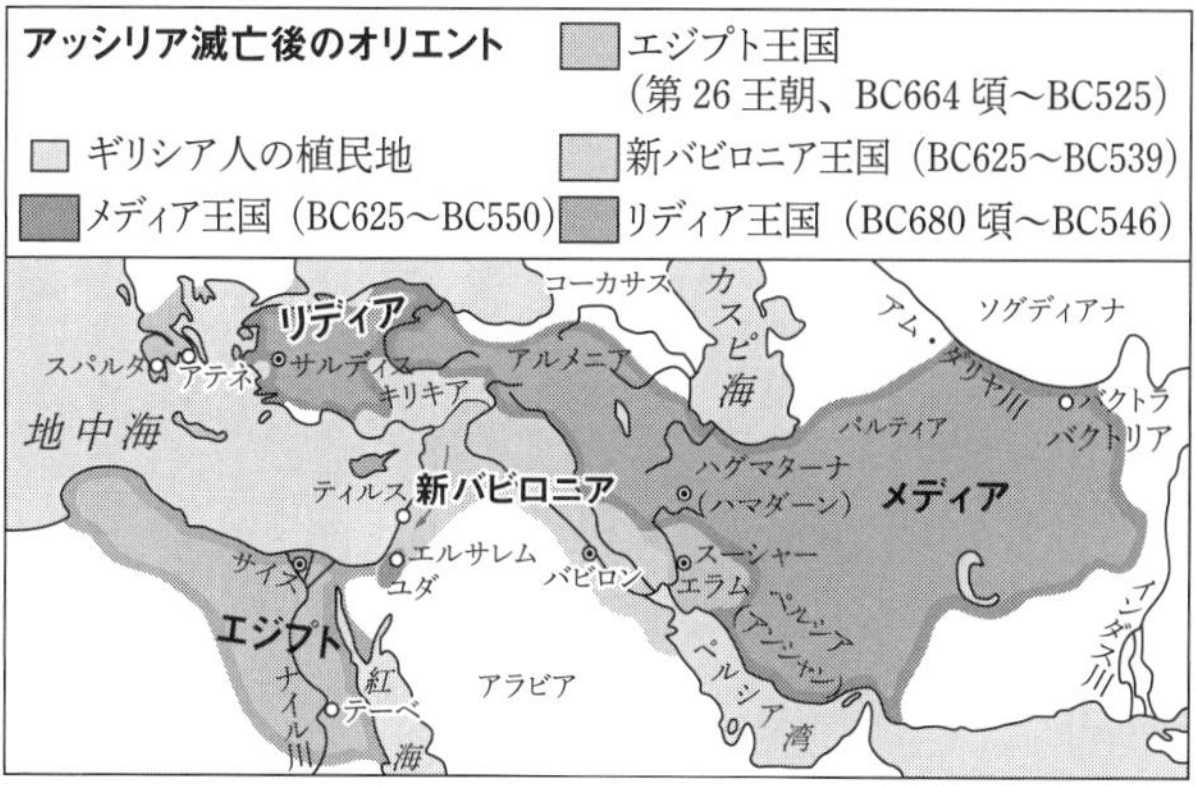

図6：クールシュ2世の征服活動

国の最後の王ナボニドスは、何故かバビロンを長期間不在にして、バビロニア地方の諸都市の神像をバビロンに集め、都市の最高神をマルドゥクから月神シンに変更する宗教改革に没頭していた。これを好機と見たクールシュ二世は、紀元前五三九年九月末か一〇月初旬にバビロン北方のオピスに侵攻し、新バビロニア王国軍に勝利した。一〇月一〇日にはスィッパルが陥落し、一〇月一二日にはバビロンに無血入城している。

アンシャン＝メディア連合王国

弱小国家アンシャン王国の王に過ぎなかったクールシュ二世に、如何にして西アジアの統一が可能だったのかは甚だ謎である。そもそも、「弱小国家の王」と「全オリエントの統一」という二つの事象が合一すること自体が背理である。馬の産地ならざるアンシャン王国の軍事力が他の大国に対して優越していた可能性は低く、文化的にもエラム王国の模倣の域を出ていなかったはずである。

最も合理的な解釈は、クールシュ二世は馬の名産地であるメディア王国の文化に早くから馴染んでおり、征服活動の初期段階でメディア王国の騎兵隊を掌握したことが、以後の成功に直結したというものである。その証拠として、クールシュ二世は、政治上の首都をメディア王国の旧首都ハグマターナにおいたと考えられている。おそらく、チシュピシュ家が樹立した王朝は、「アンシャン王国」というより、実態としては「アンシャン＝メディア連合王国」であり、ここに全オリエント統一の源流があった。

クールシュ二世の円筒印章——バビロン捕囚の民の帰還

この時点まで、クールシュ二世は自らの記録を残さなかったが（パサルガダエの古代ペルシア語碑文は、現在ではダーラヤワウシュ一世による偽作とみなされている）、バビロン入城後にはじめて同時代資料を遺した。それが、バビロンのマルドゥク神官に命じてアッカド語で彫らせた『クールシュ二世の円筒印章』（図7参照）である。

それによると、クールシュ二世は、自身の先祖として「チシュピシュ王→クールシュ一世→カンブージヤ一世」の三名しか挙げていない（ここまでのチシュピシュ王家に関する記述は、この資料に依拠している）。また、円筒印章中では、紀元前五三九年のクールシュ二世のバビロン征服、マルドゥク神が正義の王としてクールシュ二世を任命したこと、捕囚の民――ユダヤ人のことだが――の帰還を許したことなどが、リアルタイムの記事として語られている。おそらくクールシュ二世本人はそれほど深い考えなしにおこなったこの純粋の行為は、偶々その相手がユダヤ人だったために、後世クールシュ二世に溢美の賞賛を与えた。

図7：クールシュ2世の円筒印章

　この『クールシュ二世の円筒印章』のなかで、クールシュは自身を「アンシャン王」、「世界王、大王、偉大な王、バビロンの王、シュメールとアッカドの王、四方《よも》の王」と称している。メソポタミア出身者に依頼して彫らせたのだから当たり前だろうが、前者の「アンシャン王」がエラム起源の称号である以外は、すべてメソポタミア文明で伝統的な称号である。特に、称号の羅列の冒頭にある「世界王」は、アッカドのサルゴン大王（紀元前二三世紀）に倣った由緒ある君主号であり、アンシャンに移動して一〇〇年経たない「ペルシア人」が、早々にエラム文化を乗り越えて、メソポタミア文化に同化していった状況を物語っている。バビロン入城後のクールシュ二世の王国は、「アンシャン＝メディア＝バビロニア連合王国」と化し、古代オリエント世界の政治史に一つの美しい蒼穹《そうきゆう》を築いた。

戦死

紀元前五三〇年、嫡子カンブージヤ二世をバビロン王に封じた後、クールシュ二世はエジプト攻略を後回しにして、中央アジア遠征に取り組んだ。バビロニアに本拠を構える王朝であれば、メソポタミアに匹敵する農業生産力を誇るエジプトを先にしたと思われるのだが、この点、クールシュ二世は、やはりイラン高原に本拠をおくペルシア人であった。中央アジアの遊牧民の方を主要な敵と見たのである。これが成功していれば、かつてのアッシリア王国を凌ぐ版図を有する大帝国の樹立に繋がるはずの遠征だった。

しかし、オリエント史上初となる壮図を企てたクールシュ二世は、逆にあらん限りの不幸を招き寄せ、恐ろしい代価を支払わねばならなかった。すなわち、アム・ダリヤ川下流域のホラズムを進軍中の一二月四日、中央アジアのアーリア系遊牧民マッサゲタイの奇襲を受けて、あっけない戦死を遂げたのである。クールシュ二世の遺体は、故郷ペルシア州

図8：クールシュ2世の石棺

に運ばれ、パサルガダエに造営された巨大な石棺のなかに収められた（図8参照）。

彼は、西アジア世界で初めて――ということは人類史上初めて――、多民族を包含した世界帝国を樹立した立役者である。しかし、思わぬ蹉《さ》跌《てつ》に見舞われてしまい、建国しつつあった世界帝国の内政を整える暇などなく、どのような支配構想を抱いていたのかは不明のまま残された。唯一判明しているのは、バビロン入城後に捕囚中だったユダヤ人を解放した事績であり、彼が「宗教」（この概念自体、一九世紀ヨーロッパの産物であるが）に関して、ひどく無頓着な志向の持ち主だったことがうかがえる。

クールシュ二世の追憶は、彼の死後わずか一七年後にそれを簒奪したハカーマニシュ朝の大王たちによって聖化された。前任の大王が死亡

図9：パサルガダエのゼンダーネ・ソレイマーン

した際には、新大王は前大王の葬儀を執行した後、パサルガダエでクールシュ二世が即位前に着用していた質素な衣装を身に付ける儀式をおこなった。長らく用途不明だったパサルガダエのゼンダーネ・ソレイマーン遺跡の不思議な塔（図9参照）は、現在ではクールシュ二世の衣装の倉庫と解釈されており、その塔の屋上で、クールシュ二世の衣装を着用した新大王のお披露目式がおこなわれたと推定されている。

ここで、参集者たちが「自由な祖国、諸民族の団結の砦。クールシュ二世の塔は我らを導く」と歌い、クールシュ二世の理念を讃えたかどうかはわからない。しかし、クールシュ二世の記憶は以後の王朝の正統性の保証となった。クールシュ二世が造営したパサルガダエは、後にダーラヤワウシュ一世が造営したペルセポリスによって完全に凌駕されてしまったものの、大王の即位式の際だけは息を吹き返したのである。

3　北アフリカの征服——カンブージヤ二世

第二代世界王

クールシュ二世の戦死後、バビロン王としてメソポタミアに鎮していた長男カンブージヤが、直ちに第二代世界王として即位した。カンブージヤ二世がバビロン王に在位していた時期については、バビロン征服直後の紀元前五三八年と中央アジア遠征直前の紀元前五三〇年しか確認されておらず、その中間のバビロン王位を誰が占めていたかは不明である。これに伴って、バビロン王の地位がチシュピシュ朝の「世界王」の王太子を意味するのかどうかについても、諸説ある。

カンブージヤ二世の妻は、同母姉のウタウサと同母妹のリタストゥーナーの二人とされ、甚だ重厚な最近親婚を実行していたようである。これがメディア人のマゴス神官団の影響なのか、エジプト王家の例に倣ったのか、単に配偶者の選択肢が限られている王家独特の結婚様式だったのかはわからない。また、同母弟のバルディヤは、イラン高原東部の最重要地域バクトリアの総督に就任していた。

エジプト第二七王朝のファラオ

紀元前五二五年の春、カンブージヤ二世は、中央アジアを後回しにして、とりあえずエジプトに侵攻し、夏までに第二六王朝のファラオ・プサムメティコスを追放して、エジプト全土を制圧した。八月には、正式に「上下エジプトの王、ラー、ホルス、オシリスの末裔」として即位し、『クールシュ二世の円筒印章』に列挙された称号に、また一つ新たなものを付け加えた。あたかもエジプト第二六王朝を滅ぼして、新たなファラオとして第二七王朝を樹立したような構図であるが、要するに征服地が増えるごとに、その土地由来の王号を追加で名乗っていったわけである。

チシュピシュ朝の新たな版図全体を統合する王号や国号がないのは事実であるものの、そこに向かう萌芽は確認される。すなわち、紀元前五二五年にエジプトを征服したのだから、カンブージヤ二世のエジプト王としての年号は、この年から起算して然るべきである。しかし、カンブージヤ二世は、自身のエジプト王としての在位年数を、チシュピシュ朝の第二代世界王に即位した紀元前五三〇年から起算している。これは、チシュピシュ朝の版図を、単なる異なった王国の集合体ではなく、一体化したものとして捉えていた証拠である。

ヘロドトスは、聖牛の扱い方の例を挙げて、カンブージヤ二世はエジプトの宗教に対してまったく理解がなかったとしている。しかし、考古学的資料に拠れば、カンブージヤ二世は、それまでのエジプトの支配者ファラオと変わらぬ奉納文を捧げている。現在では、カンブージヤ二世は、ギリシア人たちが伝えるような「狂った王」だったとは考えられていない。ただし、ヌビア、スーダン、カルタゴなど、アフリカ各地へのさらなる遠征軍の派遣はすべて失敗に終わっており、これがカンブージヤ二世の政治的求心力を著しく弱めた。

暗殺？

カンブージヤ二世は、三年に及ぶエジプト在陣から、バビロンあるいはアンシャンへ帰還する途中、紀元前五二二年六月一日以降にシリアで急逝した。彼の近衛兵だったダーラヤワウシュ一世が造営したバガスターナ碑文（近世ペルシア語でビーソトゥーン碑文）には、「彼は自分自身の死を死んだ」と記されているものの、これが正確に何を意味するのかは不明である。

おそらく、これを刻ませたダーラヤワウシュ一世は、この表現を「自殺」の意味で使っているのだと思われるが、エジプト征服を成し遂げたカンブージヤ二世には自殺する動機が見当たらず、何者かに暗殺された可能性が残る。その場合、下手人としては、王位を狙う王弟バルディィヤ、カンブージヤ二世の政策に反発したペルシア貴族、最終的にチシュピシュ王家を簒奪したダーラヤワウシュ一世などが候補かもしれない。

カンブージヤ二世の墓所は長らく不明だったが、二〇〇六年になってようやく発見された。パサルガダエで農作業に従事していた農民が、パサルガダエ中心部にあるタッレ・タフトの城壁近くで偶然石板を発見し、これがカンブージヤ二世の墓所への門だと判明したのである。シリアで非業の最期を遂げたカンブージヤ二世は、最終的には、チシュピシュ王家の故地パサルガダエで眠ることができたようである。

4　チシュピシュ王家の滅亡——バルディィヤ

マゴス神官ガウマータ

この後のチシュピシュ王家の動向については、複数の情報が錯綜している。ダーラヤワウシュ一世が造営したバガスターナ碑文に拠れば、カンブージヤ二世は、エジプト遠征の直前に同母弟バルディヤを暗殺したものの、その事実は伏せられていた。そこで、カンブージヤ二世の急死後、マゴス神官のガウマータがバルディヤを僭称し、王母や王姉を誑《たぶら》かして軍事的叛乱に踏み切ったものの、ダーラヤワウシュ一世がこれを鎮圧した。

とのストーリーが記述されている。しかし、王太子もいない段階で王弟を暗殺し、しかもその事実を周囲に伏せておくというのは、あまりにも不自然である。おまけに、そっくりの人物が出現して親戚縁者を騙し、王位を要求するというのは、もっと不自然である。母親や姉（おまけに妻でもある）から見ても同一人物だというなら、それは本人しかあり得ないであろう。

このバガスターナ碑文の証言から、不自然な「バルディヤ暗殺」と「僭称者ガウマータ即位」の二つの部分を抜き取ってみると、史実のフレームとして残るのは、下記の部分だけである。

紀元前五二二年に、カンブージヤ二世の同母弟バルディヤが、ペルシア州でチシュピシュ朝の第三代世界王への即位を宣言した。しかし、紀元前五二二年九月二九日に、メディア州で、ダーラヤワウシュに討たれた。
バガスターナ碑文のストーリーはあまりにもダーラヤワウシュ一世にとって都合が良く、信頼性には疑問符が付く。おそらく、バルディヤは暗殺されておらず、第三代世界王に即位した人物は本人だったのではあるまいか？

兄王の暗殺者？

ただ、ここから単純に、ダーラヤワウシュ一世をバルディヤに対する簒奪者と理解してしまうのは早計である。もちろん、彼が所属するハカーマニシュ家が、最終的にチシュピシュ王家の王位を簒奪したことは確かなのだが、事態はもう少し複雑である。すなわち、問題はバルディヤ即位の経緯である。果たして、兄王カンブージヤ二世の急死後に、正統後継者として即位したのであろうか？　それとも、兄王カンブージヤ二世に対抗するかたちで——もっと言えば兄王を暗殺して——、エジプト遠征の留守中に即位を宣言したのであろうか？
仮に後者だとしたら、ダーラヤワウシュ一世は、一応カンブージヤ二世の遺志を受け継いで、バルディヤを討ったことにはなるだろう。そして、カンブージヤ二世に子どもがお

図10：チシュピシュ王家の系図（ローマ数字はアンシャン王としての在位順、アラビア数字は世界王としての在位順）

チシュピシュ^{I} ──→クールシュ1世^{II} ──→カンブージヤ1世^{III} ─┐

└→クールシュ2世$^{\mathrm{IV}\to 1}$ ┬→ウタウサ（女）
　├→カンブージヤ2世^{2}
　├→バルディヤ^{3} ──→パルミーダ（女）
　└→リタストゥーナー（女）

らず、バルディヤの男系子孫も生き永らえなかったが故に、クールシュ二世の直系子孫で王家を継承するのは無理になった。クールシュ二世には、他にも男系縁者もいたはずだが、王位を継承できるほどの器量はなく、気がついてみれば何の血縁関係もないダーラヤワウシュ一世が後継者として相応しいと見做されていた。

こうして、チシュピシュ王家は、アンシャン王家としては六代、世界王としてはわずか三代で滅んだ（図10参照）。筆者は、チシュピシュ王家からハカーマニシュ家への覇権継承を、中国史上の秦から漢へ、あるいは隋から唐への政権交代に近いイメージで捉えている。

第二章　ハカーマニシュ朝（前期：初代～第五代大王）

1　世界帝国の建設――ダーラヤワウシュ一世

チシュピシュ王家の一族？

バルディヤの乱を鎮圧したダーラヤワウシュ一世の系譜は、甚だ込み入っている。本人の主張によれば、チシュピシュ王家とダーラヤワウシュ一世の家系は、五代前に共通の先祖ハカーマニシュから分岐しており、チシュピシュ王家の家系が重要度の低いアンシャンを、ダーラヤワウシュの先祖の家系が重要度の高いペルシアを、分割支配したとされる（図11参照）。

これを裏付けるかのように、イラン考古学者エルンスト・ヘルツフェルト（一九四八年没）は、ハマダーンで「アーリヤーラムナ」の古代ペルシア語碑文を発見してしまい、一時期の学界では、この系譜の正当性は動かないと見られていた。しかし、わずかな分量の古代ペルシア語テクスト中に七つも文法的な誤りが発見されてしまい、イラン宗教学者ハンス・シェーダー（一九五七年没）によって、この碑文は偽作と断定された。現在では、「アーリヤーラムナ碑文」を真に受ける研究者はいない。

図11：ダーラヤワウシュ1世によるハカーマニシュ王家の系図（枠内は、本来のチシュピシュ王家の系図）

ハカーマニシュ→［チシュピシュ→クールシュ1世→カンブージヤ1世
→クールシュ2世（大王）
→カンブージヤ2世］
└→アーリヤーラムナ→アルシャーマ→ウィーシュタースパ→ダーラヤワウシュ1世→……

これに伴って、バガスターナ碑文の内容にも、深刻な疑念が抱かれた。つまり、この系譜は、ダーラヤワウシュ一世が、自らの出自をチシュピシュ王家の一族と偽装するために、ハカーマニシュ家の系譜にチシュピシュ王家の人びとを当て嵌めた可能性がある。その証拠が王名である。上述のように、チシュピシュ王家の王名は、古代ペルシア語というよりエラム語であり、この段階の王家はエラム文化の強い影響下にあった。しかし、「ハカーマニシュ」は古代ペルシア語で「追随者の霊魂に性格づけられた者」であるし、「アーリヤーラムナ」は「アーリア人の平和」、「アルシャーマ」も「英雄の力を持つ者」と、本来のハカーマニシュ家の一族名は古代ペルシア語で統一されている。このなかにエラム語名が混じると木に竹を接いだような系譜になり、不自然さは拭えない。また、アンシャンとペルシアは、ほぼ同一地域を指す地理名称なので、この二つを分割し――そもそも分割できなそうだが――、重要度の低い方をチシュピシュ王家が引き継ぎ、重要度の高い方をダーラヤワウシュ一世の先祖が受け継いだとのストーリーも、甚だ不自然である。

実際には、ダーラヤワウシュ一世の家系は、ペルシア人の有力貴族であったにしても、チシュピシュ王家の男系縁者とは考えられない。彼の父親ウィーシュタースパは、クールシュ二世が任命したヒルカニア総督であり、ダーラヤワウシュ自身は、カンブージヤ二世の「槍持ち（＝近衛兵）」に過ぎなかった。しかし、現実に権力を掌握したのはハカーマニシュ家だったので、ダーラヤワウシュ一世以降、バガスターナ碑文の系譜が「正史」として通用した。このため、チシュピシュ王家の系譜はハカーマニシュ家によって仮冒《かぼう》され、現在では両方の王統を一括して、共通の先祖（とされる）ハカーマニシュの名を冠し、ハカーマニシュ王家と称されている。泉下のクールシュ二世やカンブージヤ二世にとっては、無念の歯嚙みを禁じえない事態である。

この無理な主張を幾分か正当化するべく、ダーラヤワウシュ一世はクールシュ王家の王女三人とあいついで結婚した。すなわち、カンブージヤ二世の妻であり姉だったウタウサ、同じく妻であり妹だったリタストゥーナー、そして、バルディヤの娘パルミーダ（バルディヤが偽者だったとすると、その娘と結婚する意味がなさそうだが）の三人である。このうち、ハカーマニシュ家の嫡流は、ダーラヤワウシュ一世とウタウサの長男クシャヤールシャンによって継承されるので、クシャヤールシャンはクールシュ二世の孫に当たり、以後のハカーマニシュ家の王たちは、「太祖」クールシュ二世の血統を引いていることになる。逆に言えば、ハカーマニシュ家の王のなかで、唯一クールシュ二世と父系の血縁関係がないのが、他ならぬダーラヤワウシュ一世であった。

「叛乱」鎮圧

ダーラヤワウシュ一世は、バルディィヤを討ってペルシア州、メディィア州を平定した後、有名な「七人の同志」、及び父親でヒルカニア総督のウィーシュタースパ、アラコシア総督のヴィヴァーナ、バクトリア総督のダダルシーの協力を得て、四方の敵を平定した。ヴィヴァーナはアラコシアで挙兵した「クールシュ二世の息子を名乗るヴァフヤズダータ」を討ち、ダダルシーはマルギアナでフラーダを討った。ダーラヤワウシュ一世本人は、カスピ海を横断して、サカ族の首領スクンカを討っている。「七人の同志」は、イラン高原西部を制圧した。この状況は、バガスターナ碑文のレリーフに象徴化して刻まれている（図12参照）。

ちなみに、「偽大王バルディィヤ」を打倒して国家の危急を救った「七人の同志」とは、ダーラヤワウシュ一世本人

本来の首謀者だったとされるウターナ（ギリシア語名オタネス）
ウィダファルナ（ギリシア語名インタファレネス）
ガウブルワ（ギリシア語名ゴブリアス）
ウィダルナ（ギリシア語名ヒダルネス）
バガブフシャ（ギリシア語名メガビュズス）
アスパチャナー（ギリシア語名アスパティネス）

の七名である。彼ら――のちに謀反を起こしたウィダファルナは除く――の子孫は、大貴族として、あるいは大王家の外戚となり、ハカーマニシュ朝で重要な官職を占めることになる。

紀元前五二二年九月：バルディヤを倒してメディア州を制圧
紀元前五二二年一〇月：アチナを倒してエラム制圧
紀元前五二二年一二月：ネブカドネザル三世を倒してバビロニア制圧
紀元前五二二年一二月：マルティヤを倒してエラム制圧
紀元前五二二年一二月～五二一年二月：ヴァフヤズダータ（クールシュ二世の息子を自

図12：バガスターナ碑文のレリーフ

称）の支持者を倒してアラコシア制圧
紀元前五二二年一二月～五二一年五月：フラヴァルティシュを倒してメディア制圧
紀元前五二一年三月～七月：フラヴァルティシュの支持者を倒してパルティアとヒルカニアを制圧
紀元前五二一年五月～六月：ヴァフヤズダータを倒してペルシア州を制圧
紀元前五二一年五月～六月：アルメニアを制圧
紀元前五二一年八月～一一月：ネブカドネザル四世を倒してバビロニア制圧
紀元前五二一年一〇月：チカンタクマを倒してサガルティア（位置不詳）制圧
紀元前五二一年一二月：フラーダを倒してマルギアナ制圧

紀元前五二〇年：アタイマイタを倒してエラム制圧
紀元前五一九年：スクンカを倒してサカ族を制圧

果たして、鎮圧された対象が「正統な王家に対する叛乱者」だったのか、鎮圧している方が「叛乱者」だったのかは、甚だ微妙である。クールシュ二世の直接の男系子孫は絶えたようだが、流石《さすが》に兄弟や従兄弟などの近親は存在していたと思われるので、精一杯言い繕っても「五代前に分岐した」程度の遠縁の主張しかできなかったダーラヤワウシュ一世の方が「叛乱者」だった可能性が高い。

いずれにせよ、四年間これだけ動き回ったとなると、なかなか慌しい男である。ダーラヤワウシュ一世本人は、バガスターナ碑文で「一年間に九人の敵を撃破した」と誇っているが、この所要時間は事実ではない。同じ文言がアッカド王ナラム・シン（サルゴンの孫で紀元前三〇〇〇年紀末）の碑文に見られるので、メソポタミアの伝統的表現に倣って、事実の方を曲げたのである。また、敵対者を倫理的な「虚偽者」と罵倒する政治宣伝も、必ずしもゾロアスター教由来と解釈する必要はなく、新バビロニア王国の建国者ナボポラッサルが同様の主張をおこなっている。筆者は、ダーラヤワウシュ一世がゾロアスター教教義（そんなものがこの段階で存在していたとすればだが）に忠実だったというよりも、メソポタミアの伝統の方に依拠していたのだと解釈したい。

ハカーマニシュ朝「帝国」の樹立

ダーラヤワウシュ一世の段階になって、初めて世界帝国の全容が姿を現す。紀元前五二二年の即位時点で、父親のウィーシュタースパどころか、祖父のアルシャーマも存命だったと伝わるので、正確な年齢はもとより不明だが、ダーラヤワウシュ一世はまだ春秋に富む年齢だった。クールシュ二世に比較すれば、国政を整える時間は充分にあった。我々はそれをバガスターナ碑文から推知できるので、以下に略述しよう。

先ずは王号である。クールシュ二世やカンブージヤ二世は、各征服地の王号を個別に名乗るだけで、それらを統一した王号を用いてはいない。しかし、ダーラヤワウシュ一世は、古代ペルシア語で「フシャヤーシヤ・ワズラカ（＝大王）」、「フシャヤーシヤ・ダフユーナーム（＝諸国の王）」、「フシャヤーシヤ・パールサイ（＝ペルシアの王）」、「フシャヤーシヤ・ダフユーナーム・ウィスパザナーナーム（＝諸民族の諸国の王）」、「フシャヤーシヤ・アフヤーヤー・ブーミヤー・ワズラカーヤー（＝この偉大な地上の王）」などと名乗って統治した。これらを全部挙げるのは煩雑なので、本書ではハカーマニシュ朝の君主を筆頭称号の「大王」で表記したい。また、注目すべきは、「ペルシアの王」との称号である。クールシュ二世までは「アンシャン王」を名乗っていた点を踏まえると、この頃に地名交替が起こり、「アンシャン」は「ペルシアア」と呼ばれるようになったようである。

次に国号である。ダーラヤワウシュ一世は、自らが治める版図を「クシャサ（＝帝国）」と称した。これだけ多民族を纏めた体制は以前にはなかったので、固有名詞を冠して呼ぶ必要はなく、「クシャサ」で充分であった。彼が古代ペルシア語「パールサ」の名称を使うのは、ペルシア州を指す場合に限られており、自らの版図全域を「ペルシア帝国」と呼んだ可能性はない。この「クシャサ」がギリシア人から「ペルシア帝国」と呼ばれる根拠は、後述のように、支配階級がペルシア人によって独占されていたからである。

その「クシャサ」の内部には、古代ペルシア語の「ダフユ（＝州）」が存在する。その総数は、ダーラヤワウシュ一世の各碑文とクシャヤールシャン一世の碑文によって一定していない。例えば、都市国家に住んでいたギリシア人たちは、一括してヤウナ州に分類されており、ペルシア人の方では、大して区別していなかったようである。「ダフユ」のなかでは大幅な自治が認められていたことを考慮すれば、「クシャサ」の実体は、「ペルシア帝国」と表現するよりは、「ペルシア人を基軸とした諸民族の連邦」の方が相応しいかもしれない。

「クシャサ」を統治するのが「大王」だとしたら、「ダフユ」を統治するのは「クシャサパーヴァン（＝総督、ギリシア語でサトラップ）」である。「クシャサ」内部には、他に「王」

は存在せず、「諸王の王」との称号は、先行する古代オリエントの諸王に優越する地位を指す（と思われる）。クシャサパーヴァンは、大王によって任免される州長官であり、貢納や税の徴収、軍役奉仕、道路網の整備、隣接する異国との外交など、広範囲の業務を担った。少なくとも理論的には、世襲を保証された存在ではなかった。また、監察官として、「王の目」、「王の耳」（古代ペルシア語の原語は不明）が派遣され、各クシャサパーヴァンを監視した。バクトリア州のような要地には、ハカーマニシュ家の一族が封ぜられるケースが多かったが、後のサーサーン朝が初期に「皇族王」を多用したのに比べると、あくまでクシャサパーヴァンとしての赴任だった。

大王の正統性

「アウラマズダーよ。この国土を、敵軍から（ハイター）、飢饉から（ドゥシヤーラ）、虚偽から（ドラウガ）守り給え」――ダーラヤワウシュ一世は、バガスターナ碑文にこう書いている。初期のサーサーン朝とは対照的なのだが、「大王」は神そのものとは観念されていない。ナイル川からインダス川までを支配する大王はあくまで人間であり、その正統性は「ワシュナー・アウラマズダーハ（＝アウラマズダーの庇護によって）」支えられていた。それを担保する大王側の能力が、「神の正義（リタ）」と「軍事的指揮能力（狩猟の指揮能力を含

図13：ファルナを持つ有翼天使像（ペルセポリス）

む）」である。これらの能力の故に、アウラマズダーは大王に「帝国を授け給うた（＝クシャサム・フラーバラ）」。それを視覚的に示す象徴が、「光輪（古代ペルシア語でファルナ、アヴェスター語でフヴァルナ）」である（図13参照）。

　アウラマズダーに祈念している事実を以って、ダーラヤワウシュ一世がゾロアスター教徒だったとまで即断はできない。支配の正統性を神と前任者に求めるのは、古代オリエントに一般的な伝統である。また、この碑文には、ザラスシュトラ・スピターマへの言及がなく、アウラマズダーという神格の性格も窺い知れない。確認できるのは、ダーラヤワウシュ一世がアウラマズダーなる神を、王権の保証として採用していた点だけである。まして、この事実から、ゾロアスター教が「帝国」の「国教」だったと結論するのは行き過ぎであろう。

即位に当たって、新大王はパサルガダエに赴き、ゼンダーネ・ソレイマーンで「太祖」クールシュ二世の衣装を身に付けて即位式に親臨し、「帝国」がまだアンシャン王国だった時代の質素な食事を摂って、「太祖」の覇業を偲んだ。チシュピシュ王家とハカーマニシュ家の間に血縁関係がないとしたら、皮肉な儀式である。「帝国」の貴族たちは、「バンダカー（＝臣下としての帯〈バンダ〉を付けている者）」に過ぎず、選挙原理がない以上、その支持が大王の支配の正統性を示すわけではない。しかし、この際にゼンダーネ・ソレイマーンの屋上でクールシュ二世の衣装を纏った新大王を視認して、即位を寿《ことほ》いだ。

「帝国」の首都

ヘロドトスは、スーシャー（ギリシア語名スーサ）が「ペルシア帝国」の首都だと記述しているものの、この「帝国」に固定的な首都があったとは考えられない。大王は、冬の七ヵ月はメソポタミア平原のバビロンに、春の三ヵ月は旧エラム王国（現在のフーゼスターン州）のスーシャーに、夏の二ヵ月はメディア州のハグマターナに居住した。行政関係の文書の大半はスーシャーかペルセポリス（後述）に収められ、税収として貢納された貴金属はペルセポリスの宝物庫（ガンザ）に収蔵された。また、新大王の就任式はパサルガダエで執行された（図14参照）。大王は、最低でもこの五ヵ所の都市を渡り歩くワンダーフォー

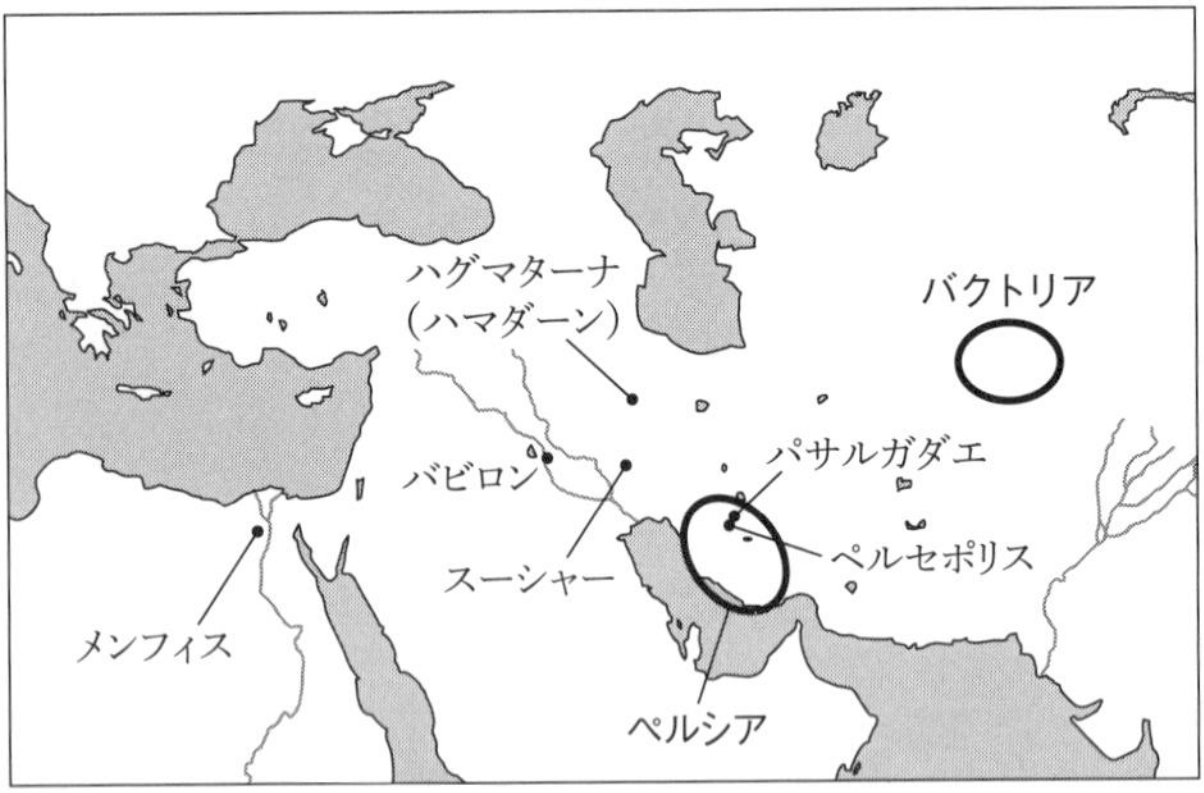

図14：「帝国」の版図と各都市

ゲル状態であり、移動中はテントに居住しながら、「臣下」と贈与物の交換をくりかえして、相互の紐帯を確認した。ハカーマニシュ朝の大王の職務は、恐ろしいほどの体力を必要としたようである。

ペルセポリス（ギリシア語名。古代ペルシア語名は不明）とは、紀元前五一八年に四方の「叛乱」を鎮圧し終えたダーラヤワウシュ一世が、新たにペルシア州に造営を開始した新都である（図15参照）。この都市は、マルヴダシュト平原北方に広がる「ミトラ神の山（一三世紀以降は、イスラーム風にクーへ・ラフマトと改称された）」の西麓に位置し、ハカーマニシュ朝のほぼ全世代を通じて造営工事が続行された。至近距離にパサルガダエが存在するのに、あえてこのような大規模土木工事を敢行したダーラヤワウシュ一世

図15：ペルセポリス

の真意は計り知れない。

この当時、大王クラスの要人が日常的に起臥するだけのインフラは、上記のバビロン、スーシャー、ハグマターナ（そして、おそらくはエジプトのメンフィス）などの諸都市に限られており、そのうちの一ヵ所だけを選択できない以上、大王はかつての新バビロニア王国、エラム王国、メディア王国の首都を巡回して「帝国」を統治せざるを得なかった。而して、ペルセポリスは、この巡回ルートから大きく外れている。結局、ペルセポリスは「帝国」の儀礼的中心として、年に数回だけの機能を期待されていたのだと思われる。おそらく、毎年春分の日に、イラン伝統の新年祭（ノウルーズ）がここで祝われていた。

「帝国」の言語

これほど広範囲にクシャサパーヴァンを配置して統治する以上、遠隔地との文書連絡は不可欠である。この先進的制度自体はバビロニア風なので、使用言語はバビロニア語かと思うと、そうではなかった。この頃は、書記媒体が粘土板からパピルスへの移行期に当たり、楔形文字の使用は徐々に終息に向かっていた。新アッシリア王国時代からは、パピルスへの表記に適したアルファベットと、それに適合するアラム語の使用が一般化し、これがハカーマニシュ朝まで継承されている。

帝国内の共通語がアラム語だったとしても、各州内の共通語は別であった。エジプト州では古代エジプト語が、ヤウナ州ではギリシア語が、それぞれ州内共通語として用いられた。注目すべきことに、ペルシア州では、アルタクシャサ一世時代まで、エラム語が州内共通語としての地位を保ちつづけた。おまけに紀元前四六〇年以降、ペルシア州の州内共通語は、古代ペルシア語ではなく、アラム語に変更されている。「帝国」内どころか、ペルシア州内ですら、古代ペルシア語は共通の文書語として採用されることはなかった。

歴代大王が造営した碑文は、磨崖碑に彫るべく楔形文字で記されたために、伝統的なバビロニア語、エラム語、そして古代ペルシア語によって表記された。ダーラヤワウシュ一世自身が、「古代ペルシア語を文字表記させるのは、自分が初めてである」と宣言しているので、パサルガダエのクールシュ二世碑文やハグマターナのアルシャーマ碑文は偽作と判断できる。逆に言えば、ダーラヤワウシュ一世は、自分でこう述べておきながら、「先祖」であるクールシュ二世やアルシャーマの碑文を準備してしまった点で、迂闊であった。きっと、初めて古代ペルシア語で碑文を彫刻した事実があまりにも誇らしく、各碑文の整合性にまで頭が回らなかったのであろう。

「帝国」の経済

「帝国」経済の基盤は農業だった。理念上、帝国全土は大王の所領だったものの、実際の農地は王領、貴族領、農民領に細分化されており、これに加えてメソポタミアでは、どの宗教のものかわからない「神殿領」が相当数に上った。これらの個別の農園で収穫される大麦、小麦、スペルト小麦などが、帝国臣民の胃袋を満たしていた。

このため、大王とクシャサパーヴァンは各地の灌漑設備（カナート）の整備に意を用い、各農地の収穫物を、（免税特権を有するペルシア州以外の）各州からの税及び貢納品として州都に納めさせた。最終的には、それらをパサルガダエ、ペルセポリス、スーシャー、ハグマターナ、バビロンの主要五都市に吸い上げ、軍や役人の給与として支払われることで、「帝国」経済は循環した。諸州からの貢納品（バージ）については、ヘロドトスが一覧表にしているものの、信憑性に疑問が残り、研究上は悪名高い。

「帝国」によるナイル川からインダス川までの政治的統一は、少なくとも西部一帯の経済活動に大きな刺激を与えた。ダーラヤワウシュ一世は、リディア王国の先駆的なエレクトロン貨幣鋳造に倣って、「帝国」全体に通用する八・四二グラムの金貨（図16参照）と五・六グラムの銀貨の鋳造を命じ、これが交易の進展を促した。ただし、これらの貨幣はアナトリア半島を中心とする帝国西部地域でしか通用せず、ペルシア州を含む帝国中央部から東部地域では、そもそも貨幣が鋳造されていない。貨幣経済と交易活動の点では、帝国の西部地域と東部地域の間で、かなりの格差があったようである。ペルシア州で貨幣が鋳造されるのは、「帝国」の滅亡後である。

図16：ダーラヤワウシュ1世の金貨

通常、大王とクシャサパーヴァンの間の情報伝達経路として理解される全長二四〇〇キロの「王の道」は、リディア王国の首都サルディスと「帝国」の行政の中心スーシャーを結ぶ交易路としても機能したはずである。当然ながら、その中央に位置するメソポタミアは、単に農業の一大中心地としてのみならず、「帝国」の国内交易の中枢としても機能した。タブレットから判明しているところでは、紀元前五世紀のバビロンの豪商エギビ家は、エラムから奴隷と農産物を輸入し、代わりに衣服を輸出していた。逆に、この「王の道」が到達していないペルシア州は、大王家発祥の地にもかかわらず、ほとんど交易活動から取り残される格好になった。

「帝国」の宗教

ハカーマニシュ朝では、メディアの一部族とされるマゴス神官団が、宗教儀式を司っていた。ペルセポリスの要塞文書では、「帝国」の理念上の中枢であるペルシア州でさえ、メソポタミアやエラムなどの旧来の神々に対する儀式が執行されていたことがわかる。大王たちは、アウラマズダー信仰を臣下に強制することはなく、旧来の神々への信仰は、そのまま継続されていた。

「ペルシア人」による帝国

ハカーマニシュ朝「帝国」の下で、「ペルシア人」は、政治的にもイデオロギー的にも特権的な立場を享受していた。ちなみに、古代ペルシア語は「名詞＋形容詞」の語順が原則だが、「ペルシア人」に限っては、強調のために形容詞を先に置いて「パールサ・マルティヤ」と表現する。これが、以下の「ペルシア人」の古代ペルシア語原語である。

彼らの特権を以下に列挙しよう。「帝国」で大王に次ぐ地位に当たるクシャサパーヴァンへの登用は、「ペルシア人」（稀にメディア人）に限られていた。「ペルシア人」のなかの大貴族は、ハカーマニシュ家との通婚、役職への登用、贈与などの点で特権を与えられ、租税の徴収を免除された。ここで言う大貴族とは、ダーラヤワウシュ一世の挙兵に参画した「七人の同志」のうち、大王になったダーラヤワウシュ一世が属するハカーマニシュ家と、謀反の疑いで族滅されたウィダファルナの一族以外の五家を指す。これだけ「ペルシア人」に有利な条件が揃っていたとすると、この「帝国」は「ペルシア帝国」の他称に相応しかった。

これを大王の支持基盤という観点から見ると、三層構造を形成している。第一に、「太祖」クールシュ二世の血統を引き、その社稷を受け継ぐ（ことになっている）「ハカーマニシュ家」である。「帝国」の統治機構は、大王を中心に回転しており、しかも最近親婚をくりかえした関係上、宮廷で大きな権力を持つ母后、王妃、姉妹（王妃も兼ねる）などは、ハカーマニシュ家出身者によって占められた。同姓不婚の原則が貫かれた中華王朝では、宮廷に皇帝以外の男性の立ち入りを禁止した結果、宦官が跋扈したとされるが、ハカーマニシュ朝の場合、兄妹婚・姉弟婚の原則を貫いた結果、宮廷がハカーマニシュ家出身の母・伯母・叔母、姉・妹・従姉妹で埋め尽くされる結果になり、これはこれで大きな弊害を齎《もたら》した。第二に、「ペルシア人貴族」が大王の支持基盤であり、最後の外延に、メディア人その他を含む「アーリア民族」が来る。「帝国」の支配階級は、広く取ってもここまでである。

ペルシア州在住者がすべて「ペルシア人」に含まれるわけではない。州内には、「アーマター（＝高貴な者）」、「トゥヌワント（＝力ある者）」、「スカウスィ（＝弱い者）」の三階層があり、家父長制の父系社会だった。また、パサルガダエやペルセポリスなどの王都の造営のために、エラム語で「クルタシュ」と呼ばれる異民族出身の労働者も住み着いていた。これらのなかで、「アーマター」の男系子孫のみが「ペルシア人」に当たる。したがって、「ペルシア人」は、後年のローマ共和国／帝国の「ローマ市民権」のように、後天的に付与可能な概念ではなかった。それは血統に拠っており、ローカル・エリートが「帝国」の上層部に辿り着く可能性はほとんどなかった。大王やクシャサパーヴァンがペルシア人によって独占される制度設計は、この「帝国」の支配層の新陳代謝を著しく妨げた。

死去

紀元前四八六年一一月か一二月に、ダーラヤワウシュ一世は病死した。彼の墓廟は、ペルセポリスの北西六キロ地点にある岩山の断崖絶壁を掘削して、磨崖横穴墓の形式で造営されている（図17参照）。断崖絶壁の頂上で遺体を解体し、遺骨だけを横穴に納める方式で

図17：ダーラヤワウシュ1世の墓廟（右から2つ目）

ある。横穴墓の壁面に碑文が彫られ、これがダーラヤワウシュ一世の墓廟であることを宣言しているので、この同定は動かない。

この葬法は、チシュピシュ朝の世界王の石棺方式と大幅に異なり、古代西アジアに前例がない。これよりずっと小規模だが、横穴墓という形式自体は、メディア州のマゴス神官団の方式に近い。ここでも、チシュピシュ王家からハカーマニシュ家への王朝交代に伴う文化の交代が確認される。以後の大王たちは、すべてこの方式で葬られた。

2　バビロンの破壊者——クシャヤールシャン一世

後継者指名

ハカーマニシュ朝では、大王位継承に関する法は成文化されていなかった。そもそも「帝国」全体を統治する法律自体が存在しておらず、別に大王位継承法だけがなかったわけではないが。後継者指名を受ける条件としては、①正妻の嫡出長男による相続、②正妻・側室に拘らない出生長男による相続、③大王に即位して以後に生まれた最初の息子による相続などが挙げられている。しかし、どの条件が優先するかは、時と場合に依ったようで、ハカーマニシュ家の兄弟による大王位争奪戦は、このあと頻繁にくりかえされることになる。

ダーラヤワウシュ一世には、即位以前の側室（「七人の同志」の一人ガウブルワの娘）との間に三人の男子がおり、その後、ウタウサとの間に四名の男子、リタストゥーナーとの間に二名の男子、パルミーダとの間に一名の男子を儲けている。このうち、ダーラヤワウシュ一世が後継者に指名したのは、ガウブルワの娘との間に生まれた出生長男ではなく、正妻ウタウサとの間に生まれた嫡出長男のクシャヤールシャン（ギリシア語名クセルクセス）だった。この場合、「太祖」クールシュ二世の長子長女にして、第二代世界王カンブージヤ二世の姉妻、そしておそらくは第三代世界王バルディヤの姉妻でもあったウタウサの血統上の権威が、他のすべての考慮に優先したのだと思われる。

ちなみに、ダーラヤワウシュ一世の宮廷で、ウタウサがいかに権力を振るっていたかは、アイスキュロスの『ペルシア人』のなかで、アトッサ（ウタウサのギリシア語名）の活躍として克明に描かれている。

ダーラヤワウシュ一世即位の経緯からして仕方のないことではあるが、ウタウサの権力は隣国にまで知られるほどで、この当時の「帝国」宮廷は、ダーラヤワウシュ一世の宮廷というよりはウタウサの宮廷であった。

正妻アマーストリー

クシャヤールシャンの誕生は、ダーラヤワウシュ一世の即位以降なので、紀元前五二二年より後と考えられる。したがって、紀元前四八六年には、三六歳より若干年少だったと推定される。小説的な想像力を逞しくすれば、ダーラヤワウシュ一世との婚姻の際、ウタウサはすでに妊娠していて、クシャヤールシャンはカンブージヤ二世かバルディヤの息子だったかもしれない。だとすると、父方でも母方でも文句の付けようのないチシュピシュ王家の正統後継者ということになる。

クシャヤールシャンの正妻には、ダーラヤワウシュ一世の挙兵に参加してバルディヤを倒した「七人の同志」のうち、本来の指導者格だったウターナの娘アマーストリー(ギリシア語名アメストリス)が選ばれた。ウターナの后はダーラヤワウシュ一世の妹なので、アマーストリーはクシャヤールシャンの従姉妹に当たり、これも一種の近親婚である。

クシャヤールシャンは、彼女との間に生まれた嫡出長男ダーラヤワウシュを王太子とし、同母弟でバクトリア総督に就任していたマスィシュタの娘（王太子ダーラヤワウシュから見れば従姉妹）と結婚させて、後継者指名に万全を期した。従兄妹婚を乱発しすぎであるが、これが古式麗しきペルシアの伝統なので仕方がない。

ギリシア語文献によると、王太子妃アマーストリーは気性が荒い女性であった。彼女は、何らかの宗教に熱中した結果、ペルシア貴族の少年七名を人身御供として生き埋めにし、以って神（何の神かは不明）を祀ったと伝わる。また、王弟マスィシュタの妻（アマーストリーからすれば義妹）に対し、宮廷内の権力闘争なのか、激しい敵愾心を燃やした。紀元前四七八年、アマーストリーは隙をみてマスィシュタの妻を捕縛し、耳、鼻、舌、乳房などを削ぎとって犬に喰わせてから処刑したとされる。前漢呂后《りょこう》の戚《せき》夫人殺害を髣髴《ほうふつ》とさせるエピソードであるが、こちらの方が三〇〇年ほど古い。このアマーストリーの振る舞いは、ハカーマニシュ朝宮廷のプレシオジテとして認知されたのか、以後の王妃の宮中での行動は、おおむねこれを先例とするようになった。

ちなみに、これを見た王弟マスィシュタは、驚愕して任地のバクトリアに逃亡する途中、叛乱の容疑で処刑されている。とんだ妻同士の争いの犠牲者である。

バビロンの叛乱

西洋史の常識に従えば、クシャヤールシャン一世の事績としては、ペルシア・ギリシア戦争に関心が集中する。もちろん、ギリシア史から見れば、これは国難であって、多くの記述を残すに値した。しかし、「ペルシア帝国」を問題にするならば、ヤウナ州の叛乱は辺境の出来事だったのに対し、同時期に国家の中枢バビロンでも叛乱が勃発している。本書では、ヤウナ州での戦争よりも、バビロンの叛乱を重視したい。

バビロンは豊饒なメソポタミア平原の中心にして、「帝国」版図内で最大の人口を抱える大都市である。クールシュ二世は、バビロンに大幅な自治を認め、自分自身はメディア王国の旧首都ハグマターナを居城としていたものの、ダーラヤワウシュ一世は、毎年七ヵ月間をここで過ごし、新バビロニア王国のネブカドネザル二世（在位紀元前六〇四年～五六二年）の宮殿をそのまま自分の宮殿として再利用していた。その結果、次第に「帝国」とバビロンの距離が縮まり、それに伴って、ペルシア人の「帝国」とメソポタミアの中枢都市バビロンの利害が衝突するようになった。

紀元前四八四年から四七六年まで、三次にわたるバビロン叛乱が勃発した後、クシャヤールシャン一世は、ダーラヤワウシュ一世から継承した「バビロン王」の称号を廃止し、この不従順な大都市に懲罰を下すことにした。すなわち、娘ウマティの婿であるバガブフシャ将軍に命じて、バビロンの都市神マルドゥクを祀るエサギル神殿を破壊し、マルドゥクの黄金神像を撤去したうえに、神官団の大虐殺と住民の強制移住をやってのけたのである。

この大破壊によって、バビロン第一王朝以来保たれていた聖都としてのバビロンの歴史は終わりを告げた。もちろん、メソポタミアには、「帝国」への軍事力提供と引き換えのペルシア人貴族の封建領土が集中していたので、バビロンの行政都市としての重要性はある程度まで保たれていた。しかし、この段階でバビロンの地位は、メソポタミア文明の中心都市から「帝国」の五つの主都の一つへと、確実に下落した。

「帝国」の領土拡大

クシャヤールシャン一世は、紀元前四八四年のバビロンの叛乱と同時期にエジプトの叛乱にも直面したものの、首尾よくこれを鎮圧し、新たなエジプト総督として同母弟ハカーマニシュを任命した。紀元前四八一年〜四八〇年のヤウナ遠征（ペルシア・ギリシア戦争）には失敗したが、クシャヤールシャン一世のペルセポリス碑文の属州（ダフヤーワ）リストには、新たにダハエ州とアカウファアカ州が付け加えられている。

前者のダハエ州は、現在のトルクメニスタン付近で、記録には残っていないものの、クシャヤールシャン一世が中央アジアに遠征し、かつてクールシュ二世を倒した遊牧民族マッサゲタイ族を征服した可能性を示唆している（ちなみに、ここから後のアルシャク朝が興起する）。これに対して後者のアカウファカ州は、何処の地名かまったくわからず、研究者たちの論争の的になっている。このように、クシャヤールシャン一世は、エラム王国以来の「地を広げる者」の伝統を引いて、なおも征服戦争に勤しんでいたようである。もっとも、この時が「帝国」の最大版図であったが。

ダイワー崇拝禁止碑文

クシャヤールシャン一世は、ペルセポリスに造営した古代ペルシア語の「ダイワー崇拝禁止碑文」で、アウラマズダー以外のダイワー（古代ペルシア語「悪神」の複数形）の崇拝を禁止している。ダーラヤワウシュ一世は、支配の正統性を保証する神をアウラマズダーに選定したものの、特に他の神々の崇拝を禁止した記録は見られない。しかし、息子の方は、「ダイワーの館（ダイワーダーナ）」を破壊したと誇っているのである。

この碑文の解釈の可能性は、いくつかある。これを歴史的事実と照応させるとしたら、バビロン鎮圧の際に大々的に破壊したエサギル神殿を指すか、あるいはヤウナ遠征の際についでに破壊したアテネのパルテノン神殿を指す。しかし、ペルシア州の奥深くにあるペルセポリスの碑文中で、古代ペルシア語で彫ってある点を考慮すれば、はるか遠方のバビロンやアテネの神殿破壊をここで誇っても仕方がない。だとすれば、ペルシア人のなかで、「アウラマズダー以外の神々」を禁止したとも読み取れる。

暗殺

あるバビロニア・タブレットに拠れば、クシャヤールシャン一世は、紀元前四六五年の七月下旬か八月上旬に、推定年齢五七歳で、王太子ダーラヤワウシュによって暗殺された。そのダーラヤワウシュは弟のアルタクシャサ（ギリシア語名アルタクセルクセス）によって処刑され、最終的にはアルタクシャサが第三代大王に就任したとされる。

一方、ギリシア語文献に拠れば、クシャヤールシャン一世と王太子ダーラヤワウシュは近衛隊長のアルタバヌスのクーデターによって殺害され、そのアルタバヌスは、アルタクシャサと妹婿のバガブフシャ将軍（「七人の同志」の一人バガブフシャの同名の孫）によって処刑されたと伝わる。

この二つの伝承のどちらが正しいのかは不明である。紀元前四六五年の夏に一種の宮廷クーデターが起こり、結果的に大王と王太子が両方死亡して、後継者に予定されていなかった王子の一人が即位したようである。

クシャヤールシャン一世の磨崖横穴墓は、ナクシェ・ロスタムのダーラヤワウシュ一世墓の東（図17の一番右）に造営されたと考えられている。しかし、ナクシェ・ロスタム所在の四つの磨崖横穴墓のうち、ダーラヤワウシュ一世のもの以外には碑文が添えられておらず、確実な同定は不可能である。

3　ギリシア戦役の終結——アルタクシャサ一世

正妻ジャーマースピー

アルタクシャサ一世は、王太子として養育されてきたわけではなく、正妻の素性も判然としない。一応、名前だけはジャーマースピーと伝わっているものの、彼女の影は至って薄く、彼の宮廷で勢力を維持したのは母后アマーストリーと王妹ウマティだった。特に、気性の荒い母后アマーストリーは長寿で、アルタクシャサ一世在位のほぼ全期間にわたってハカーマニシュ朝宮廷を支配した。

アルタクシャサ一世と正妻との間には、クシャヤールシャンという長男が生まれており、彼が王太子に当たる。しかし、アルタクシャサ一世は他にも一六名の男子を儲けており、これが後に後継者争いの火種になった。ここでは、その主役として、バビロニア人の側室との間に儲けたダーラヤワウシュ、ソグディアノス、及びパリュサティス（娘）を挙げておきたい。

カリアスの和議

アルタクシャサ一世は、即位早々に、弟でバクトリア総督のウィーシュタースパの叛乱に直面した。また、エジプトでは、リビア王イナルスが叛乱を起こし、アルタクシャサ一世の叔父のエジプト総督ハカーマニシュを追放している。これに対し、アルタクシャサ一世は、妹婿のバガブフシャ将軍を派遣してエジプトを解放し、イナルスをスーシャーに召還したうえで、新総督としてアルシャーマを送り込んだ。その後、シリアで、バガブフシャ将軍自身が叛乱を起こしたものの、この際は、バガブフシャ将軍の妻である王妹ウマティの仲裁によって、和平が成立している。

また、祖父ダーラヤワウシュ一世以来継続していたヤウナ州での戦争状態に終止符を打つべく、紀元前四五〇年にバガブフシャ将軍を派遣して、和平交渉を開始した。答礼として、アテネからもカリアス率いる使節団がスーシャーに到着し、紀元前四四九年、デロス同盟との間にカリアスの和議が締結された。これによって、約五〇年間継続した「帝国」とヤウナ州の諸都市の戦争状態は解消された。

ハーレムへの引き籠もり

アルタクシャサ一世は、外交政策については、西方諸国との間に平和を保ったとして評価が高い。しかし、内政に関しては、評価が分かれている。大王個人としては、母后アマーストリー、王妹ウマティ、宦官アルタクシャサの強い影響下にあり、ハーレムに引き籠もりがちだったとして、ほとんど評価されない。

しかし、現実には、「帝国」の行政機構はよく機能しており、ユダヤ人にエルサレム帰還を許し、ユダヤ人宦官（と想定される）ネヘミヤをユダヤ属州総督に任命するなど、「帝国」内の諸民族に対して穏健に対処した。ニップル出土の七〇〇枚のタブレットからなる『ムラシュー文書』（ユダヤ人銀行家の一族の記録）によれば、アルタクシャサ一世時代の――帝国西部地域の――経済活動は、きわめて活発だった。

このような点を捉えるならば、祖父ダーラヤワウシュ一世が制度設計した「帝国」の統治機構は、大王の強力な指導がなくとも回転するまでに整備されていた。「帝国」の連邦的性格は、決してダーラヤワウシュ一世という個人に発した恣意の統治体系でもなければ、ギリシア語文献に描かれるようなデモーニッシュなものでもなかった。それはむしろ、特殊が普遍を追い出すように、各地域に密着した統治制度だった。これを巧みに運営するうえで、「余計なことをしなかった」点、「母后や王妹の影響下で積極的な軍事行動を起こさなかった」点では、アルタクシャサ一世は名君だと言えるかもしれない。

死去

紀元前四二四年、アルタクシャサ一世は四一年の長い治世の末、スーシャーで死去した。正妻のジャーマースピーも同日に死去したと伝わるので、自然死ではない可能性も残る。彼の磨崖横穴墓は、ナクシェ・ロスタムのダーラヤワウシュ一世墓の東（図17の右から3番目）に造営されたと考えられている。

4　後継者戦争——クシャヤールシャン二世とソグディアノス

第四代大王

アルタクシャサ一世の死去後、王太子だったクシャヤールシャンが、直ちに第四代大王として即位した。しかし、同時に、異母弟ソグディアノス（ギリシア語名。古代ペルシア語名は不明）と別の異母弟ワウシュ（古代ペルシア語名。アッカド語名ウマクシュ）が大王を名乗り、「帝国」は三兄弟で三つ巴の内戦状態に陥った。王太子だったクシャヤールシャン二世は、四五日間しか持ちこたえられず、真っ先に脱落してソグディアノスに処刑された。

第五代大王

代わって第五代大王として即位したソグディアノスは、異母弟でヒルカニア総督だったワウシュと六ヵ月間戦った末、紀元前四二三年に捕らえられて処刑された。ただし、この二名の大王の墓所は不明であるし、上述の『ムラシュー文書』では、この二名を大王にカウントしていない。「帝国」の一部では、二人とも大王として認知されていなかったようである。

第三章　ハカーマニシュ朝（後期：第六代〜第一〇代大王）

1　エジプト失陥——ダーラヤワウシュ二世

即位名の問題

異母兄弟ソグディアノスを倒した後、バビロニア人の側室の息子にしてヒルカニア総督だったワウシュは、ダーラヤワウシュ二世と名乗って第六代大王に即位した。彼の場合、本名と大王としての即位名が別であったことは確定している。ここで問題となるのは、これ以前の大王たちは、果たして本名と即位名が一致していたか否かである。これ以降の大王は本名と即位名が別なので、これまでも本名と即位名は別で、単に本名が伝わっていないだけではないかと考えられている。

正妻パリュサティス

ダーラヤワウシュ二世の正妻は異母妹パリュサティスで、ダーラヤワウシュ二世は彼女との間に、アルタクシャサ、クールシュ及び他二名の男子を儲けた。この王妃は——ハカーマニシュ家の姉妹妻の常として——宮廷で大きな権力を振るい、後述のように、夫没後の後継者争いに深く介入している。また、『ムラシュー文書』に拠れば、彼女はバビロン周辺に広大な土地を所有し、莫大な財産を確保していた。特に、異母兄弟たちによる大王位継承戦争の後は、住宅ローン（そんな概念が、紀元前五世紀のメソポタミアに存在していた）が急増したと伝わるので、彼女はこれで莫大な利益を上げていたはずである。

クシャサパーヴァンの土着化

ダーラヤワウシュ二世の頃から、「帝国」の統治体制に構造的な弛緩が見られるようになる。すなわち、各地のクシャサパーヴァンが次第に世襲化して、中央政府の意向を代表するより、地元の利害を代弁するのである。そして、その両者の間には、この頃から埋め難い亀裂が生じていた。その一例が、ダーラヤワウシュ二世の同母弟でシリアのクシャサパーヴァンだったアルスィタの叛乱である。彼は、バガブフシャ将軍（本人はすでに七六歳で死去していた）の息子アルディフィヤ将軍（王妹ウマティの息子でダーラヤワウシュ二世の従兄弟）と組んで挙兵した。この叛乱は、当初はギリシア人傭兵の活躍もあって成功したが、最終的には買収されたギリシア人たちが裏切ったために失敗し、首謀者二人とも処刑されている。また、紀元前四二二年には、サルディスのクシャサパーヴァンが叛乱を起こしたものの、「七人の同志」ウィダルナの孫チサファルナフ（ギリシア語名テッサフェルネス）将軍

図18：ハカーマニシュ朝時代の銀器

によって鎮圧された。

「帝国」西部諸州の独立王朝化が進んだのに対し、東部諸州ではそのような事例は知られていない。そこで、これらの地域で叛乱が頻発する原因を、西部諸州の経済状況に求める立場もある。すなわち、西部諸州では、リディア王国時代から貨幣が鋳造されていたように、経済活動が活発であり、ダーラヤワウシュ一世の金貨と銀貨の発行は、この地域の経済的欲求に沿うものだった。しかし、帝国の税制は金納・銀納で、吸い上げられた金貨や銀貨は、経済的な後進地域であるペルセポリス、スーシャー、ハグマターナに貯蔵された。それらを社会に還元する仕組みは軍隊への俸給しかないが、クシャヤールシャン一世時代に「帝国」拡大の限界に達すると、金銀は王宮の宝物庫（ガンザ）に退蔵されざるをえず、逆に貨幣の循環を著しく阻害した。この経済政策の失敗が、当初は「帝国」全体の利益を支持していた西部諸州のクシャサパーヴァンに土着利益を代表する立場を採らせ、叛乱を誘発していったとされる。

エジプトの離脱

シリアや小アジアでの事態は一応沈静化したものの、一連の流れをうけて「帝国」の一大打撃となったのは、ダーラヤワウシュ二世治世の末年に起こったエジプトの叛乱であった。すなわち、エジプト第二六王朝の血統をひく（と称する）サイスのアメニルディスが、メンフィスに駐留していた帝国軍を追放し、自らファラオと宣言したのである。すでに高齢に達していたダーラヤワウシュ二世にはこれを防ぐ手段がなく、紀元前五二五年にカンブージヤ二世が征服したエジプトは、一旦「帝国」から失われた。今や「諸民族の連邦」は、歴史的使命を終え、避け難いヴェルトシュメルツを背負ったかのように、解体に向かって歩を進めていた。

死去

ダーラヤワウシュ二世は、紀元前四〇五年から四〇四年にかけての冬に、バビロンで死去した。彼の磨崖横穴墓は、ナクシェ・ロスタムの最西（図17の左端）に造営されている。ちなみに、スペースの関係で、ナクシェ・ロスタムに造営されたハカーマニシュ朝大王の墓は、彼のもので最後となった。

2　西部諸州の独立王朝化——アルタクシャサ二世

正妻スタテイラ

紀元前四〇四年、ダーラヤワウシュ二世が没すると、正妻パリュサティス所生の嫡出長男アルシャカ（ギリシア語名アルセス）が、即位名アルタクシャサ二世として第七代大王に登極した。正妻は、ダーラヤワウシュ一世を助けた「七人の同志」ウィダルナの孫娘にして、サルディスの叛乱鎮圧の英雄チサファルナフ将軍の妹スタテイラだった。

この正妻も、甚だ強気の女性であった（そもそも、ハカーマニシュ朝の王妃で大人しい人物は、ジャーマースピーだけだったような気がするのだが）。彼女は、それまで王妃は宮廷での謁見の際に簾中からしか声を掛けられなかった習慣を廃し、御簾を撤去させ、文字通り自ら顔を出して宮廷を指揮した。こうなると、まだ存命中だった母后パリュサティスとの衝突は不可避だった。パリュサティスの方がハカーマニシュ家の出身者であり、しかもすこぶる財産家で、プライドも高かったのである。

小クールシュ戦争

アルタクシャサ二世は、正妻パリュサティスによる嫡出長男であり、その即位に問題はないはずであった。だが、何の問題もないところに問題を起こしたのは母后のパリュサティスで、リディア・フリュギア・カッパドキア総督（凄い兼任数である）だった次男クールシュを寵愛して大王位に推し、長男を廃するべく画策して、兄弟間の内戦を誘発した。

紀元前四〇四年、クールシュは、パサルガダエのアナーヒター女神神殿（何時の間にか、そのような神殿ができていたらしい。後述）での即位式の際に、兄王アルタクシャサ二世を暗殺しようとして果たせず、この時は母后パリュサティスの執り成しで助命された。しかし、これ以来、王妃スタテイラは母后パリュサティスの意図を疑い、彼女の与党の追放に励んだし、パリュサティスの方ではスタテイラ本人の毒殺を企んでこれに報いた。

紀元前四〇一年に至ると、宮廷における母后と王妃の対立がそのまま反映したのか、とうとうクールシュは任地の小アジアでギリシア人傭兵をかき集め、武力蜂起に踏み切った。前出のアルディフィヤ将軍の息子アリマス（ギリシア語名。古代ペルシア語名は不明）もこれに呼応し、小アジアのリミュラ（現在のトルコ）に拠点を設けてクールシュを支援した。

余談だが、彼の一族のアラム語とギリシア語の銘文入り納骨器がリミュラで発見され、ハカーマニシュ朝時代のペルシア貴族の葬法を知るうえでの貴重な資料となっている。

すでにエジプトが「帝国」から離脱していたうえに、小アジアでの大規模叛乱が重なったことは、ハカーマニシュ朝の統治体制にとって大打撃となった。王族の個人的野望に根ざした叛乱如きで火が付くとは、西部諸州はもともと一触即発だったのであろう。アルタクシャサ二世は、エジプト遠征のために準備した軍を小アジアに投入せざるを得ず、クールシュの挙兵は、間接的にエジプト第二八王朝の独立を大いに助けた。

ギリシア人傭兵部隊を率いたクールシュは、小アジアで兄王の軍を破り、挙兵後一八〇日でバビロン近郊にまで迫った。これを迎撃するのは、アルタクシャサ二世自身と、王妃の兄チサファルナフ将軍（前出）である。ハカーマニシュ朝史に関する文献資料は少ないのだが、このクナクサ会戦の際は、アルタクシャサ二世側にギリシア人医師クテシアスが従軍し、クールシュ側にギリシア人傭兵隊長クセノポン（有名なソクラテスの弟子）が参加していて、例外的に豊富な資料を遺している。それによると、クールシュは陣頭指揮を執って善戦していたものの、乱戦中に兄王の姿を見つけると我を忘れて突撃してしまい、文字通り兄王に「一矢報いた」が、そこを大王側の兵に槍で突き殺されたと云う。

クールシュが二二歳で戦没し、ようやくアルタクシャサ二世の統治体制が固まった。従軍医師のクテシアスは、アルタクシャサ二世がクールシュの最後の突撃によって負わされた傷を治療して、褒賞を得ている。災難だったのはチサファルナフ将軍で、クールシュを討ち取った武勲によって顕彰されるどころか、最愛の息子を殺されたと逆恨みした母后パリュサティスによって処刑された。また、王妃スタテイラも、紀元前四〇〇年に母后パリュサティスに毒殺されている。パリュサティス本人は、一時的にスーシャーからバビロンに追放されただけで直ぐに舞い戻り、さして好んでいなかったはずの長男の宮廷で、相変わらず権勢を振るった。

なお、王妃スタテイラが毒殺された後、アルタクシャサ二世は、スタテイラとの間に生まれた長女ウタウサを正妻としている。チシュピシュ王朝とハカーマニシュ朝では、これまでにも兄妹婚、姉弟婚、従兄妹婚などはあったが——というか、それしかなかったが——、流石に父娘婚は初めてである。

アルシャク朝の祖？

アルタクシャサ二世は、ハカーマニシュ朝の大王としては異例の四四年間の在位記録を持つ。無論、「帝国」の最長不倒記録である。この間、スタテイラとウタウサ以外に側室を三六〇人抱え、男子を一一五人儲けた。このため、後世ハカーマニシュ家との血縁関係を主張する人物は、必ず「アルタクシャサ二世の後裔」と名乗る通例ができている。後にダハエ州から出て西アジアに覇を唱えたアルシャク朝もその一つで、アルタクシャサ二世の本名アルシャカにちなんで、家名をアルシャクとしたとされる。もちろん、真偽のほどは保証の限りでないし、それがアルシャク朝の支配にとって役立ったかどうかも定かではないが。

西部諸州の独立王朝化

アルタクシャサ二世政権の最大の課題は、今や第二八王朝に支配されるようになったエジプトの奪還だったが、紀元前三八九年〜三八七年、三八〇年〜三七九年のエジプト遠征はことごとく失敗に終わった。アルタクシャサ二世はこの事態を打開するべく、税率を引き上げて軍備を増強したものの、これはかえって西部地域の反発を招いたうえに、この地域の経済活動を縮小させて、「帝国」の存在意義をますます失わせていった。

付言すれば、大王は近親結婚をくりかえす純粋ペルシア人だったたし、クシャサパーヴァンはペルシア人で独占されたように、「帝国」は「ペルシア人による帝国」に終始した。いかに寛大な統治制度を敷いたとはいえ、西部諸州の住民にとっては異邦人による支配でしかなく、そこに所属するデメリットがメリットを上回るようになれば、早々に離脱するのは明らかだった。

こうして、エジプトに続いてカッパドキア、フリュギア、リキアなどのクシャサパーヴァンが土着王朝化し、中央政府の羈絆《きはん》を脱していった。後世の目から見れば、退蔵していた金銀を放出して、帝国西部地域の経済の循環を促せば良かったかと思われるのだが、大王たちにとっては、死蔵している金銀財宝こそが、ハカーマニシュ家の権力の究極の保証だった。

ミスラ信仰とアナーヒターー信仰

アルタクシャサ二世は、その治世の長大に比例して、スーシャーとハグマターナにかなりの数の碑文を遺している。その多くは、前代の古代ペルシア語碑文を「例文」として踏襲し、甚だ新味に欠けるものであるが、注目すべきことに、アウラマズダー以外にミスラ神とアナーヒターー女神の崇拝を推奨している。ダーラヤワウシュ一世以来、アウラマズダー専一の信仰を唱えてきたハカーマニシュ家に、この頃一種の宗教変動があったようである。

死去

アルタクシャサ二世は、紀元前三六〇年一一月初旬に死去した。王太子だったダーラヤ

図19：アルタクシャサ2世の墓廟

ワウシュは、アルタクシャサ二世の生前に謀反の罪で処刑されており、代わって弟のワウシュが後継者となった。アルタクシャサ二世の墓廟は、ナクシェ・ロスタムの壁面にスペースを確保できず（図17参照）、新たにペルセポリスの背面に造営されている（図19参照）。聖都の「背面」への墓廟（ペルシア人の感性では、穢れの最たるもの）の造営は、この当時、ペルセポリスが新年祭の場所としては最早機能せず、単に宝物庫としてのみ活用されていたのではないかと推測させる。

3　王族虐殺とエジプト再征服——アルタクシャサ三世

正妻ウタウサ

紀元前三六〇年のアルタクシャサ二世の死去後、王太子ワウシュが、即位名アルタクシャサ三世として第八代大王に登極した。正妻は、何と父大王の正妻で、自分自身の姉ウタウサである。同母姉で義理の母親に当たる女性との結婚は、名目的なものではなかったようで、アルタクシャサ三世はこの姉妻との間に、嫡出子アルシャカ――父親の本名と同じ名前である――を儲けている。

アルタクシャサ二世が在位四四年の間に、暇に飽かせて一一五名もの男児を儲けていたので、後継者問題は熾烈を極めたかと思いきや、アルタクシャサ三世はこれを一挙に解決した。すなわち、異母兄弟一〇〇名以上を大量虐殺して、一人も対立候補が生き残らないように手をうったのである。ついでに、従兄弟などの王族に加え、大王位の継承権のない姉妹たちまで皆殺しにしてしまい、ハカーマニシュ朝の宮廷を随分閑散とさせた。宮中の風通しはすこぶる良好になっただろうが、この大量殺人は、結果的には彼の息子の代でハカーマニシュ家を断絶させることにもつながった。

西部諸州への遠征

この暴力の誇示からもわかるように、アルタクシャサ三世は武断的な性格であった。即位すると、西部諸州で独立王朝化しているクシャサパーヴァンたちを軍事力によって打倒すべく、メディアから小アジアへの遠征を試みている。この作戦はおおむね成功し、西部諸州の独立に一時的に歯止めをかけた。

また、この際、後に第一〇代大王に即位するダーラヤワウシュ三世こと本名アルタシヤータ将軍が武勲を挙げて、一躍宮廷の有力者に躍り出た。しかし、アルタクシャサ三世は、ハカーマニシュ家の王位継承権のある男系親族を皆殺しにしたはずなので、一軍の指揮を任せるほどの地位に王族を留めておくのは不自然である。ここから、ダーラヤワウシュ三世はハカーマニシュ家の一門ではなく、まったくの他人だったのではないかと推測されている。

第一次エジプト遠征

アルタクシャサ三世は、歴代大王のなかでも人気がなく、彼の治世に関する記録はほとんど残っていない。かなり信憑性に疑問があるギリシア語文献の記録を繋ぎ合わせてみると、アルタクシャサ三世は、西部諸州の独立王朝を武力によって服属させたあと、紀元前三五一年に、第三〇王朝のファラオ・ネクタネボ二世に治められていたエジプトへの遠征を試みたらしい。

この第一次遠征は、ギリシア人傭兵部隊の援軍を得たエジプト軍によって撃退され、折角鎮圧したフェニキア、キプロス、小アジアの総督たちも一斉に「帝国」に反旗を翻した。アルタクシャサ三世は一旦退却した後、フェニキアの鎮圧からやり直さざるを得ず、この際フェニキアの首邑シドンを徹底的に破壊して、当地の繁栄に止めを刺している。ほとんど八つ当たりである。

第二次エジプト遠征

紀元前三四三年、アルタクシャサ三世は再びエジプト遠征を企図し、大軍を差し向けた。指揮官は、ギリシア人傭兵出身のメントル将軍とエジプト出身の宦官バゴイ（ギリシア語名バゴアス）と伝わっており、ハカーマニシュ朝宮廷で徐々に宦官が勢力を拡大している様子が窺える。アルタクシャサ三世は、母后スタテイラと太后パリュサティスの暗闘によほど懲りたのか、宮廷における女性親族まで一掃してしまったので、宦官を重用せざるを得なかったのである。

図20：エジプトのファラオとしてのアルタクシャサ3世のコイン

メントル将軍と宦官バゴイは軍事指揮官としても有能で、この度はメンフィスを陥れて、ネクタネボ二世をエチオピアに亡命させている。そのうえで、エジプトの「帝国」支配を再建し、アルタクシャサ三世をエジプト第三一王朝ファラオに即位させた。この際、アルタクシャサ三世はエジプト人を徹底的に弾圧し、寛容を旨とするハカーマニシュ家の伝統とはかけ離れた恐怖政治を敷いたとされる。

アナーヒター信仰の省略

歴代大王の尚古趣味に即して、アルタクシャサ三世もまた、ペルセポリスに四点もの古代ペルシア語碑文（もどき）を造営した。すでにアラム語版やバビロニア語版などは造られず、古代ペルシア語版だけに縮小されたし、その「古代ペルシア語」も格変化に誤用がめだって、「古代ペルシア語」と呼ぶべきか「中世ペルシア語」と呼ぶべきか躊躇されるような言語に成り果てている。ハカーマニシュ朝の大王が碑文を造営するのは、アルタクシャサ三世で最後であった。

興味深いのはアルタクシャサ三世碑文の内容である。すなわち、父大王は歴代大王で初めてアウラマズダー、ミスラ、アナーヒターの三神の崇拝を説いたのだが、アルタクシャサ三世はアウラマズダーとミスラの二神の崇拝を説いているのである。適当に神名を挙げたとは思えないので、この頃、ハカーマニシュ朝の——少なくともペルシア人の——間で、何らかの宗教的変動があったと予想される。

暗殺？

アルタクシャサ三世は、二一年の治世を通して、表面的には「帝国」の再建に成功した。しかし、その政策はおおむね武断に傾き、軍事力によって西部地域の諸州を服属させているだけで、「帝国」が抱える根本的な問題の解決には遠かった。おまけに、この頃から徐々にギリシア北方のマケドニア王国が軍事力を拡充しはじめ、「帝国」の脅威となりつつあった。

彼の最期はきわめて唐突だった。バビロニアの天文タブレットに拠れば、彼は自然死だったとされる。しかし、ギリシア語文献によると、紀元前三三八年八月下旬から九月下旬の間に、重用していた宦官バゴイによって、王子たちもろとも毒殺されたとされる。どちらが正確なのかは不明だが、ギリシア語文献の方は、彼らの歴史叙述の定型パターンに忠実に即している。どちらかといえば、淡々としているバビロニアの天文タブレットの方が、信頼が置けそうである。

アルタクシャサ三世の墓廟は、ペルセポリスの背面に、父大王の墓廟に隣接して造営された。

4 「帝国」の崩壊——アルタクシャサ四世とダーラヤワウシュ三世

宦官の跋扈

紀元前三三八年のアルタクシャサ三世暗殺のあと、末子のアルシャカと娘のパリュサティス以外の子息・息女も、宦官バゴイによってすべて殺害されたとされる。これも本当かどうかわからないが、アルタクシャサ三世の没後に、大規模な宮廷クーデターがあったようである。アルタクシャサ三世が親族を皆殺しにした因果が回ってきたのか、有力な王族もなく、ハカーマニシュ朝宮廷は宦官バゴイが掌握するところとなった。アルタクシャサ三世と姉妻ウタウサの間に生まれたアルシャカは、即位名アルタクシャサ四世を名乗って第九代大王に登極したものの、所詮傀儡《かいらい》に過ぎなかった。

「帝国」上層部の混乱を見て取ったマケドニア王フィリッポス二世は、ここぞとばかりに、ギリシア都市がアルタクシャサ三世時代に蒙った損害に対する賠償を要求してきた。この時は、アルタクシャサ四世（あるいはその背後にいる宦官バゴイ）が拒絶し、（ペルシアにとっては）幸いにもフィリッポス二世がマケドニア王国の内紛で暗殺されたために、大事には至らなかった。しかし、「帝国」の弱体化を見越した西部諸州は虎視眈々と隙を窺っていたはずで、フィリッポス二世の大胆な要求は、「帝国」にとって不吉な前兆だった。

　紀元前三三六年、アルタクシャサ四世は、宮中で宦官バゴイを暗殺しようとして返り討ちに遭い、逆に一家もろともバゴイによって暗殺されたとされる。これについては、バビロニアの天文タブレットも、「王は宦官に殺された」と記しているので、史実であろうと思われる。これによって、ダーラヤワウシュ一世以来六世にわたって継承されてきたハカーマニシュ家の嫡流は全滅し、王朝としては崩壊した。残る問題は、「帝国」が如何なる結末を迎えるかだった。

図21：アルタクシャサ4世のコイン

新王朝の開始？

　この暗殺劇の後、宦官バゴイが担ぎ出したのは、アルタクシャサ三世の小アジア遠征の際に武功を挙げ、アルメニアのクシャサパーヴァンを経て、当時は帝国の情報長官を務めていたアルタシャヤータ将軍であった。彼は「バンダカー（＝臣下）」と呼ばれているので、明らかに王族とは見做されていなかったはずであるが、「ダーラヤワウシュ二世の息子ウターナの息子アルシャーマの息子」という系図が作成され、アルタクシャサ四世の三代前に分かれたハカーマニシュ家の分家という体裁が整えられた。「戦場で功績を挙げた将軍」という条件に適う人物は他にも複数いたはずで、アルタシヤータ将軍の即位の正統性はきわめて脆かった。彼が、即位名ダーラヤワウシュ三世、第一〇代大王である。

この取引は、少なくともバゴイにとっては悪くなかった。ハカーマニシュ家の王族とは見做されない人物が、軍事的成功によって即位したのでは、バゴイに大きく依存せざるを得ないと予想された。もっとも、支配階級である「ペルシア人」の求心力を維持するために、是が非でも「太祖クールシュ二世」以来のハカーマニシュ家の血統原理を必要とした「帝国」にとっては、各地のクシャサパーヴァンへの求心力が劇的に低下する始末で、この即位はマイナスにしか働かなかったようであるが。

しかも、バゴイの意に反し、次第に宮廷での立場を固めたダーラヤワウシュ三世は、宮中の実力者バゴイを暗殺し、宮廷を粛清した。伝説では、バゴイがダーラヤワウシュ三世に差し出した毒杯を、逆にバゴイ自身に飲ませて殺害し、バゴイの与党を一掃したと伝わる。この一件で、スーシャーの中央政府の統制力はさらに下落したらしく、この内紛中にエジプトとバビロンは再び独立を宣言する始末で、「帝国」はいよいよ崩壊への道を歩んでいった。

アレクサンダー三世の侵攻

このように、必ずしも各地のクシャサパーヴァンに権威を承認されたとは言い難い新大王が即位し、西部諸州の独立傾向が止まらないなか、紀元前三三四年の春にマケドニア王国のアレクサンダー三世——言うまでもなく、フィリッポス二世の息子である——が三万人規模の軍を率いて、「帝国」への侵攻を開始した。西洋史の観点から見れば、続くアレクサンダー三世の軍事的成功は彼の天才を示すものとされるが、イラン史の観点から見れば、解体傾向に歯止めのかからない「帝国」に、絶好のタイミングで侵入したとも言える。

これを迎え撃ったのは、ヘレスポントス・フリュギア総督アルスィタ（ギリシア語名アルシテス）、ダーラヤワウシュ三世の娘婿のミスラダータ将軍、エジプト再征服の英雄メントス将軍（本人はすでに死亡）の弟メムノン将軍などであった。ギリシア人傭兵出身であるメムノン将軍は、マケドニア軍のファランクスとの直接戦闘を避けて、焦土作戦を主張したものの、自分の管轄州を焦土とすることに強く反発するアルスィタ総督に容れられず、結局、「帝国」軍は、紀元前三三四年五月のグラニコス川の戦い（現在のトルコ・チャナッカレ）

で、マケドニア軍と正面から会戦し、惨敗した。アルスィタ総督は自殺、ミスラダータ将軍は戦死、メムノン将軍は直後に病死している。

これを見た小アジアの総督の大半はアレクサンダー三世に降伏したが、彼はこれらの総督の地位を保障し、そのまま任地に留めている。結局のところ、アレクサンダー三世は、「帝国」に代わる制度を創出したというよりも、「帝国」を居抜きで占領し、制度自体は継承していったという方が実態に近い。この状況を、「自由を尊ぶギリシア人たちが、小アジアの各都市を帝国の圧制から解放した」と描くのは、若干近代ヨーロッパ人の思い入れが過ぎるのではなかろうか。

イッソスの戦い

事態の急なるを察知したダーラヤワウシュ三世は、自ら出陣し、紀元前三三三年一一月に、アナトリア半島の地中海沿岸の要衝イッソスでアレクサンダー三世を迎撃した。大王自身の陣頭指揮が有効だったかといえばそうでもなく、ダーラヤワウシュ三世は宮廷のハーレムを残らず帯同してしまい、軍の進軍速度は記録的な遅さを示した。取り柄はその動員規模で、エジプト総督サバケス率いるエジプト軍を加えて、一〇万人前後をかき集めるのに成功したらしい。

図22：ポンペイ出土のモザイク画に描かれたダーラヤワウシュ3世

だが、イッソスの大会戦で、ダーラヤワウシュ三世は武運拙く敗れた（図22参照）。エジプト総督サバケスは戦死し、ダーラヤワウシュ三世は命からがら戦線を離脱した。しかも、敗走する際、自らのハーレムを戦場に置き去りにしてしまい、母親のシシュガンビス、姉妹妻のスタテイラ、娘のスタテイラ（同名）、アルタクシャサ三世の忘れ形見パリュサティス王女などが、一網打尽にアレクサンダー三世の捕虜になるという失態を犯した。特に、今や（本来の意味での）ハカーマニシュ家の唯一の生き残りとなったパリュサティス王女がアレクサンダー三世の捕虜になったことは、ただでさえ正統性の危うい
ダーラヤワウシュ三世の将来に暗い影を落とした。

ガウガメラの戦い

アレクサンダー三世は、この後シリアのダマスカスを占領し、そのまま地中海沿岸を南下してエジプトに到達した。紀元前三三二年、新任のエジプト総督マザケス（古代ペルシア語名不明）は、アルタクシャサ三世が紀元前三四三年に再征服してから二〇年しか経っていないエジプトでの抗戦は無理と判断し、アレクサンダー三世に無抵抗で降伏した。ちなみに、マザケスはこの功によって、アレクサンダー三世政権下でメソポタミア総督に任じられている。

ダーラヤワウシュ三世は、「帝国」を東西に分割する案を以って、アレクサンダー三世に和平提案をおこなったものの、まったく相手にされず、軍の建て直しに奔走することになった。とりあえず、アルタクシャサ三世以来の宿将でバビロン総督のマズダイ（ギリシア語名マザイオス）と、バクトリア総督ベッソス（古代ペルシア語名不明）を召集し、推定一〇万人規模の軍の再建に成功した。しかし、エジプト離脱の後、「帝国」に残された二大穀倉地帯の兵を総動員してしまったので、これで敗れたら後がない本土決戦に臨むことになった。

紀元前三三一年一〇月一日、ダーラヤワウシュ三世は、ガウガメラでアレクサンダー三世と会戦した。ここはかつてのアッシリアの首都ニネヴェの近郊で、ティグリス川を渡河する要衝に当たるうえに、ペルシア軍が得意とする騎兵隊の展開に有利な平野部だった。中央をダーラヤワウシュ三世が担当し、右翼をマズダイが、左翼をベッソスが指揮したと伝わっている。しかし、左翼と中央が撃破されてしまい、ダーラヤワウシュ三世は、ベッソスとともに、ザーグロス山脈上のハグマターナへの敗走を余儀なくされた。何故、「帝国」の中枢であるバビロン方面へ南下して落ち延びなかったのかはわからない。

紀元前三三一年一〇月二〇日、ガウガメラから生還していたバビロン総督マズダイが、アレクサンダー三世に無条件降伏し、「帝国」最大の都市を明け渡した（ちなみに、マズダイは、息子の一人をダーラヤワウシュ三世に同行させ、万が一にも彼が再起した場合の保険を掛けている）。アレクサンダー三世は、クールシュ二世も名乗っていた由緒ある「世界王（アッカド語でシャル・キッシャティ）」の称号を名乗って、以後、大王と呼ばれるようになった。一二月にはエラム総督アブリテスも無条件降伏し、スーシャーと、そこに納められた行政文書の多くも、アレクサンダー大王の手に落ちた。

ペルセポリス炎上

紀元前三三〇年一月には、とうとうペルシア州への侵攻が開始され、ペルセポリスがマケドニア軍の蹂躙《じゅうりん》するところとなった。経済的な後進地域ではあったものの、「帝国」の支配層の人材供給地にして、税収の金銀財宝の大部分を保管していたペルシア州の陥落は、そのまま「帝国」の滅亡を意味していた。アレクサンダー三世はここに四ヵ月滞在し、ハカーマニシュ家の大王たちが退蔵していた金銀財宝をことごとくスーシャーに運び出すとともに、ペルセポリスに計画的に放火して、これを灰燼《かいじん》に帰さしめた。歴代大王が後生大事に退蔵していた財宝は、「帝国」の危急に際して何の役にも立たず、徒らにアレクサンダー三世に軍資金を提供するだけに終わった。

この後、アレクサンダー大王はパサルガダエに立ち寄ってクールシュ二世の墓廟に敬意を表してから、ハグマターナへ進軍を開始した。ダーラヤワウシュ三世は、東部諸州への逃走中、同行していたバクトリア総督ベッソスに拘束され、殺害された。結局、ダーラヤワウシュ一世がチシュピシュ王家を簒奪して「帝国」を隆盛に導いた故事の再現はならず、ダーラヤワウシュ三世は「ハカーマニシュ朝」最後の大王として歴史に名を留めることになった。

紀元前三三〇年秋、ベッソスは自らアルタクシャサ五世を名乗って大王に即位したものの、一般にはまったく承認されなかった。ダーラヤワウシュ三世を追撃していたアレクサンダー大王は、これを聞いて戦争目的を変更し、かなり白々しいことに「ダーラヤワウシュ三世の復仇」を呼号してバクトリアに侵攻した。結局、紀元前三二九年、アルタクシャサ五世ことベッソスはアレクサンダー大王に捕らえられ、裏切り者を処刑する作法に即して、耳と鼻を削いだうえで処刑された。

ハカーマニシュ家の断絶

「帝国」は滅び、大王も消え去ったが、まだハカーマニシュ家の血統は細々と続いていた。アルタクシャサ三世の娘パリュサティスと、ダーラヤワウシュ三世の娘スタテイラが生き残っていたのである。

ハカーマニシュ家の血統は、旧「帝国」版図でそれなりの訴求力をもっていたと予想され、彼女たちの扱いは、アレクサンダー三世の政策を見極めるうえでの一つの焦点だった。

紀元前三二四年、インド遠征から帰還したアレクサンダー三世は、スーシャーの都で、ギリシア貴族とペルシア人女性との集団結婚式を開催した。この際に、パリュサティスとスタテイラはアレクサンダー三世の側室とされ、マケドニア王に「ハカーマニシュ家の娘婿」という大義名分を与えた。もし、パリュサティスとアレクサンダー三世の間に息子が生まれていれば、ハカーマニシュ家の相続人になっていたであろう。しかし、翌年アレクサンダー大王はバビロンで病死し、パリュサティスとスタテイラはアレクサンダーの正妻ロクサーナによって殺害された。これで、女系も含めてハカーマニシュ家の一族は断絶した（図23参照）。

図23：ハカーマニシュ王家の系図（アラビア数字は大王としての在位順）

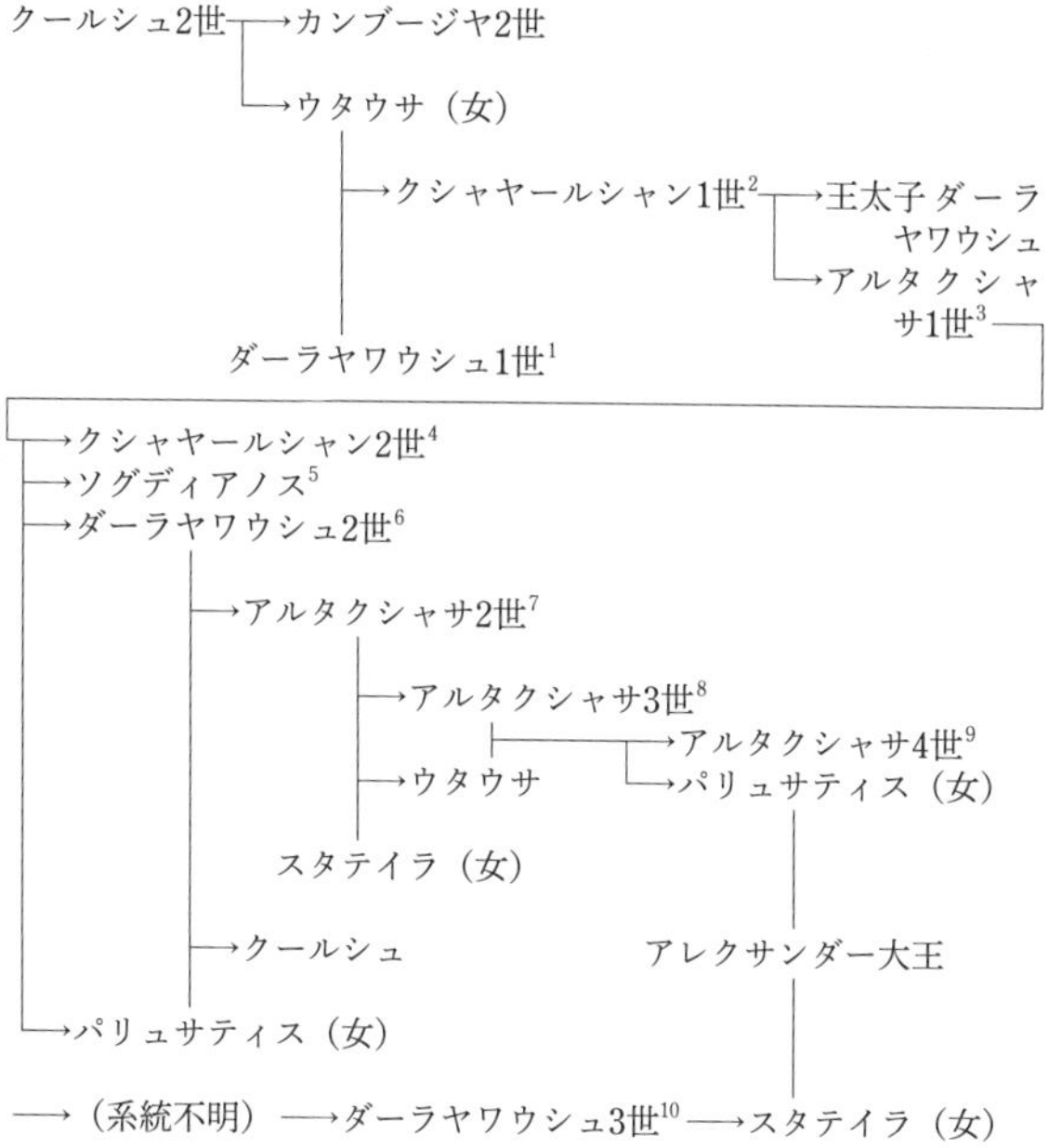

在位年数

クールシュ2世：31年
カンブージヤ2世：8年
バルディヤ：6ヵ月
ダーラヤワウシュ1世：36年
クシャヤールシャン1世：21年
アルタクシャサ1世：41年
クシャヤールシャン2世：45日
ソグディアノス：6ヵ月
ダーラヤワウシュ2世：18年
アルタクシャサ2世：44年
アルタクシャサ3世：22年
アルタクシャサ4世：2年
ダーラヤワウシュ3世：6年
（アルタクシャサ5世）：数ヵ月

中間期　アルシャク朝パルティアとペルシア州の地方王朝

紀元前三三〇年にハカーマニシュ朝「帝国」が滅んで以降、イラン高原を含む西アジアは、ギリシア系のセレウコス朝（紀元前三一二年〜紀元前六三年）とパルティア系のアルシャク朝（紀元前二四七年〜紀元後二二四年）という二つの大国が、相次いで支配するところとなった。ペルシア州では、その大国の版図中で存続を許された地方政権として、フラタラカ朝とペルシス地方王朝の二つが興亡した。

「ペルシア帝国」を主題とする本書では、これらペルシア州の地方王朝は主題化しない。単にハカーマニシュ朝とサーサーン朝を繋ぐ存在としてのみ焦点を当て、その背景としてアルシャク朝に必要な範囲内で言及する。本書のなかでは「中間期」に当たるこの時代の特徴を把握するために、先ずはアルシャク朝から概観しよう。

1　アルシャク朝パルティア

アルシャク朝の成立

アルシャク朝とは、ダハエ州（クシャヤールシャン一世が何時の間にか「帝国」に編入していた地域で、現在のトルクメニスタン付近）の周辺で遊牧生活を送っていたアーリア系遊牧民ダハエ族の一派パルニ族が、ニサー（現在のトルクメニスタンのアシハバード近郊）、ついでアサーク（現在のイランのクーチャーン市付近）を首都として、紀元前二四七年に建国した王朝である。彼らの始祖アルシャクの名を家名とし、誇らしくも「ハカーマニシュ朝の大王アルタクシャサ二世の子孫」と自称していた。

ということは、現在確認されている彼らの最初の本拠地はダハエ州であり、彼らの全体名称は「ダハエ人」となれば良さそうだが、現実にはそうならなかった。紀元前二三八年頃、彼らは現在のイランとトルクメニスタンの国境の山脈であるコッペ・ダーグを南に越えて、ホラーサーン州やゴルガーン州に進出し、ここに居付いたのである。この当時、この一帯は「パルサヴァ」と呼ばれており、イラン高原の他のアーリア人からすると、ダハエ州からやってきた人びとはパルサヴァで遊牧している人びとであると見做され、「パルティア人」と呼称された。

アルシャク朝の西アジア制覇

彼らは、何分にも遊牧民であるから移動が激しく、せっかく「パルティア人」なる名称を奉られたにもかかわらず、紀元前一四八年には、第五代王ミフルダート一世に率いられて西進し、セレウコス朝の勢力を駆逐してメディア州（現在のイランの西北部）を占領したう

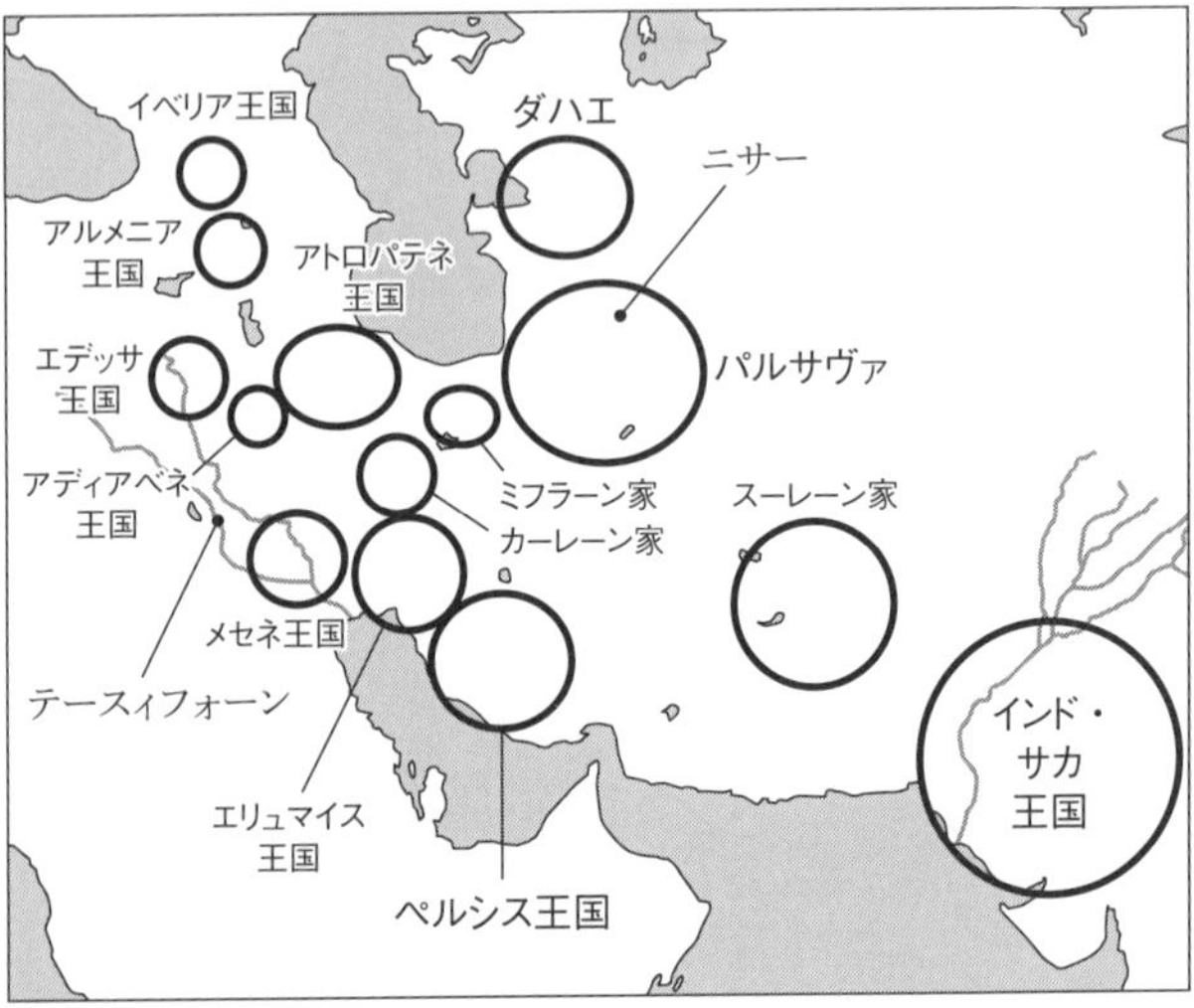

図24：アルシャク朝の本拠地と版図

えに、紀元前一四一年にはメソポタミア平原まで到達した。この間の征服活動の成功は著しく、いくつもの軍事的エピソードがあったと推測されるが、残念ながら一切伝わっていない。

こうなると、彼らはメディア人と呼ばれても差し支えなさそうだが、名称はそのまま「パルティア人」が引き継がれた。つまり、彼らは、ダハエ⇓パルサヴァ⇓メディア⇓メソポタミアと激しく移動し、その中間過程で偶々一時的に滞在しただけのパルサヴァの名前を以って呼ばれるようになったのである。彼らが形成した国家は、王家の家名アルシャクとこの遊牧民の名前を接合させて、一般に「アルシャク朝パルティア」と称される。

2　アルシャク朝とパルティア系大諸侯たち

アルシャク朝の政治体制

アルシャク朝についての確実な史実はあまりにも少なく、彼らに関する「歴史」はすべて推論の域を超えない。その不確実さを承知のうえで述べるならば、彼らの王朝の統治体制は、ハカーマニシュ朝の「帝国」とはかなり違っていたようである。

彼らは、一気呵成に西アジアを征服する過程で、しばしば土着の王国をそのまま温存し、各王国に大幅な自治を認める緩やかな連邦体制を敷いた。パルティアと無関係の半独立的な地方王国はそのまま残り、独自の統治体制を維持している。

また、遊牧民の社会組織の帰結として、王家は必ずしも絶対的な権力を持たず、しばしば「同輩中の首座」としか見做されなかった。このため、土着の地方王国に加えて、パルティア貴族も大諸侯の地位を維持しつづけ、いよいよもって王家の地位は不安定化していった。

土着の地方王国

アルシャク朝時代に自治を許された土着の地方王国を概観しておこう。西北から順番に、

イベリア王国（現在のグルジア）

アルメニア王国（現在のアルメニア）

アトロパテネ王国（イラン高原西北部アゼルバイジャン州。かつてのメディア王国）

エデッサ王国（メソポタミア平原北部）

アディアベネ王国（メソポタミア平原北部）

メセネ王国（メソポタミア平原南部）

エリュマイス王国（イラン高原西南部フーゼスターン州。かつてのエラム王国）

ペルシス王国（イラン高原西南部ペルシア州）

が挙げられる。おおむねコーカサス〜メソポタミア〜イラン高原西部に点在していることが確認できる。これらの土着王国は、サーサーン朝時代には——アルメニア王国を除いて

——廃絶の憂き目にあったので、本書ではペルシス地方王朝以外、登場する機会がない。

パルティア系大諸侯

伝説によれば、アルシャク王家に比肩するパルティアの大貴族は、以下の七家系あったとされる。

スーレーン家
カーレーン家
ミフラーン家
イスパフベダーン家
カナーラガーン家
ズィーク家
ヴァラーズ家

これらの大貴族は、土着王国とは対照的に、サーサーン朝時代に至るまで延々と生き延びて政治的権力を保持した。そこで、「第二部　サーサーン朝」での概説に必要な範囲内で、四家系に絞って紹介したい。残りの三家系は、サーサーン朝期に顕著な活躍を示していないので、本書では割愛する。

①スーレーン家

スーレーン家は、確実にアルシャク朝時代から存続している二家系の大貴族の一つであり、パルティア起源を誇示するためか、家名にパフラヴ（＝パルティア）の称号を接続して「スーレーン・パフラヴ家」と名乗っていた（ちなみに、イランの前王朝パフラヴィー朝〈一九二五年〜一九七九年〉は、この光輝ある家名の後半部分を僭称していた）。アルシャク朝時代には、アルシャク家の大王に王冠を捧げる特権を有したパルティア随一の大貴族だったと伝わる。

その特権を支えたのは、イラン高原東南部の本拠地サカスターン（＝現在のスィースターン）で養った剽悍《ひょうかん》なサカ族騎兵隊であり、アルシャク朝がローマ共和国／帝国との戦争で危機に陥った際には、たびたびサカスターンから出撃して、アルシャク家の窮地を救っている。最も高名な人物は、紀元前五三年にローマ共和国軍を率いてエデッサ近郊に布陣したクラッススを、カルラエの戦いで破って敗死に追い込んだスーレーナス将軍（残念ながら、本名は伝わっていない。スーレーン家の系図は342ページ参照）である。

サカスターンを本拠とする政権としては、ここを拠点に北インドまで領地を広げたインド・サカ王国（紀元前一世紀）、インド・パルティア王国（一世紀～二世紀）が知られているものの、これらの王国とスーレーン家との関係は不明である。仮に、インド・パルティア王国の初代王ゴンドファルネスがスーレーン家の出身者だったとすれば、スーレーン家は、イラン高原での本領以上に、インド亜大陸に広大な領地を支配する大領主だったことになる。

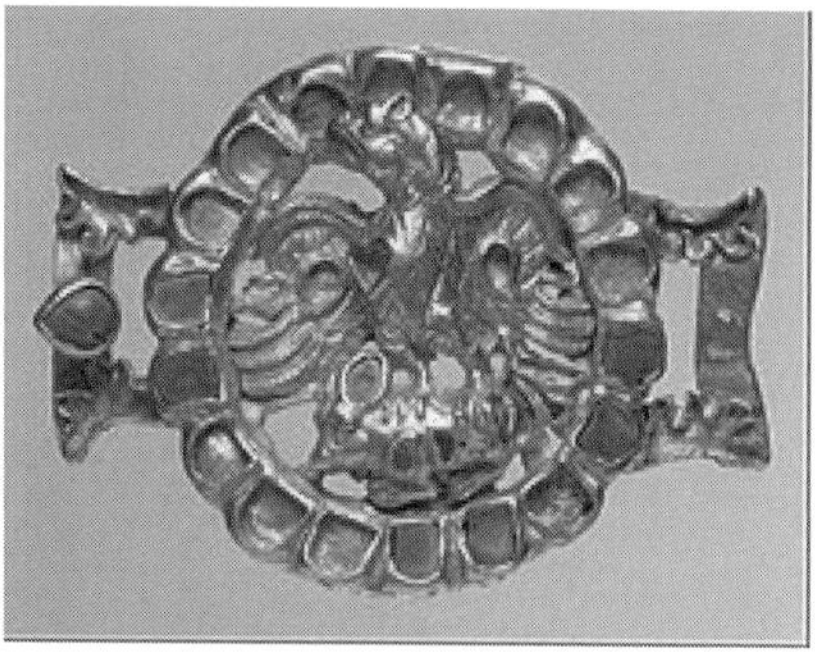
図25：ネハーヴァンドから出土した（推定）カーレーン家の家宝

②カーレーン家

カーレーン家も、スーレーン家と並んでアルシャク朝時代から存続する名門で、パフラヴの名称を接続して「カーレーン・パフラヴ家」と名乗っていた。この名誉ある称号を許されたのは、以上の二家だけのようである。アルメニア語資料によれば、この家系は、アルシャク朝のフラアート四世（在位紀元前二〇年～紀元前二年？）時代に、アルシャク王家から分家した一門と伝わっている（カーレーン家の系図は342ページ参照）。なお、後代のイスラーム資料では、中世ペルシア語の「カーレーン（Kārēn）」ではなく、アラビア語訛りの「カーリン（Qārin）」と綴られるので、注意が必要である。

この一門は、本拠地をイラン高原西北部のネハーヴァンドに置き、アゼルバイジャンからアルメニアにかけて勢力を扶植していた。一例を挙げれば、アルメニア王国北部に広大な所領を有するカムサラガン大公家は、このカーレーン家の支流で、「パフラヴ」のアルメニア語訛り「パフラヴニ」を冠して「カムサラガン・パフラヴニ家」と名乗っている。

同家について特筆すべきは、マニ教の預言者マーニー・ハイイェー（二一六年〜二七七年）が、母系でカムサラガン家と繋がっているとされる点である。彼の名前の後半部分に当たる「ハイイェー／ハイヤー」は、宗教的な雅号であって、本姓ではない。無論、当時のイランは父系制社会であるが、母系の姓を名乗ることが許されるならば、マーニーの実名が「マーニー・カーレーン」になっていた可能性も捨て難い。もう少し想像力を行使するならば、マーニーがサーサーン朝初期にあれほど宣教に成功した背景には、名門カーレーン家の庇護があったのかもしれない。

③ミフラーン家

ミフラーン家は、伝説のうえでは、カーレーン家と同じく、フラアート四世時代にアルシャク家から分出した家系とされる（ミフラーン家の系図は343ページ参照）。これが正しければ、ミフラーン家とカーレーン家は、アルシャク家の「親藩の両雄」であろうが、ミフラーン家については、パルティア期の同時代資料で存在を確認できない。また、ミフラーン家は、「パフラヴ」の称号を許されているわけでもないので、パルティア系貴族の価値観のなかでは、スーレーン家やカーレーン家に比べると、一段落ちる扱いをされていたようである。

この家系出身者の資料上の初出は、サーサーン朝第二代皇帝シャーブフル一世が造営した碑文中の「ライイのアルシュタート・ミフラーン」なる人物への言及である。ミフラーン家も、スーレーン家やカーレーン家と同様に、イラン高原外に所領を獲得している。その第一は、グルジア東部のイベリア大公国。二八四年にミフラーン家出身のミフラーン三世（ミリアン三世）が即位して以降、この大公国はホスロー朝を名乗り、ミフラーン家（ミリアン家）に伝世された。その第二は、アルメニアから現在のアゼルバイジャンにまたがる地域のガルドマン大公国。こちらは、三三〇年にミフラーン家出身のペーローズが即位して以降、イスラーム時代の九世紀まで、延々と家系を維持している。

④イスパフベダーン家

イスパフベダーン家は、パルティア以来の家系と伝わるものの、その存在は同時代資料で確認できない。伝説上では、同家の起源は、アルシャク家を飛び越して、神話上の英雄イスファンディヤール、あるいはハカーマニシュ王朝のダーラヤワウシュ（何世かは不明）にまで遡る。

この家系の地盤は、イラン東北部ホラーサーン州のトゥースだとされるが、資料上で確認するのは困難である。というのも、同家の家名「イスパフベド」とは、中世ペルシア語でサーサーン朝の軍司令官を意味する「イスパフベダーン」の複数形に過ぎず、二名以上の軍司令官が集まれば、必然的に「イスパフベダーン」が出現するのである。おそらく、先祖の誰かがイスパフベドに任命された後、官職名を家名化したのであろうが、これが「イスパフベダーン家」の動向をわかりにくくしている。同家がサーサーン朝史上に大きな影響を与えるのは、六世紀に「サーサーン皇室の緊密な姻戚」となって以降である。

3　ペルシア州の地方王朝

辺境の州として

このような上位権力の下で、ペルシア州は、イラン高原西南部の辺境州として、元のあるべきペルシア州の姿に戻った。もともと、古代世界の軍事力の中核たるべき馬の産地でもなく、経済的な利潤を生み出す国際交易路からは、はるかに遠く、文化的にも卓越したものを持たず、夏は酷暑に苦しめられるペルシア州の現実を考えれば、ここから興起して全オリエント世界を統治した「帝国」の方が、現実と背理した奇跡か神の悪戯のようなものであった。

本来の姿に戻ったペルシア州は、紀元前三三〇年～紀元後二二四年の約五五〇年の長きにわたって、二つの地方王朝に支配された。前半がフラタラカー朝、後半がペルシス地方王朝である。両王朝とも記述資料をまったく遺しておらず、さしたる重要性もなかったので他者による記録にも残らずで、この間の歴史を再現する手段は貨幣学しかない。ハカーマニシュ朝時代のペルシア州では貨幣の鋳造がおこなわれていなかったにも拘らず、地方王朝に転落してしまった後になって、ペルシア州の新たな支配者たち――誰だか不明だが――は、突然貨幣の鋳造に目覚めたのである。

フラタラカー朝

その貨幣学の成果によると、フラタラカー朝は、セレウコス朝を上位権力として認める藩王国であり、君主を「フラタラカー」と称していた。この称号は、ハカーマニシュ朝がエジプトのクシャサパーヴァン管轄下の行政職の名称として採用したものなので、総督よりも下の知事相当の職位を表す。それを表看板にしていたということは、この地方王朝はセレウコス朝に対して相当の遠慮がある従属国だったと思われる。また、ハカーマニシュ朝は大王を神とは捉えていなかったが、フラタラカー朝では、支配者を神格化しはじめる。宗主国のセレウコス朝が王を神格化していたのに影響されたのである。

ペルシス地方王朝

アルシャク朝の第五代大王ミフルダート一世がイラン高原を席巻すると、ペルシア州の地方王朝は、宗主国をこちらに乗り換えた。称号も、知事職より偉大そうに装えるMLK（多分、シャー＝王と発音した）に変更した。アルシャク朝は、ついぞ中央集権的な統治システムを創出せず、地方政権に大幅な権限を分与したので、これ以降ペルシア州の地方王朝をペルシス地方王朝という。ペルシス地方王朝も、貨幣以外に何の資料も遺さず、後世に対して沈黙を守り続けている。だが、その静謐は単なる静けさではなく、ペルシア史上の第二の奇跡を準備するために必要な純粋の沈黙だった。そして、ペルシア州から再び「帝国」が出現するという、神を試すような背理がもう一度始まる。おまけに今回は、軍事的・経済的な実質が伴っていないでもなかった。

第二部　サーサーン朝「エーラーン帝国（エーラーン・シャフル）」

第一章　サーサーン朝（前期：前史三代〜第七代皇帝）

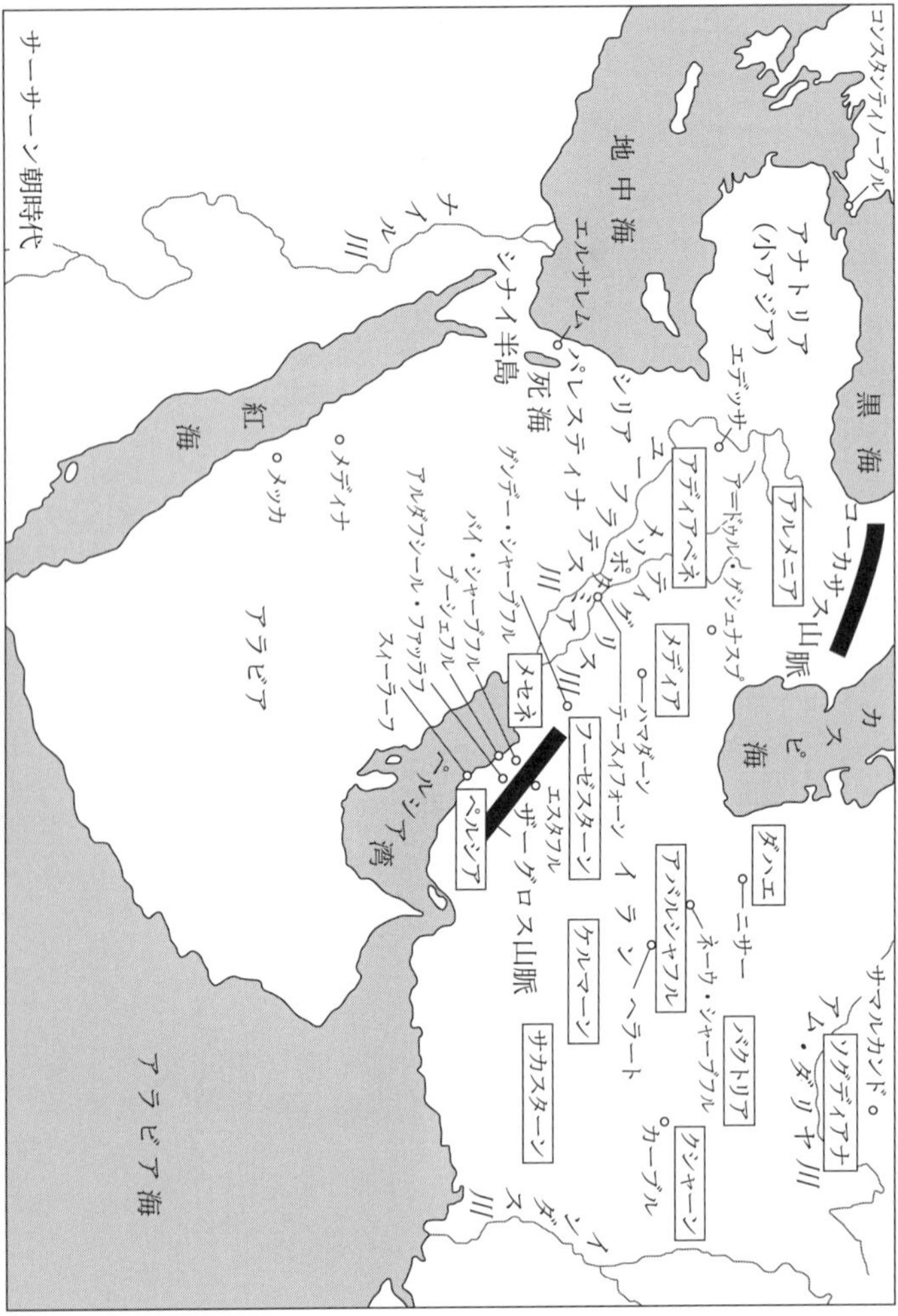
サーサーン朝時代
コンスタンティノープル
黒海
カスピ海
地中海
アナトリア
(小アジア)
エデッサ
エルサレム
死海
パレスティナ
シリア
シナイ半島
ナイル川
紅海
メディナ
メッカ
アラビア
アラビア海
ユーフラテス川
ティグリス川
メソポタミア
コーカサス山脈
アルメニア
アディアベネ
アードゥル・グシュナスプ
メディア
ハマダーン
デースイフォーン
メセネ
フーゼスターン
グンデー・シャーブフル
バイ・シャーブフル
ブージュフル
アルダフシール・ファッラフ
スィーラーフ
ペルシア
ペルシア湾
エスタフル
ザーグロス山脈
イラン
ダハエ
ニサー
アバルシャフル
ネーウ・シャーブフル
ヘラート
ケルマーン
サカスターン
バクトリア
クシャーン
カーブル
サマルカンド
ソグディアナ
アム・ダリヤ川
インダス川

サーサーン朝地図

1　サーサーン朝の前史三代

名祖サーサーン卿

サーサーン朝は、カァベ・イェ・ザルドシュト碑文のなかで、「サーサーン・フワダーイ（＝サーサーン卿）」と呼ばれる人物を家祖とする（系図は341ページ参照）。曾孫のシャーブフル一世が造営した碑文なので、すでに記憶が曖昧になっていたはずだが、子孫からすれば、彼が仰ぐべき名祖であった。

一説として、コインから確認される当時のインド・パルティア王国の王名に、「ファルン・サーサーン」や「アードゥル・サーサーン」が出現するのに対し、ペルシス地方王朝の王名に「サーサーン」が見当たらないので、サーサーン卿はサカスターン州からペルシア州への移住者だった可能性が指摘されている（Olbrycht 2016参照）。その場合、ペルシア州の伝統を重んじるサーサーン家は、実際にはサカスターン州の出自だったことになる。

イスラーム期のアラビア語資料によれば、ペルシア州エスタフルの拝火神殿の神官サーサーンは、ペルシア州東部ダーラーブギルドに居城を構える豪族バーズランギー家（ペルシス地方王朝と関係か？）の娘ラームベヘシュトと結婚し、同家と婚姻関係を結ぶことで興隆の基礎を得た。この家系が、後にパーバク家でもアルダフシール家でもなく、サーサーン家と自称したことが、サーサーン卿の存在感を物語っている。

パーバグ王の草莽《そうもう》崛起《くつき》

サーサーン卿がラームベヘシュトとの間に儲けた息子パーバグは、軍事力を行使して周辺領土を切り取り、「シャー＝王」を名乗って、推定二〇八年頃にアルシャク朝に対する造反に踏み切った。この年代は、バイ・シャーブフル碑文に、「（サーサーン朝紀元）五八年、アルダフシール（一世）聖火の五〇年、シャーブフル（一世）聖火の二四年」との暦法が刻まれており、サーサーン朝の公式見解では、シャーブフル一世の即位年＝二四二年以前にもう三四年を加算している点から確かめられている。

なお、この「サーサーン朝紀元」は、この後ついぞ使われなくなり、各皇帝は自身の聖火の点火時点から起算した年号だけを表記するようになった。「〇〇皇帝の聖火何年」という暦法である。皇帝の存命中は、その皇帝聖火が灯されつづけるので、サーサーン朝暦は自動的に一世一元となった。明王朝を一一〇〇年以上遡る一世一元の制の確立である。

この後、パーバグは、豪族ゴーチフル家を打倒して、エスタフル周辺地域の支配権を固めた。しかし、「シャー」を称したと思われるにも拘らず、彼は独自コインを鋳造していない。安定した統治体制を整える暇もなく、戦乱に明け暮れていたものと推定される。

第三代ペルシア王シャーブフル

二二二年のパーバグ没後は、長男シャーブフルが後を継いだ（ちなみに、「シャーブフル」とは、中世ペルシア語で「シャー＝王」＋「息子＝プフル」の合成語で、単に「王子」を意味する。歴代皇帝のなかで、屈指の味気ない名前である。なお、アラビア語ではサーブール、近世ペルシア語ではシャープールと訛る）。彼は、

「神なるシャーブフル・シャー、神なるパーバグ・シャーの息子（バイ・シャーブフル・シャー、プス・イー・バイ・パーバグ・シャー）」

と銘打ったコインを鋳造し、父王と本人の横顔を意匠として採用している（図26参照）。本人たちに似ていたかどうかはともかく、これでパーバグとシャーブフルの「現人神《あらひとがみ》観念」に彩られた同時代イメージを摑むことができる。また、彼は、ペルセポリスの冬宮殿（タチャラ）に自らのレリーフを造営しており（図27参照）、ハカーマニシュ朝とまで認識してい

たかは不明だが、ペルシア州の古代王朝に対する意識は高かった。

シャーブフルは、即位後ほどなくして、ペルセポリスで事故死した。イスラーム期のアラビア語資料では、弟のアルダフシールとの間で内戦になり、謀殺されたと記述されている。しかし、シャーブフルの息子ナルセフが、従兄弟のシャーブフル一世（同名でややこし

（上）図26：シャーブフル発行のコイン。表面（左）がシャーブフルの横顔で、裏面（右）がパーバグの横顔
（下）図27：シャーブフルのペルセポリス・レリーフ

いが、シャーブフルの弟アルダフシールの長男）のカアベ・イエ・ザルドシュト碑文で言及されるなど、後の宮廷で厚遇されている様子が窺える。兄弟戦争の結果として兄を制したのなら、その息子を生かしてはおかないであろうから、本当に事故死だったのであろう。ペルシア王としてのサーサーン朝の初代をサーサーン卿と考えるなら、パーバグの長男であるシャーブフルこそ第三代「シャーブフル一世」と呼ばれて然るべきだが、弟（アルダフシール一世）とその息子（シャーブフル一世）が有名になり過ぎたため、後世の史家からは――どころか、当のサーサーン家からも――、ほとんど無視されている。

2　初代皇帝アルダフシール一世

アルダフシール一世の征服活動

シャーブフル没後は、弟のアルダフシールがペルシア王位を継承した。このアルダフシール一世（ペルシア王在位二二二年～二四〇年。エーラーン皇帝在位二二四年～二四〇年）は、即位直後に、兄王と同じく、

「神なるアルダフシール・シャー、神なるパーバグ・シャーの息子（バイ・アルダフシール・シャー、プス・イー・バイ・パーバグ・シャー）」

と打刻したコインを発行している（本人は自分の名前を中世ペルシア語で*'rthštr*と綴っているので、アラビア語表記「アルダシール」より、中世ペルシア語表記「アルダフシール」を優先させる）。この段階では、「シャー＝王」に過ぎなかった。

二二四年五月二八日（この年代も、バイ・シャーブフル碑文から確認できる）に、オフルマズダーン会戦で、アルシャク家最後の大王アルダヴァーン四世を討ち取ると、アルダフシール一世は、メソポタミア平原の中枢にしてアルシャク朝の首都でもあったテースィフォーン（＝ギリシア語でクテスィフォン）に入城し、ここをサーサーン朝の京師に定めた。コインの打刻銘が伝えるところでは、

「マズダー崇拝者の神なるアルダフシール、アーリア民族のシャーハーン・シャー、神々の末裔（マーズデースン・バイ・アルダフシール、シャーハーン・シャー・エーラーン、ケー・チフル・アズ・ヤズダーン）」

図28：アルダフシール・ファッラフ近郊のアルダフシール1世即位記念レリーフ

と宣した（図28参照）。甚だ宗教的な「マズダー崇拝者」、「神々の末裔」との表記が加わり、称号が単なる「シャー＝王」から「エーラーン・シャフル＝アーリア民族の帝国」の「シャーハーン・シャー＝皇帝（原義は諸王の王）」に昇格していることがわかる。

本書では、サーサーン朝の国名を、他称である「ペルシア帝国」ではなく、自称に即して「エーラーン帝国」と表記する。また、君主の称号を、日本語としてこなれない「諸王の王」ではなく、「皇帝」で統一する。

ペルシア州に加えて、メソポタミア州とフーゼスターン州を確保した後、アルダフシール一世は、イラン高原東南部のケルマーン州を服属させ、クシャーン、トゥーラーン、メルヴの王の服属を受け入れた。ただし、具体的な所領拡大の状況やその年代などは不明である。また、アルダフシール一世は、このような勢力圏の拡大に伴って、ローマ帝国と直接対峙することになり、イスラーム期のアラビア語資料（タバリー）によれば、「（朕は）アレクサンダーによって流されたダーラー・イブン・ダーラーの血の復讐のために決起した」と宣言した。これが事実である保証はないが、仮にそうだとしたら、兄シャーブフルと同様に、古代ペルシアの伝統を意識していたことになる。

アルダフシール一世による新都市造営

イラン高原西南部のペルシア州から起義の軍を興し、メソポタミア平原を制圧して新王朝を創始したアルダフシール一世は、盛んに帝国都市を造営して、経済政策に意を用いた。イスラーム資料（タバリー）によれば、彼は、

①アルダフシール・ファッラフ（ペルシア州の新州都、図29参照）
②ラーム・アルダフシール（ペルシア州の都市）
③レーヴ・アルダフシール（ペルシア湾岸の都市）

図29：アルダフシール1世の王宮遺跡。於アルダフシール・ファッラフ

④オフルマズド・アルダフシール（フーゼスターン州の都市、第三代皇帝オフルマズド一世の造営だとの説もある）
⑤ヴェフ・アルダフシール（テースィフォーンの一郭）
⑥アスターラーバード・アルダフシール（メソポタミア平原南部）
⑦パサー・アルダフシール（バーレーン付近）
⑧ヌード・アルダフシール（メソポタミア平原北部）

の八都市を建設している。

もちろん、このなかには、既存の都市の名称を変更しただけのものもあろうし、孝行息子のシャーブフル一世が、自ら造営した都市に父親の名前を冠したものもあったと推測されている。しかし、およその趨勢として、アルダフシール一世当時には、メソポタミア平

原～フーゼスターン州～ペルシア州（アルシャク朝時代で言えば、メセネ王国～エリュマイス王国～ペルシス地方王朝の版図）が、サーサーン家の直轄領だったことがわかる。

エーラーン帝国海軍とペルシア湾の制圧

これまであまり注目されてこなかった論点だが、本書ではエーラーン帝国海軍にも焦点を当てたい。アルダフシール一世はペルシア湾を重視し、エーラーン帝国建国後に艦隊を浮かべ、バーレーン王サナトルクを屈服させている。さらには、遠くオマーンまで遠征し、ペルシア湾岸の要衝に海軍基地を築造したとされる。

この海軍力の増強と湾岸の要塞化は、イラン高原全域を支配するエーラーン帝国という観点からは理解し難いものに映る。しかし、メソポタミア平原～フーゼスターン州～ペルシア州と広がるサーサーン家直轄領の防衛という観点からは、イラン高原東北部などに大軍を駐屯させるよりは、はるかに有効な措置であった。エーラーン帝国を全体としてみれば、紛れもない大陸国家であるが、サーサーン家の直轄領に限れば、多分に海洋国家としての性質を備えているのである。

インド洋貿易という観点からも、このペルシア湾海軍の存在は有意であった。この点から重要な海軍要塞は三つある（図30参照）。

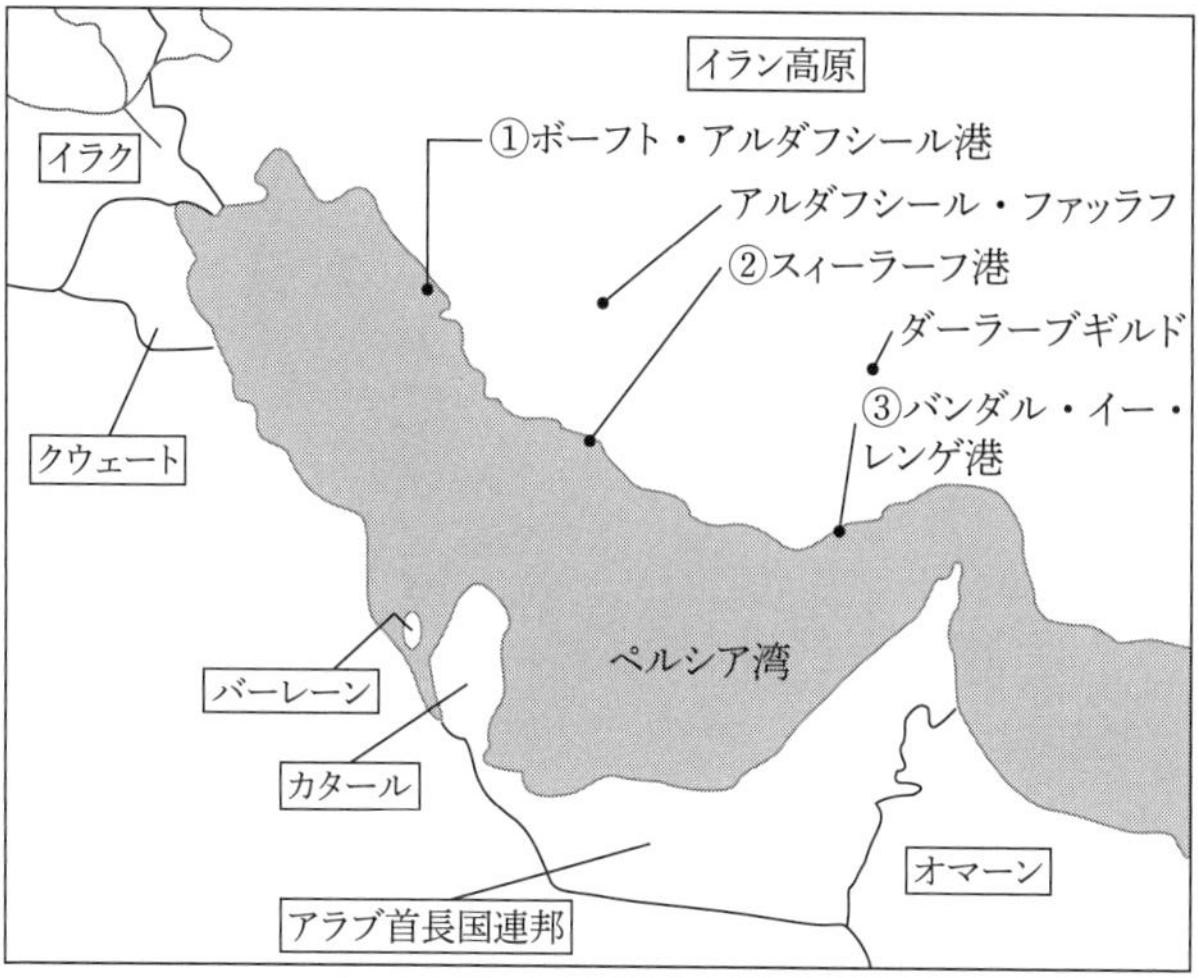

図30：ペルシア湾岸の要衝

①ボーフト・アルダフシール港（現在のブーシェフル港）⇒ペルシア州内陸部のカーゼルーンやシェーラーズと直結。
②スィーラーフ港⇒北上すればそのままサーサーン朝最初期の首都アルダフシール・ファッラフと直結。
③バンダル・イー・レンゲ港⇒ペルシア州東部のダーラーブギルドと直結。

これらの海港が活発なインド洋貿易をおこなっていた証拠として、例えば、スィーラーフ港の建築資材は、インド及びザンジバルから運搬されている。また、サーサーン朝期のイラン人コロニーが、スリランカやマレーシアまで存在したとされる。だが、帝国政府はこれらの貿易にそれ以上介入せず、サーサーン朝初期以降、エーラーン帝国海軍の存在は長い間閑却されてしまった。艦隊も海軍基地も、どうなったのか皆目不明である（消滅したとの確証もないが）。

アルダフシール一世の宮廷

アルダフシール一世時代の統治機構を知るのは困難であるが、長男のシャーブフル一世が造営したカァベ・イェ・ザルドシュト碑文から、アルダフシール一世の宮廷の貴顕の席次を推測できる。それによると、宮廷の最上位には、「アバルシャフル州（＝のちのホラーサーン州）のサダーラフ王、メルヴ州（＝現在のトルクメニスタン）のアルダフシール王、ケルマーン州のアルダフシール王、サカスターン州のアルダフシール王」の四名の皇族王が配されている（いくらなんでも、サーサーン家の人びとは、息子に「アルダフシール」と命名し過ぎであろう）。第二ランクには、「アルダフシールの太皇太后デーナグ、皇太后ローダグ、皇后デーナグ」と、三名の女性皇族が出現する。これで、祖父サーサーンと父パーバグの后の名前も判明する。祖母も母も、アルダフシール一世の治世時代まで、存命していたらしい。

第三ランクには、「総督アルダフシール、司令官パーバグ、ヴァラーズ家のデーヘーン、スーレーン家のサーサーン、アンディーガーン家のサーサーン、カーレーン家のペーローズとゴーク、（官職や家系不明の）アバルサーム・イー・アルダフシール・ファッル」の合計八名が名を連ねている。このうち、ヴァラーズ家、スーレーン家、アンディーガーン家、カーレーン家は、明らかにサーサーン家とは異質の大諸侯である。特に、前王朝アルシャク家の藩屏たるべきカーレーン家が、素早くサーサーン朝宮廷に席次を確保している点が注目される。スーレーン家やヴァラーズ家も含めて、アルシャク朝末期に、パルティア系大貴族が雪崩をうってサーサーン家に帰順した状況が窺える。

ペルシア＝パルティア二重軍事帝国

このためか、初期のサーサーン朝皇帝たちは、自らの碑文を、「中世ペルシア語＋（中世）パルティア語」の二ヵ国語併用で造営している（場合によっては、ここにギリシア語が加わる）。よほど、パルティア系大貴族たちに気を遣っていたのであろう。彼らを統轄するサーサーン家の権力は、次節で述べるように、直轄領の経済力に依拠していた。すなわち、アルダフシールが建国した国家は、軍事的には、メソポタミア平原～ペルシア州を直轄領とするサーサーン家と、旧来のパルティア系大貴族たちが連合した「ペルシア＝パルティア二重軍事帝国」であった。

ちなみに、アルダフシール一世の宮廷に、マズダー教神官らしき名前が見当たらないのも、示唆的である。イスラーム期の近世ペルシア語資料によれば、アルダフシール一世にはトーサル（またはタンサル。中世ペルシア語の綴りでは両方の読みが可能）という大神官が供奉し、帝国の宗教政策に強い影響を与えたとされる。しかし、同時代資料では、彼の存在は確認できず（上記のアバルサームをトーサルに比定する学説は、はるか以前に葬り去られた）、彼が実行したとされる宗教政策――帝国全土の聖火を一律にサーサーン朝推奨の聖火に置換する政策――の実在性にも、疑念が抱かれている。この段階では、マズダー教神官団の勢力はそれほど強くはなく、「国家宗教」の片鱗も見出せなかったはずである。同時代資料に照らせば、「サーサーン朝が帝冠と拝火壇が合致する政教一致の国家である」との主張は、後世の神官団の願望を逆投影した言説に過ぎない。

3　第二代皇帝シャーブフル一世

シャーブフル一世の征服活動

二四〇年四月一二日、アルダフシール一世は長男シャーブフル一世（在位二四〇年～二七〇年）を共同皇帝に指名し、二四二年二月まで共同統治した。それ以降は、シャーブフル一世の単独皇帝時代に入る。ちなみに、シャーブフル一世の母親はミロードと伝わるので、アルダフシール一世の正妻デーナグ所生ではなかったらしい。

この長男は、父帝に劣らぬ軍事的才能の持ち主で、二四四年のミシケー戦役、二五三年のバルバリッソス戦役、二六〇年のエデッサ戦役と、三回にわたる対ローマ戦役にすべて大勝している。すなわち、ミシケー戦役ではゴルディアヌス三世帝（在位二三八年～二四四年）を敗死させたうえにフィリップス帝（在位二四四年～二四九年）を撤退させ、バルバリッソス戦役ではヴァレリアヌス帝（在位二五三年～二六〇年以降）を敗退させ、エデッサ戦役ではとうとうヴァレリアヌス帝を捕虜にした。シャーブフル一世は、これら金鶏《きんし》輝く戦勝を、ペルシア州の至るところにレリーフとして麗々しく彫りつけて記念している（図31参照）。個人として、よほど自己顕示欲の強い人物だったのだろうし、政治的には、新興のサーサーン家の権威を確立するために、そうする必要がありもしたのだろう。

この際に獲得した多くのキリスト教徒捕虜は、サーサーン家の直轄領の整備に動員され、フーゼスターン州のグンデー・シャーブフル（原義は「シャーブフルの要塞」で、近世ペルシア語ではジュンディー・シャープール）、ペルシア州のバイ・シャーブフル（原義は「神なるシャーブフル」で、近世ペルシア語ではビーシャープール。図32参照）、北メソポタミアのミシケー改め

図31：シャーブフル１世の戦勝レリーフ。於バイ・シャーブフル（ビーシャープール）（レリーフ中央の4人の人物は、左から、①馬上の人物に右腕を掴まれているのが捕虜となったヴァレリアヌス帝、②馬上で睥睨しているのがシャーブフル1世、③馬の下で横たわっているのが戦死したゴルディアヌス3世、④跪いてシャーブフル1世の馬の手綱を取っているのがフィリップス帝）

ペーローズ・シャーブフルなどの都市を建設している。メソポタミア平原〜ペルシア州のサーサーン朝直轄領の帝国都市のなかに、ペルシア風の円形都市の遺跡とローマ風の方形都市の遺跡が混在しているのは、このためである。

あいつぐ戦勝の結果、シャーブフル一世はアルメニア王国の宗主権を獲得し、長男オフルマズド・アルダフシールを「アルメニア大王（ウズルグ・シャー・イー・アルミナーン）」に封じた。他の各地の皇族王は「シャー＝王」に過ぎないにも拘らず、アルメニアだけは、ハカーマニシュ家以来の伝統を継承する「ウズルグ・シャー＝大王」の

図32：バイ・シャーブフル（ビーシャープール）の全景

称号を有している点から、サーサーン朝がいかにアルメニア王国を重視していたかが垣間見られる。また、複数のアルメニア大王の皇族がそのままエーラーン皇帝に転じており、アルメニア大王の王冠はサーサーン朝皇族筆頭の地位を意味したと推測されている。

二五一年には、シャーブフル一世は東方遠征を企図し、クシャーナ朝を滅ぼして、ペシャーワルからタシケントまでを版図に収めた（図33参照）。当地には、皇族を「クシャーン・シャー」として封じている。このように、戦争捕虜のシリア人、ギリシア人、ローマ人、ゲルマン人、ケルト人に加えて、アルメニア人やバクトリア人、ソグド人まで帝国内に包

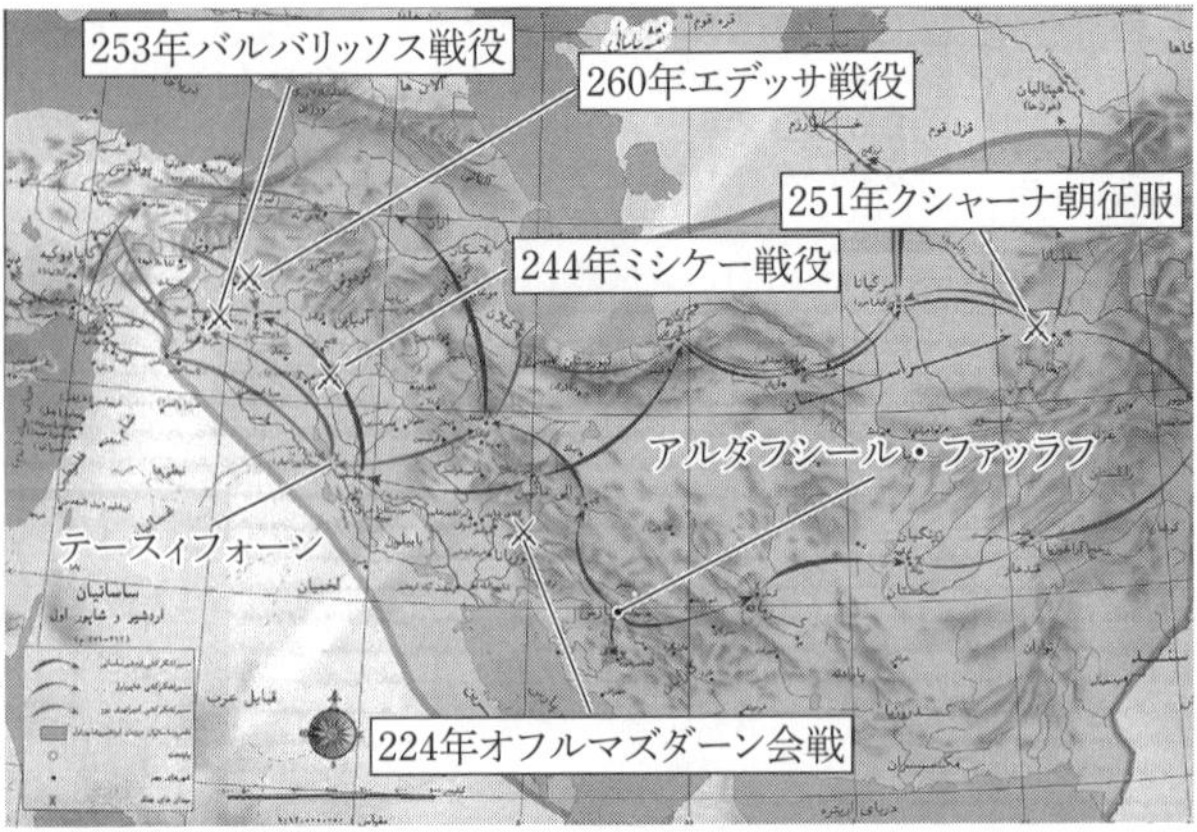

Iranian Historical Photographs Gallery : www.fouman.com

図33：アルダフシール1世とシャーブフル1世の征服戦争

含したので、シャーブフル一世は、父帝の「エーラーン皇帝（アーリア民族の皇帝）」の称号に代えて、「エーラーン・ウド・アネーラーン皇帝（アーリア民族と非アーリア民族の皇帝）」と自称を変更した（煩雑になるので、本書ではエーラーン皇帝で統一する）。「アーリア民族を中心に異民族を包摂する」とのニュアンスを感じさせる中世ペルシア語の称号であり、これがサーサーン朝の「肇国の大精神」となった……もっとも、後述のように、あくまで建前であったが。

シャーブフル一世の宮廷

シャーブフル一世の宮廷については、個人名を挙げて検討するには及ばない。次第に整えられてきた宮中席次に関する制度を押さえておけば充分である。当時のエーラーン貴族は、おおむね五つのランクに分けられていた。頂点には、皇帝（シャーハーン・シャー）が君臨する。第二位には、皇族のなかから任命される皇族王（シャー）とパルティア系大貴族（ウィースプフラーン）が控える。第三位には一般貴族（ウズルガーン）と官僚たち（ダビーラーン）、第四位には中小領主たち（キャダグ・フワダーヤーン）、第五位には村落地主たち（デフガーナーン）と続く。また、これらの貴族の枠外に、聖職者たちが存在していた。この段階で、マズダー教初級神官（ヘールベド）、マズダー教高級神官（モーベド）の区別が出現している。

さらに、シャーブフル一世の宮廷で特筆すべき人物は、聖職者・医師として活躍したマーニー・ハイイェー（二一六年～二七七年）である。彼は、グノーシス主義的なキリスト教教義をベースに、ゾロアスター教の雰囲気を漂わせる術語を鏤《ちりば》めて、マニ教（自称では「真のキリスト教」）を創始した。驚くべきことには、宮廷内での布教に成功し、メセネ王である皇弟ペーローズなどを改宗させた（と本人は主張している）。

サーサーン家の直轄領

ここで、一旦年代順の記述を止めて、サーサーン家の経済的地盤について考察しておこう。三世紀以降に存在が確認されるサーサーン家の直轄領は、中世ペルシア語でダストギルドと称し、その支配は皇帝直属の都市総督（シャフラブ）に委ねられていた（ダストギルドの研究については、Pigulevskaja 1963参照）。ナチ親衛隊アーネンエルベとの関係で物議を醸したドイツ・ハレ大学教授フランツ・アルトハイム（一八九八年〜一九七六年）によれば、サーサーン朝による帝国都市の造営は、皇帝が大貴族の抵抗を排して、税収を上げようとする努力だった（Altheim und Stiehl 1954参照）。このようなダストギルドがエーラーン帝国全土に均質に分布しているなら、サーサーン朝の支配は中央集権的であったといえるであろう。

しかし、アルダフシール一世段階では、判明しているダストギルドはわずかに二つを数えるに過ぎない。すなわち、メソポタミア平原にある帝国首都ヴェフ・アルダフシール（テースィフォーンの一郭）と、ペルシア州の州都アルダフシール・ファッラフのみである。続くシャーブフル一世時代になると、ダストギルドは一五に増加する。しかも、ソ連科学アカデミー東洋学研究所のピグレフスカヤ（一八九四年〜一九七〇年）の研究によれば、それらの大半はメソポタミア平原、フーゼスターン州、ペルシア州に集中している。

この状況は、中世ペルシア語文献『エーラーン帝国の諸都市』からも裏付けられる。同書は、九世紀からサーサーン朝の諸都市をふりかえった文献であるが、それによると、エーラーン帝国の東部・北部・南部に関しては、二三の都市が挙げられているものの、そのうちの五つしか帝国都市とされていない。これに対して、西部の二四都市のなかでは、一六都市が帝国都市とされている。エーラーン帝国滅亡時点から回顧しても、帝国都市の比重が圧倒的に西部一帯に傾いていたことの証拠である。

帝国西部に限れば、サーサーン朝は有名なナフラヴァーン運河を掘削して、メソポタミア平原中央部の灌漑設備を整備するなど、真摯な経済運営をおこなっていた。当然ながら、皇帝直属の州総督・都市総督が工事を総攬し、帝国規模での設備投資がおこなわれたものと見られる。また、ペルシア州における拝火神殿遺構の多さは周知の事実であるから、この周辺であれば、マズダー教神官団が官僚組織を兼ねることもできたであろう。とすると、九世紀のペルシア州のゾロアスター教神官団が伝える「理想化された中央集権的国家サーサーン朝」像は、彼ら自身の観点からすれば間違っておらず、そのような組織が、三〇〇年前のメソポタミア平原〜ペルシア州にわたるサーサーン家直轄領で見られたのだと思われる。ただ、それがエーラーン帝国全土に遍在していたかとなると、すこぶる怪しくなってくるが。

貨幣の鋳造

上記のような帝国都市の造営と時期を同じくして、エーラーン帝国では、貨幣の鋳造も盛んにおこなわれた。その種類は、下記のとおりである。

金貨ディーナール
銀貨ドラフム
1／6銀貨ダング
銅貨パシーズ

これらのなかでも、サーサーン朝初期の段階では、四・二五グラムに均一化されたドラフム銀貨が最もよく鋳造された。表面には、本書で示すように皇帝の横顔（アルダフシール一世、ホスロー二世、ポーラーン女帝などは、例外的に正面）が模され、その縁は麗々しくも帝国イデオロギーを示す中世ペルシア語の文言で飾られた（読めた人間は、それほど多くはなかっただろうが）。裏面には、おおむね拝火壇とそれを守護する二名のマズダー教神官の像が彫り込まれ、帝国の国教が、教義はともかく儀礼のうえでは、間違いなく拝火教であることを示していた。

サーサーン朝初期の銀貨の鋳造地は、それほど鮮明ではない（後述のように、五世紀以降になると、サーサーン朝貨幣には鋳造地に関する情報が彫り込まれるようになる）。判明している限りでは、大部分が帝都テースィフォーンとペルシア州で鋳造されている。おそらく、サーサーン家直轄領の帝国都市で鋳造されたのであろう。この良質の銀貨鋳造によって、帝国政府は、地中海一帯の「ローマ帝国金貨経済圏」に対し、メソポタミア平原とイラン高原中心の「エーラーン帝国銀貨経済圏」を成立させていた。

エーラーン帝国社会の階級制度

このように都市化が進み、ある程度まで貨幣経済が浸透していたエーラーン帝国社会は、他方ではアーリア民族特有のカースト制度（インド・アーリア人の用語をここで用いるのは不適切だが）を色濃く残していたとされる。もっとも、そのように述べている資料は、九世紀の神官団が執筆した文献なので、果たしてこれは彼らの頭のなかにだけ存在する理念形なのか、それともサーサーン朝社会の実際の姿なのかについては、注意が必要である。

とりあえずの理念形としては、アーリア人社会には、下記のような四つの階級（ペーシャグ）が存在していた。各階級は血統によって分けられており、父系によって継承された階級の障壁を越えることはできなかった。

神官階級（アスローナーン）
軍人貴族階級（アルテーシュターラーン）

農民階級（ワースタルヨーシャーン）
職人・商人階級（フトゥフシャーン）

第一階級の神官たちは、さらに、「モーベド神官」と「ヘールベド神官」の上下二層に分かれる。上位のモーベド神官団は、そのまま帝国の官僚層（ダードワラーン）を占め、聖職者でありつつ帝国官僚でもあるという二重の役割を果たした。下位のヘールベド神官団は、帝国各地の拝火神殿（アーテシュ・カダグ）で聖火守護の任に当たるほか、神学校（ヘールベデスターン）や初等学校（ダビーレスターン）の教員を兼ねて、庶民教育――主に宗教教育だっただろうが――に関与した。

第二階級の軍人貴族たちは、後のイスラーム・イラン史の常識に反して、ほぼ定住民で構成されていた。彼らも、騎兵隊（アスワーラーン）と歩兵隊（パイガーン）の上下二層に分かれ、前者からは象部隊（ピール・バーナーン）司令官や、帝国艦隊（カシュティーグ）――存在が確認されるのは、アルダフシール一世時代とホスロー一世時代だけだが――を指揮する海軍司令官などを輩出した。

第三階級の農民たちは、マズダー教的には最も推奨される「耕作」に従事し、大地の女神スプンタ・アールマティを歓喜させていることになっていた。しかし、この理念形が形成されたのは紀元前をかなり遡る農耕牧畜社会だったと推定されているのに対し、エーラーン帝国社会は——少なくともサーサーン家の直轄領では——著しく都市化が進行していた。果たして、彼らよりも下位とされる都市住民たち（ラマーン）と比較して、彼らの境遇が恵まれていたのかどうかは疑問の余地がある。

第四階級の職人・商人たちは、神官団が執筆した文献のなかでは、非常に否定的に描かれ、上位三階級とは章を分けて記述されることが多い。増大する職人や商人の社会的需要と、それを供給すべきエーラーン社会の偏見との間には、相当のギャップがあったはずである。結局、職人や商人たちは、旧メセネ王国や旧エリュマイス王国のセム系民族（多くがキリスト教徒やユダヤ教徒）、ローマ帝国出身者（こちらも、多くがキリスト教徒やユダヤ教徒）、帝国外に居住するソグド人マズダー教徒、ソグド人マニ教徒、ヒンドゥー教徒、仏教徒などによって占められていった。この職人・商人に対するエーラーン帝国特有の偏見は、教祖自身が商人出身だったイスラームの場合と、鮮やかな対照をなしている。

ちなみに、この四階級の下に、相当数の奴隷（バンダグ）が存在した。資料上確認されるのは女性の家内奴隷で、彼女たちと主人との間に生まれた子どもたちの社会的地位が、しばしばサーサーン朝期の法律書で議論されている。また、戦争捕虜（ワルダグ）も、耕作奴隷として活用されていた。

メソポタミア＝ペルシア二重経済帝国

このように、都市化が進み、貨幣の鋳造が盛んになるなか、誇り高きアーリア民族たる神官団や軍人貴族層の意に反して、主としてセム系民族によって占められる職人層や商人層が社会的に実力を蓄えてきた。これが、当時のエーラーン帝国社会の趨勢であり、皇帝たちは——後のドイツ第三帝国のように——「経済のアーリア化」を試みようなどとはしていない。つまり、経済的な面から言えば、サーサーン朝は「エーラーン帝国」と自称し、あたかも「アーリア民族の帝国」であるかのように装ってはいるが、実際にはメソポタミアのセム系民族を原動力としていたことになる。

結果的に、エーラーン帝国の心臓部「ディル・イー・エーラーン・シャフル」は、イラン高原上ではなく、最も都市化が進んだ「メソポタミア平原＝アソーリスターン（アッシリアが語源である）」となった。これは、エーラーン皇帝たちの当初の理念とは裏腹に、当時の世界で最も人口密度が高かったメソポタミア平原の経済力を重視せざるをえず、帝国の重心が西部へ移動した結果と考えられる。そして、このメソポタミア平原とペルシア州を結ぶ地域の帝国都市がサーサーン朝の直轄領を形成し、エーラーン帝国を経済的に支えていた。

この直轄領以外の地域に関しては、サーサーン朝の支配力は急激に落ち、代わりにきわめて封建的な要素を残したパルティア系大貴族が君臨していた（この部分が、上述の「ペルシア＝パルティア二重軍事帝国」の基盤をなす）。このような職人・商人層の構成や、直轄領＝帝国都市の分布から見れば、サーサーン朝は、「エーラーン帝国」との神々しい（とイラン学者には響く）自称に反して、「メソポタミア＝ペルシア二重経済帝国」として捉えられる側面を持っていた。

4　征服戦争の終息とマズダー教神官団の発展

オフルマズド一世からヴァフラーム二世まで

シャーブフル一世は、二七〇年五月に、バイ・シャーブフルで崩御した。これを以って、始祖サーサーン以来五名のペルシア王／エーラーン皇帝に率いられてのサーサーン朝の軍事的拡大路線には、ひとまず終止符が打たれる。これ以後、第三代皇帝オフルマズド一世から第五代皇帝ヴァフラーム二世までの事績は、詳説するには及ばない。以下では、これら三代の皇帝について簡述しよう。

シャーブフル一世の没後、長男とされる「アルメニア大王」オフルマズド・アルダフシールは、まだ存命中の二名の弟――「ギーラーン王」ヴァフラームと「サカスターン王」ナルセフ――を抑えて、オフルマズド・シャーハーン・シャーとして登極した。彼が、第三代皇帝オフルマズド一世である。しかし、彼の在位期間は二七〇年五月～二七一年六月と短く、碑文やレリーフも残していないため、治績はほとんど知られていない。

オフルマズド一世の後は、息子のオフルマズダクではなく、弟の「ギーラーン王」ヴァフラームが、第四代皇帝ヴァフラーム一世として登極した。その弟（兄かもしれないが）ナルセフは、不満を和らげるためか、「サカスターン王」から「アルメニア大王」に転じている。ヴァフラーム一世の在位期間も、二七一年六月～二七四年九月と短いものの、バイ・シャーブフルにレリーフと中世ペルシア語碑文を残しているので、彼の宗教思想を知り得る。そこでは、馬上のヴァフラーム一世が、オフルマズドから支配の正統性を保証する光輪を受け取っており、強いマズダー教志向を示している。

ヴァフラーム一世の後は、皇太子のヴァフラームと、旧クシャーナ朝の領域を任されていたその弟オフルマズド・クシャーン・シャー（「クシャーン王」オフルマズド）が帝位を争った。後者は、独自コイン（しかも金貨）を発行し、そこに「マーズデースン・バイ・オフルマズド・ウズルグ・クシャーン・シャーハーン・シャー（＝マズダー崇拝者の神なるオフルマズ

図34：ヴァフラーム1世の王権神授レリーフ。於バイ・シャーブフル（ビーシャープール）

ド、大クシャーン皇帝）」と彫り込んで、一時期は旧クシャーナ朝の領域に独自支配を樹立したようである。これをクシャーノ・サーサーン朝と呼ぶ。しかし、テースィフォーンで第五代皇帝に登極したヴァフラームがこれを鎮圧し、二七四年九月から二九三年末まで第五代皇帝ヴァフラーム二世として統治した。

彼の治世は一九年に及ぶだけに、同時代資料が豊富に遺されている。コインのデザインは四種類に及び、ペルシア州だけで七点のレリーフが彼に帰される。このうち、「ヴァフラーム二世のナクシェ・ロスタム・レリーフ」（図35参照）からは、彼の宮廷の席次が窺えるので、参照してみよう。

図35：ヴァフラーム2世のレリーフ。於ナクシェ・ロスタム

　上記のレリーフのなかで、中央で剣を杖代わりにして君臨しているのが、ヴァフラーム二世である。向かって左側の人物は、皇帝に近い順から、皇后シャーブフル・ドフタグ（ヴァフラーム二世の叔父「メーシャーン王」シャーブフルの娘で、皇帝自身の従妹）、不明の皇子、皇太子ヴァフラーム・サカーン・シャー、マズダー教大神官キルデール、ナルセフ皇子（ヴァフラーム二世の叔父）である。向かって右側の人物は、皇帝に近い順から、グルジア総督パーバグ、不明の二名の皇子である。

　以上の席次から、アルダフシール一世やシャーブフル一世の宮廷との顕著な相違を読み取れる。すなわち、初代皇帝や第二代皇帝の御世には、サーサーン家の皇族が最上層部を固める皇親政治がおこなわれており、大諸侯や宗教勢力がそこに容喙《ようかい》する余地はなかった。しかし、このレリーフでは、マズダー教大神官キルデールが出現し、しかも皇帝の叔父より上席を占めている。

マズダー教大神官キルデールの台頭

これは、単にキルデール個人の偶発的問題というよりも、この頃から徐々にマズダー教神官団の勢力が増大し、その頂点にキルデールが位置していたのだと理解できる。キルデール自身の中世ペルシア語碑文（彼は四点も碑文を遺している）によれば、彼はシャーブフル一世時代には「ヘールベド神官」に過ぎなかったが、オフルマズド一世時代には「オフルマズド・モーベド神官」（宗教的な天界飛行を果たした神官をこう呼んだらしい）に昇進しており、ヴァフラーム二世時代に至って「ヴァフラーム（一世か二世か?）の霊魂を救済するオフルマズド・モーベド神官」（この難読の中世ペルシア語の解釈には諸説ある）にして「エスタフルのアナーヒター拝火神殿の神官」の称号を得るに至った。この段階で、マズダー教大神官は、ついにサーサーン朝皇帝自身の死後の霊魂を左右し、サーサーン家の先祖の職であったアナーヒター拝火神殿の神官を兼ねるほどの権威を帯びたのである。

こうして、ヴァフラーム二世時代に、少なくとも宗教政策に関する限り、絶大な権力を掌握したキルデールは、「マズダー教」（本人は、「ゾロアスター教」とは言っていない）のために万丈の気炎を吐いた。彼自身は、カァベ・イェ・ザルドシュトのキルデール碑文（図36参照）において、「……アフレマンや悪魔たちの教えは帝国から駆逐され、帝国におけるユダヤ教徒、仏教徒、ヒンドゥー教徒、ギリシア系キリスト教徒、シリア系キリスト教徒、洗礼教徒、マニ教徒は撲滅された……至るところに勝利の聖火が灯され、神官は繁栄し

図36：カァベ・イェ・ザルドシュトのキルデール碑文

た」（九～一〇行目）と記しているので、この頃にマズダー教が宗教界での覇権を握ったと考えられる。……問題は、キルデールがこれほど熱心に布教した当の「マズダー教」の内容が、まったく判然としない点であるが。何か一言説明しておけと思わないでもない。

ヴァフラーム三世からナルセフ一世まで

ヴァフラーム二世は、二九三年末に崩御した。その後は、家系不明の貴族ヴァフラーム・イー・タトルスに支持された皇太子ヴァフラーム・サカーン・シャーが継ぎ、第六代皇帝ヴァフラーム三世として即位した。しかし、彼は他の皇族や貴族の支持を得られず、数ヵ月後には、大叔父の「アルメニア大王」ナルセフに譲位せざるを得なかった。その後のヴァフラームの消息は不明である。

ナルセフは、ヴァフラーム三世の曾祖父に当たるシャーブフル一世の息子で、この当時すでに六〇歳を越す高齢になっていたはずだが、不人気のヴァフラーム三世への対抗馬としてアルメニアから担ぎ出され、第七代皇帝ナルセフ一世として登極した。ヴァフラーム二世のレリーフでは、皇族ならざるゾロアスター教大神官キルデールの下位に位置付けられて、内心不満だったかもしれないが、ここで祖廟を継承する機会が巡ってきたわけである。以後のサーサーン家の万世一系の皇統は、彼の子孫によって受け継がれていく。

図37：ナルセフ1世のパイクリ塔碑文の一部

ナルセフは、自身の即位に関して多大の不安があったらしく、中央政府の皇族や貴族が彼を出迎えてくれたパイクリ（現在のイラクのクルディスターン州）に塔を建立し、その基壇部分に中世ペルシア語と（中世）パルティア語の二ヵ国語併用碑文を造営して（図37参照）、この時の支持者たちの名前を永遠に記念している（ちなみに、サーサーン朝皇帝がパルティア語碑文を併記する慣行は、これが最後になった。四世紀以降は、パルティア系大貴族も中世ペルシア語を解するようになったのだろう）。このなかでナルセフ一世は、アナーヒター女神に言及し、同時に「エスタフル神殿の神官」の称号を名乗っている。これは、ヴァフラーム二世以降キルデールが就任していた官職だが、どうやらキルデールの粛清または失脚の後、サーサーン朝皇帝が自ら再任したらしい。

パイクリ碑文によると、要塞司令官シャーブフル、ペーローズ皇子、ナルセフ皇子、ビダフシュ（この語は難解で、サーサーン朝宮廷の位階制度研究の焦点の一つである。摂政か？ Khorashadi

2015参照）のパーバグ・カーレーン、近衛司令官アルダフシール、司令官ラフシュ、アルダフシール・スーレーン、オフルマズド・ヴァラーズ、ヴァルハーンダード、オフルマズド・モーベドのキルデール、ナルセフ・カーレーンなどの個人名が挙げられている。このなかで注目すべきは、皇帝の廃位と擁立という重大事に関与した人物のなかに、宗教勢力を代表するマズダー教大神官キルデールに加えて、スーレーン家、ヴァラーズ家、カーレーン家の三名のパルティア諸侯の名が見える点である。ヴァフラーム二世時代にキルデールが台頭したのに加えて、ナルセフ一世時代にはパルティア系大貴族も復権を果たしたのである。

もっとも、ナルセフ一世は、「サカスターン王」と「アルメニア大王」を歴任し、齢六〇歳を越える老練な皇帝である。二九六年から二九八年にかけて、ディオクレティアヌス帝との間で争われた対ローマ戦役でも、パルティア系大貴族の容喙を許したような形跡は見当たらない。ただし、戦役そのものには敗退して、皇后や皇子たちが捕虜になり、父帝シャーブフル一世が獲得したティグリス川以西の北メソポタミア平原とアルメニア王国の領土を、ローマ帝国に大幅割譲するという失態を演じた。これに伴って、サーサーン家の皇族王（しかも、皇太子級の）が就任する慣例だった「アルメニア大王」位も、一旦は自然消滅している。

ナルセフ一世は、現在判明している限りでは、レリーフを二つ造営している。一つは、バイ・シャーブフルにあった兄のヴァフラーム一世のレリーフの名前部分だけを削り取って、自分の名前に書き換えたという安直なもの。ここから、彼の皇統観を窺える。要するに、兄のヴァフラームをまったく認めていないのである。長兄オフルマズド・アルダフシールのレリーフは残っていないので破壊しようがなかったが、もしあったら、同様の措置をとった可能性がある。ナルセフとしては、第三代〜第六代の皇帝を革除して、自身を直接、父帝シャーブフル一世の後継者と位置付けたかったようである。もう一つのレリーフは、ナクシェ・ロスタムにある。

ナルセフ一世は、三〇二年に、推定七〇歳以上で崩御した。ここまでで、サーサーン家の皇帝が絶大な指導力を発揮し得た時代は終わりを告げ、これ以降は、パルティア系大貴族の台頭がめだってくる。

第二章　サーサーン朝（中期：第八代〜第一七代皇帝）

1　軍事指揮権の委譲とパルティア系大貴族の復権

同時代資料を欠く時代

この章から、「サーサーン朝」の「中期」の記述が始まる。巻末の研究ガイドで解説しているように、「初期」については、中世ペルシア語碑文や中世パルティア語碑文といった同時代資料が残されており、信憑性の高い情報を提供することができた。しかし、この「中期」に関する資料は、はるか後代のイスラーム期のアラビア語文献が中心になり、その信頼性には甚だ疑問が残る。本章の記述については、あくまで以上の点を念頭において読んでいただきたいと思う。

皇帝暗殺の時代の開幕

三〇二年のナルセフ一世没後、皇太子のオフルマズドが第八代皇帝オフルマズド二世として帝位を継承した。ナルセフ一世自身、マズダー教大神官やスーレーン家、ヴァラーズ家、カーレーン家に擁立された皇帝だったものの、年齢や経歴の重みで、皇帝の指導力に

図38：オフルマズド2世の騎馬戦レリーフ

破綻を来たさずに済んでいた。しかし、オフルマズド二世に代替わりすると、ようやく大貴族の権勢が皇帝権力を脅かすに至る。

オフルマズド二世は、父ナルセフ一世の対ローマ敗戦を挽回するべく、ローマ帝国に寝返ったアラブ系ガッサーン朝（シリア南部）の服属を求めて軍を派遣した。メソポタミア平原〜ペルシア州を地盤とするサーサーン家にとっては、雲煙万里の果ての中央アジアやサカスターン州の防衛よりも、直轄領の防衛に直結するアラビア半島やペルシア湾の安全保障の方に、より敏感だったのである。

これを記念してのものかどうかは不明だが、オフルマズド二世は、ナクシェ・ロスタムに、騎馬戦中に敵を槍で突き落とす構図のレリーフを造営している（図38参照。突き落とされた相手は、オフルマズド二世時代に失脚したビダフシュ〈官職〉のパーバグ・カーレーンとする説もある）。

しかし、ガッサーン朝のアラブ人首長を廃したまでは良かったのだが、その後、オフルマズド二世は、沙漠で狩猟を楽しんでいるところを「誤射」されて落命した。これが単なる事故でなかった証拠に、長男で皇太子だったとされるアードゥル・ナルセフも、即位したか否かも判然としないまま暗殺された。仮に即位を認めるならば、アードゥル・ナルセフが第九代皇帝である（本書の系図では、一応、即位したとして代数を数える）。また、オフルマズド二世の次男オフルマズドは幽閉されたものの、脱出してローマ帝国のコンスタンティヌス帝の許へ亡命していった（このオフルマズドは、ユリアヌス帝時代にローマ帝国軍の将軍となって、エーラーン帝国軍と戦っている）。さらに、三男は失明させられ、帝位継承権を失い、四男のシャーブフル・サカーン・シャーは逃亡した（ちなみに、この人物は、ペルセポリスに中世ペルシア語碑文を彫り付けている）。皇位継承権を有する皇子たちがあいついで悲劇的な結末を迎え、代わって大貴族たちが帝位を左右する時代が到来したのである。

結局、まだ生まれてもいなかったシャーブフルが、大貴族たちに擁立され、第一〇代皇帝シャーブフル二世として即位した。伝説によれば、シャーブフル二世の戴冠式は、妊娠中の母親の腹の上に帝冠を置いて（妊婦にとってはさぞ重かっただろうが）挙行された。

対ローマ戦役

シャーブフル二世の治世は、誕生以前から七〇歳で死去するまでの七一年間に及ぶ。何しろ、本人の寿命よりも在位期間の方が長いのであるから、世界史上の大国の皇帝のなかでも、屈指の在位期間を誇っている。以下では、軍事行動の主導権という観点から、シャーブフル二世時代のサーサーン朝史を俯瞰したい。

シャーブフル二世時代のエーラーン帝国の第一の軍事的目標は、祖父ナルセフ一世が対ローマ戦役に敗れて割譲したティグリス川以西の領土の回復であった。この当時（から五世紀半ばのエフタルの出現まで）、周辺諸国のなかでエーラーン帝国に匹敵する大国はローマ帝国しかなく、それへの対策が他のすべての軍事行動に優先した。しかし、即位初期の段階では、シャーブフル二世は幼冲の天子であり、ローマ帝国の方ではコンスタンティヌス大帝（在位三一二年〜三三七年）が他の正帝・副帝との内乱に忙殺されていたために、両国間にめだった軍事的衝突はなかった。

コンスタンティヌス帝没後の三三七年から三六一年にかけて、シャーブフル一世時代、ナルセフ一世時代に続く対ローマ戦役が勃発した。この戦役の詳細な経過は省くが、全体としてはエーラーン帝国が優勢で、三六一年に結ばれた和平条約では、ナルセフ一世時代に失われたティグリス川以西の領土の奪還に成功している。問題は、この時の条約が皇帝主導ではなく、スーレーン家の将軍（個人名は不明）主導で結ばれている点である。さらに、この条約で奪還したアルメニア王国に、大軍とともに進駐したのは、ズィーク家の将軍（個人名は不明）とカーレーン家の将軍（個人名は不明）であった。

また、三六三年には、和平条約を破って、ローマ帝国の「背教者ユリアヌス帝」が北メソポタミアに侵攻を開始した（ちなみに、シャーブフル二世の兄オフルマズドがローマ帝国軍に従軍して、故国の奥深くに侵攻したのは、この時である）。西洋史学では、ローマ帝国の状況ばかりが強調されるが、これを迎撃してテースィフォーン北方でユリアヌス帝を戦死させたエーラーン帝国軍の司令官は、ミフラーン家の将軍（個人名は不明）であった。

以上、エーラーン帝国が最大規模の軍事的動員をかけた対ローマ帝国戦役では、すでに皇帝自らが軍事指揮権を発動することはなく、スーレーン家の将軍、ズィーク家の将軍、カーレーン家の将軍、ミフラーン家の将軍が現場での指揮を執っている。サーサーン家の「譜代」の将軍（そんな者がいたらの話だが）は何処へ消えたかと思うほどの、旧パルティア系大貴族の揃い踏みである。この頃から、一旦はペルシア系のサーサーン家に押さえ込まれていたパルティア系大貴族が、徐々に復権してきたと考えられる。

対アラブ戦役と対東方戦役

父帝オフルマズド二世以来の懸案だった対アラブ戦役については、シャーブフル二世は直接軍を率いて親征している。一六歳の初陣に際して、アラビア半島東部地域の諸部族を撃破し、第二次、第三次の遠征では、アラビア半島西部――伝説ではヤスリブ（のちのメディナ）まで――を攻略し、多数のアラブ部族を虐殺したと伝わる。このために、シャーブフル二世は、アラビア語で「ズー・ル・アクターフ（＝多くの肩を砕く者）」との異名を奉られている。その後は、メソポタミア平原とアラビア砂漠との境界線上に、イラン版万里の長城である「ヴァル・イー・ターズィガーン（＝アラブの壁）」を建設し、直轄領であるメソポタミア平原とペルシア湾の防衛に意を用いた。

また、シャーブフル二世は、三二五年以降、上述のようにヴァフラーム一世の息子のオフルマズド・クシャーン・シャー（シャーブフル二世からしたら、父親の従弟）が独立して建国したクシャーノ・サーサーン朝に対して東方遠征をくりかえした。シャーブフル二世の初陣は一六歳の時だと伝わるので、最初の時点での遠征指揮官は皇帝本人ではないだろう。イスラーム期のアラビア語資料によれば、この時、インド亜大陸のスィンドにまで帝国都市ファッル・シャーブフルが建設されたとされるものの、現在のところ、それに該当する遺跡は確認されていない。

さらに、シャーブフル二世は、三七〇年以降のキダーラ朝の勃興に対しても、遠征軍を派遣している。中央アジアのメルヴでは、シャーブフル二世名義の金貨が、サカスターンとカーブルでは、シャーブフル二世名義の銅貨が鋳造されているので、この辺りまでは——一時的にせよ——エーラーン帝国軍が進駐したと思われる。

国制の安定か？　皇帝権力の失墜か？

以上のように、シャーブフル二世の七一年間の治世は、全体として見れば、対ローマ戦役に勝利して、ナルセフ一世が失った北メソポタミアとアルメニア王国を奪回した軍事的栄光の時代である。エーラーン帝国の国威は伸張し、エーラーン皇帝の御稜威《みいつ》は、伝説によればインド亜大陸のスィンド地方まで、確実なところでは中央アジアのメルヴやカーブルまで及んだ。帝国都市の建設も続行され、メソポタミア平原にエーラーン・ファッラフ・シャーブフル（後のバグダードの西郊）とペーローズ・シャーブフル、フーゼスターン州にエーラーン・シャフル・シャーブフル（スーシャー）とシャードラヴァーン・シュユタル、ホラーサーン州にネーウ・シャーブフル（後のニーシャープール）などの新都市が姿を現した。これらの事実を踏まえれば、シャーブフル二世時代は、アルダフシール一世やシャーブフル一世の時代に次ぐエーラーン帝国興隆の時代とも見える。

しかし、帝国の内実は、すでに隔世の感があった。シャーブフル二世が直接軍事指揮権を発動したのは、サーサーン家の個別利害に関わる対アラブ戦役に限られ、エーラーン帝国全体にとって最重要の対ローマ帝国戦役に際しては、パルティア系大貴族を指揮官に起用している。この状況の評価は難しい。幼帝を擁しつつ、国政が破綻を見せずに運営されていた点を評価するなら、官僚制が成熟し、国制が安定していたと捉えることができる。しかし、サーサーン家の皇帝の意思が那辺にあるかが不分明になり、皇帝自身の指導力が貫徹しなくなったという意味では、皇帝権力の失墜と捉えることもできる。

2 「神々の末裔」の終焉

大神官アードゥルバード・イー・マフラスパンダーン

前節では、シャーブフル二世時代に生じた軍事指揮権の委譲問題を論じた。本節では、軍事指揮権と並んで、サーサーン朝皇帝の権力を支えたと思われる宗教イデオロギーに焦点を絞りたい。少なくとも王朝の初期段階では、サーサーン朝皇帝は、「エスタフルのアナーヒター女神の拝火神殿神官」たる先祖の宗教的権威を意識し、歴帝はコインに「マズダー崇拝者の神なる○○、エーラーンのシャーハーン・シャー、神々の末裔」なる称号を刻んだ。こうすることで、一天万乗の現人神として、金甌《きんおう》無欠《むけつ》揺るぎなきエーラーン帝国統治の正統性を主張した。彼らの宮廷に詩人がいたとしたら、「おおきみは神にしませば」と詠ったに違いないが、残念ながらエーラーン帝国では政治と文学はついぞ一体化せず、マズダー教神官団が積極的に文学作品を仕上げることはなかった。なお、皇帝自身が「神々（ヤズダーン）の末裔」にして「神（バイ）」だとしたら、「マズダー（神）崇拝」といかにして両立するのかが不可解だが、この点は深く追究しないことにする。

三一三年に、ローマ帝国がミラノ勅令でキリスト教を公認すると、シャーブフル一世時代に戦争捕虜として徙民《しみん》させたキリスト教徒の処遇が問題として浮上した。これまで、ローマ帝国に迫害されたキリスト教徒は、エーラーン帝国の潜在的味方と見做すことができたが、ローマ帝国に公認されたキリスト教徒となると、逆にエーラーン帝国の潜在的敵でしかない。ネストリウス派キリスト教の歴史を伝えるシリア語文献『アルベラ年代記』によれば、三三七年から、メソポタミア平原で大規模なキリスト教徒迫害が始まった。

その直接の指揮を執ったのは、マズダー教神官モーベド・アードゥル・グシュナスプと伝わるが、最高位にあってマズダー教の教会組織そのものを形成した人物は、マクラーン村出身の大神官アードゥルバード・イー・マフラスパンダーンであった。九世紀のゾロアスター教神官団の伝説によれば、彼は「ゾロアスター教」の教義の正統性を立証した伝説的人物である。ただ、伝説的過ぎて、具体的に何をおこなったのかまったくわからない。唯一の手掛かりは、迫害された側の証言である。すなわち、殉教者プサイは、当時のマズダー教は、時間の神を崇拝するズルヴァーン主義的教義だったと伝えている。

「神々の末裔」の終焉

そして、これらのマズダー教神官たちの「正統教義」と「教会組織」確立に連動すると思われるのだが、「マズダー崇拝者の神なる〇〇、エーラーンのシャーハーン・シャー、神々の末裔」なる称号は、シャーブフル二世を最後として、サーサーン朝のコインの打刻面から消え去る（ポーラーン・ドゥフト女帝の時代に一時的に復活するが）。つまり、神官皇帝にして現人神としてのサーサーン朝皇帝の宗教イデオロギー上の権威が、一旦消失するのである。

しかし、代替イデオロギーとして何が準備されたかは、この段階ではよくわからない（それが判明するのは、五世紀半ばのヤザドギルド二世時代である）。ここでご注意いただきたいのは、本書ではここまで、サーサーン朝初期の宗教事情を表現するために、「ゾロアスター教」との表現を敢えて避け、代わりに「マズダー教」と表記している点である。レリーフ表現によれば、歴代皇帝は馬上でオフルマズド（アヴェスター語でアフラ・マズダー）から光輪を神授されているし、コインの打刻によれば、自ら「マズダー崇拝者」と名乗っているので、彼らが自意識のうえで「マズダー教徒」であったことに疑問の余地はない。

だが、サーサーン朝皇帝や大神官キルデールの碑文の何処をどう読んでも、ザラスシュトラ・スピターマの名称は見出せず、ゾロアスター教に特有の伝承の片鱗さえ窺えない。かえって、レリーフに出現するのは、九世紀のゾロアスター教神官団公認の「ゾロアスター教正統教義」では、絶対にアフラ・マズダーと並び立つはずのないアナーヒターー女神であったり、ミスラ神であったりする。

これらの事実を以って、筆者は、アルダフシール一世〜シャーブフル二世までの「万邦無比のエーラーン帝国の国体イデオロギー」が、果たして「ゾロアスター教」であったか否かに強い疑念を抱いている。それは、彼らなりの「ゾロアスター教」であったかもしれないが、それを「ゾロアスター教」と名付ける根拠に欠けているのである。確実なのは、アルダフシール一世〜シャーブフル二世時代には、「マズダー崇拝教」と自称する宗教と、「神々の末裔」と名乗る現人神観念が、エーラーン帝国の公的イデオロギーであった点だけである。そして、四世紀半ば、隣国ローマ帝国でキリスト教が公認された余波を受けて、「神々の末裔」との皇帝観念が消滅し、エーラーン帝国は新たな帝国イデオロギーの創出に向かうのである。その担い手はマズダー教神官団であったが、彼らの側でも同時に変容していかなくてはならなかった。

帝国の宗教的重心はケルマーン・シャーへ

その新たな帝国イデオロギーの胎動を窺わせる手掛かりの一つは、皇帝レリーフの造営地の移動である。オフルマズド二世までの歴帝は、サーサーン家発祥の地であるペルシア州を中心にレリーフを造営してきた。また、のちのヴァフラーム五世までの皇帝は、戴冠式をエスタフルで挙行していた。京師テースィフォーンから直線距離で一〇〇〇キロ以上離れたエスタフルまでわざわざ出掛けていたとしたら、この当時までは、サーサーン朝の皇帝は充分に父祖の地であるペルシアの伝統を尊重していたといえる。

だが、シャーブフル二世は、突如として、サーサーン家とはまったく所縁のないイラン高原西部のターゲ・ボスターン（現在のケルマーン・シャー州）にレリーフを造営しはじめる（図39参照）。そして、次代のアルダフシール二世、次々代のシャーブフル三世も、あいついでこの地点をレリーフ造営地に定める。こうなると、シャーブフル二世段階で一時代を画し、帝権を視覚的に表象する地理的中枢が、ペルシア州を離れたのだと判断できる。

図39：シャーブフル2世（右）とシャーブフル3世（左）のレリーフ。於ターゲ・ボスターン

ただし、その理由はよくわからない。移動先のターゲ・ボスターンは、単にメソポタミア平原からイラン高原に登る際の交通の要衝という以外に、さしたる意味を持たない場所である。サーサーン家の直轄領のなかでペルシア州の経済的比重が後退して、メソポタミア平原の比重が高まったので、よりメソポタミアに近い——直線距離で三〇〇キロ強——という理由だけで、偶発的にターゲ・ボスターンが選ばれたのではなかろうか。

レリーフから銀器・胸像へ

このレリーフ造営地の変更に加えて、シャーブフル二世時代には、帝権の象徴自体に重大な変更があった。オフルマズド二世までは、帝権の象徴はペルシア州のレリーフに集約され、戴冠式への参列者は拝観が可能だった（というか、半強制的に拝観させられたのだろうが）。しかし、それでは平時の拝観者が限られ、帝権を主張する象徴としては著しく効率に欠ける。単にサーサーン皇室発祥の地というだけでペルシア州を訪れる人間が、平時にそれほど多かったとは思われないのである。となると、多額の経費を費やして、ペルシア州に帝権を象徴するレリーフを造営するイデオロギー上の意味は、次第に乏しくなっていったであろう。

そこで、シャーブフル二世時代には夥しい数の銀器が製作され、そこに大型獣を狩るシャーブフル二世像が彫り込まれて、臣下に下賜された（図40参照）。

図40：シャーブフル2世の銀器

銀器はそれ自体に価値があるうえに、臣下に帝権の象徴を披露するという意味では、一地点に固定されたレリーフよりはるかに広汎な訴求力を持つ。こうして、「神から光輪を授かる現人神（矛盾した表現だが）」のモチーフに代えて、「大型獣を狩る皇帝」のモチーフを彫り込んだ銀器が、帝国内外に大量に出回ることになった。

もとより狩猟は、自ら剣を執って帝国を守護するべきエーラーン皇帝にとって、攻撃的

図41：シャーブフル2世の胸像

戦闘的能力を披露し、肉体的鍛錬を遺憾なく誇示する帝王の所業と考えられていた。大型獣を巧みに狩ることのできぬ皇帝は、帝国を外敵から守護することも叶わぬであろうから、直ちに皇帝としての威信を失った。権力と威厳の表現が抽象に流れず、きわめて即物的である点が、エーラーン美術の特徴である。

さらに、シャーブフル二世は——在位期間が長いだけに、何でも彼の治世に生起したことになるのだが——、銀器以上に帝権を象徴する品として、皇帝の胸像も多数制作させた（図41参照）。こちらは、本人のご尊顔が、宝石を象嵌した黄金の城壁冠の上に球体装飾を載せたサーサーン朝独特の帝冠を被り、左右にはみ出したふさふさした髪（金髪だったか黒髪だったかは不明）と顔面の下半分を覆う美髯で、皇帝権力を誇示する仕組みである。このような重量級の帝冠は、常時着用するには多大の支障があり、宮廷では天井から吊るしておいて、皇帝の方から頭をその下に差し入れていたと伝わる。しかし、胸像の姿になってみれば、そのような配慮は不要で、好きなだけ巨大な帝冠を被せておけるから、かえって好都合であった。また、筆者などは、歴代皇帝がすべて髪量豊かだったわけでもあるまいし、髭の薄い皇帝だっていただろうと案じていたのだが、胸像としてばらまく分には、いくらでも皇帝の容姿を理想化できた。

このように、帝権の象徴が、「ペルシア州のレリーフ」から「広範囲に頒布可能な銀器・胸像」へ変化した現象は、サーサーン家がペルシアの伝統に即した存在であるとの観念を薄れさせ、王朝初期とは別個の帝国イデオロギーを要請したはずである。それは、きわめて即物的に表象され、しかも帝国全土にばらまかれて、その代償に神秘性を失った皇帝観念を背後で支える、より抽象度の高い思想でなくてはならなかった。また、そうであってこそ、新興のキリスト教に対抗できるはずであった。もっとも、次第に見捨てられつつあったペルシア的伝統の側から見れば、「ダマーヴァンドの峰高く、ティグリスの水清けれど、理想の影は地に落ちて、ペルシアの空に春暗し」といった心境であっただろうが。

3　三代の皇帝暗殺とパルティア系大貴族の台頭

中継ぎ皇帝アルダフシール二世

三七九年、シャーブフル二世が七〇歳にして在位七一年という変則的な在位年数で没した。その後は、シャーブフル二世の息子のシャーブフルが即位するまでの中継ぎとして、三四四年から三七六年までアディアベネ王国（まだそんな名前だけは残っていたのである）の王を務めていた弟のアルダフシールが、第一一代皇帝アルダフシール二世として継いだ。

この即位劇には、若干不可解な点がある。シャーブフル二世自身が胎児のまま戴冠したのだとしたら、その弟はそれより数ヵ月年少だっただけで、死去した皇帝とさほど年齢は変わらなかっただろう。皇帝として、前途に多くを期することはできなかったはずである。他方、七〇歳の老帝なら、息子は相応の年齢に達しているだろうから、中継ぎを立てるまでもなく、息子本人が即位すれば良いだけと考えられる。一体、何があったのであろうか？　かつては、アルダフシール二世は、逃亡したサカーン・シャーのシャーブフル（上述。オフルマズド二世の四男）の息子だとの説も提起されたが、決め手に欠ける。

図42：アルダフシール2世のレリーフ。於ターゲ・ボスターン

アルダフシール二世の統治四年間の治績はほとんど知られていないが、兄帝同様に、ターゲ・ボスターンにレリーフを遺しており(図42参照)、それによって幾許かの同時代情報を知り得る。第一に、宗教思想である。アルダフシール二世は、向かって右側のオフルマズドから帝権の象徴たる光輪を神授されており、この点に関しては、ペルシア州の諸レリーフからの変化はない。しかし、向かって左側に彫られている人物は誰であろうか？　一九世紀には、この人物こそ預言者ザラスシュトラ・スピターマと考えられ、パールスィー(＝インド・ゾロアスター教徒)の間では、これに似せたザラスシュトラ像が数限りなく量産された(今でも量産されている)。仏陀と同様に蓮の花の上に立っている点も、偉大な宗教的指導者の造形であろうとの念を強くさせた。しかし、一九〇四年のマールブルク大学教授フェルディナンド・ユスティ（一八三七年〜一九〇七年）の指摘によって、この人物の服装はネームルード・ダーグのミフル神像と一致すると判明した。つまり、これは、サーサーン家の王権神授の場面に、ミフル神が登場したレリーフだったのである。ミフル神から王権神授を祝福されているとなると、皇帝は「マズダー（唯一神）教徒」だとはいえなくなるであろう。

第二に、アルダフシール二世の業績である。オフルマズド神とアルダフシール二世の脚下で踏みつけられている人物は、ローマ皇帝ユリアヌスである。三六三年に彼を破ったのは、兄帝シャーブフル二世の治世下だったにもかかわらず、敢えてアルダフシール二世がユリアヌスに対する戦勝を誇示するとしたら、アディアベネ王として、この戦役に直接参陣していたのだと思われる。

アルダフシール二世は、三八三年に、在位四年にして退位した。イスラーム期のアラビア語資料によれば、大貴族との抗争に敗れて暗殺されたとされるが、年齢を考えれば自然死だった可能性も高く、真相は不明である。

シャーブフル三世と皇帝の従妹ズルヴァーン・ドゥフト

アルダフシール二世没後は、シャーブフル二世の息子シャーブフルが、第一二代皇帝として即位した。シャーブフル三世は、在位五年の末に、大貴族との政争に敗れ、テントの柱を抜かれて暗殺された。三八三年〜三八八年しか続かなかった彼の治世で特筆すべきは、アルメニア政策と従妹降嫁である。

シャーブフル二世時代にローマ帝国からアルメニア王国を奪還して以降、しばらくの間平和交渉がおこなわれていたが、シャーブフル三世時代の三八四年に、アルメニア王国の東西分割で妥協を見た。ローマ帝国の衛星国たる西アルメニア王国では、アルシャク家のアルシャク三世が即位し、エーラーン帝国の衛星国たる東アルメニア王国では、アルシャク家のホスロー四世が即位した。これによって、皇太子級の皇族王が支配する大王領としてのアルメニア王国は一旦失われ、前王朝アルシャク家の分家が支配する東アルメニア王国が成立した。

アルシャク朝東アルメニア王国のホスロー四世の許には、アルダフシール二世の娘——シャーブフル三世から見れば従妹——のズルヴァーン・ドゥフトが降嫁し、お目付け役としてズィーク家の将軍が付与された。これ自体は、有力な外藩——本来は皇族大王領——に対するサーサーン朝の婚姻政策の一齣だろうが、筆者としては、皇帝の従妹の名前に注目したい。中世ペルシア語の「ズルヴァーン・ドゥフト」は、「時間神ズルヴァーンの娘」を意味する。アルダフシール二世は、自らの即位レリーフにミフル神を彫らせているから、ミトラ教を信仰しているのかと思えば、娘にはズルヴァーン神に纏わる名前を付けていたのである。四世紀後半以降、サーサーン朝の帝国イデオロギーには、初期の皇帝たちの「マズダー教」とは異質の宗教思想が、連続的に流入しているようである。

ヴァフラーム四世ケルマーン・シャー

シャーブフル三世の後は、息子のヴァフラーム四世が、第一三代皇帝として継いだ。彼は、皇族王ケルマーン・シャーとして、ケルマーン州統治の任に当たっていたので、これを記念して、イラン高原西部にケルマーン・シャーの街を建てて、その名を宣揚した。イラン高原東南部のケルマーン州とは何の関係もないイラン高原西部に、突如として「ケルマーン・シャー」なる地名が出現するのは、彼の責任である。おまけに、現在ではこの都市名が州名にまで昇格し、あらぬところに「ケルマーン・シャー州」が出現して、外国人旅行者を混乱させている。

ヴァフラーム四世は、三八八年から三九九年まで一一年間統治した皇帝であるが、特に治績は伝わっていない。彼もまた、大貴族との抗争に敗れて、暗殺されたとされる。

帝国都市建設の終息と海陸シルクロード貿易の発展

このようなサーサーン皇室権力の退潮傾向は、帝国都市建設の面からも看取できる。アルトハイムが指摘していたように、帝国都市建設がパルティア系大貴族の経済力を削ぐ試みだったかどうかは不明だが、サーサーン皇室とエーラーン帝国の経済力を高める効果を狙った政策だったことは確かである。

すなわち、帝国都市の工房で生産される織物、ガラス工芸品、金属工芸品などは、サーサーン朝政府の税収を大いに潤したと考えられる。また、帝国都市への設備投資は、単に都市の建設だけでなく、その周辺の農業環境の整備、特に農業共同体（エーラーン帝国では、個々の自由農民ではなく、農業共同体が農地を集団管理していた）では難しい大規模灌漑施設（カナート）の開鑿《かいさく》を意味していた。エーラーン帝国の主な農業産品である大麦、ライ麦、ナツメヤシ、ナッツ、米、アプリコットなどの生産能力は、政府主導の帝国都市建設という集中的な設備投資――特にメソポタミア平原とフーゼスターン州での――がなければ、上昇しなかったはずである。そして、それらの収入は、帝国政府を主宰するサーサーン皇室の税収となり、皇帝権力を支えていた（果たして、同時代のローマ帝国では、これだけ大規模な都市建設と周辺地域への設備投資があっただろうか？　都市化の進展という点では、エーラーン帝国の方が、ローマ帝国に数歩先んじていたようである)。

だが、第一〇代皇帝シャーブフル二世までは、サーサーン朝は盛んに帝国都市を造営していたものの、アルダフシール二世以降、カヴァード一世(在位四八八年〜五三一年)――あるいは、可能性としてはペーローズ一世(在位四五九年〜四八四年)――までの約一〇〇年間、帝国都市の建設は確認できない。エーラーン帝国の「都市化」が急激に停止した理由は、いくつか考えられる。一つは、パルティア系大貴族の勢力が強まったために、それぞれの領土内での都市建設が進み、その分だけサーサーン皇室が直接管理する帝国都市の造営が停滞したというもの。しかし、大貴族の領内で独自の都市建設がおこなわれたという証拠は、今のところ挙がっていない。あるいは、帝国都市建設はメソポタミア平原からフーゼスターン州にかけての局地的現象で、この地域における人口増加が限界点に達してしまったというもの。ただ、サーサーン朝は、この後もフン族とアルメニア人の戦争捕虜の徙民政策を強力に推し進めているので、人口の飽和状態説も説得力に欠ける。いずれにせよ、サーサーン朝経済の原動力である帝国都市建設が一〇〇年間も停止したということは、この間、エーラーン帝国経済はすこぶる停滞したはずである。

しかし、現実は、必ずしもそうとは言い切れない。一つの反証は、金貨、銀貨、銅貨の鋳造である。貨幣鋳造はサーサーン家の特権であり、皇室は最後までこの権限を手放さなかったのだが、この一〇〇年間、貨幣鋳造自体は一貫して継続している。そして、エーラーン帝国の税収は銀貨の総量で記述されるなど、貨幣流通はエーラーン帝国の全期間を通じて盛んにおこなわれていた（貨幣経済が発達していない経済圏で、税収を銀貨で計算しても、まったく意味を成さない）。仮にエーラーン帝国の経済力が一〇〇年間も凋落傾向にあったのだとすれば、その間には、貨幣の鋳造も停滞しなくてはならない。とすると、帝国都市建設以外の景気刺激策が、エーラーン帝国には存在していたことになる。

そこで考えられるのが、海のシルクロード、陸のシルクロードを含む国際貿易である。サーサーン家がペルシア州から興起してメソポタミア平原とフーゼスターン州を掌握した際、同時にペルシア湾の制海権を得て、ここにエーラーン帝国海軍を育成した事実は、これまで顧みられてこなかった。だが、帝国都市建設という観点から見るならば、アルダフシール一世はレーヴ・アルダフシールを建設し、敢えて農業地帯ならぬ海港の重要性に着目している。また、ペルシア湾に面する貿易港スィーラーフから、ペルシア州の州都アルダフシール・ファッラフへ向かう交易ルートの重要性は、夙《つと》に指摘されている（家島・上岡一九八八年参照）。近年、エーラーン商人の痕跡が、オマーン、スリランカ、インド、マレーシアなどで確認されることを思い合わせると、ペルシア湾を起点とするサーサーン家の海洋貿易は、実際には相当の規模に達していたと予想される。加えて、サーサーン家の直轄領がメソポタミア平原〜ペルシア州に偏在していたとすれば、サーサーン家としては、むしろ海のシルクロードの方が、直接の管理下に置きやすかったと考えられる。

この当時、陸のシルクロードの国際基軸通貨にはサーサーン朝銀貨が使用されており、エーラーン帝国が国際貿易を管理するには、有利な条件が整えられつつあった。中国からサーサーン朝銀貨で輸入された絹は、フーゼスターン州にある帝国都市グンデー・シャーブフルやシューシュで新しいデザインに加工されて製品化を施され、輸出や国内での用に供された。絹の製品化に携わる帝国都市がフーゼスターン州に集中している事実は、絹貿易がサーサーン家の専権事項だったことを物語っている。

ただし、これは、帝国政府が直接貿易をおこなったという意味ではない。そのような事例は知られておらず、貿易自体はあくまで民間レベルで担われた（特に、陸のシルクロードは、エーラーン帝国外のソグド人によって担われている）。帝国政府は、関税や製品化によって、帝国都市建設の停滞を補えるほどの税収を見込めたと考えられる。日本人のシルクロード研究では、東アジアからの視点ばかりが重視されるが、エーラーン帝国から見れば、海陸シルクロード貿易の活況は、パルティア系大貴族に圧迫されたサーサーン皇室が、帝国都市建設以外の方法で税収を補塡しようとする試みだったと解釈できる。

4　スーレーン家の大宰相とエーラーン帝国の国体明徴

「犯罪者」ヤザドギルド一世

　ヴァフラーム四世暗殺後は、シャーブフル三世の息子と思われるヤザドギルド一世が、第一四代皇帝として後を継いだ。なお、本書では、これまで便宜的に、同名の皇帝を区別するために「何世」という表記を用いてきたが、原典資料ではこのような記述はない。中世ペルシア語のパトロニミック（patronymic）で、「ヤザドギルド・イー・シャーブフラーン」（シャーブフルの息子ヤザドギルド）などと書かれているだけである。なので、ヤザドギルド一世は、シャーブフル二世の息子だった可能性もあり得る。

　彼に対する評価は、エーラーン帝国内部と、ネストリウス派キリスト教徒やユダヤ教徒などの外部の宗教勢力で、まったく逆である。エーラーン帝国内部の世論を継承したイスラーム期のアラビア語資料では、基本的に「鋭い知性を犯罪的な目的のために使った」、「外国人の助言にしか耳を貸さなかった」とされ、「犯罪者（アル・アティーム）」との評価が定着している。宗教勢力や大貴族に対する抑圧策に対する反発が、このような表現として噴出しているのである。ヤザドギルド一世は、二一年間の治世中に多くの大貴族を殺害した後、最期はゴルガーン遠征中に、「泉から奇跡のように出現した白馬に蹴り殺された。この白馬こそ、神に遣わされた天使だった」と伝わっている。要するに、大貴族たちによって暗殺されたのであろう。

エーラーン帝国のミラノ勅令

だが、ネストリウス派キリスト教徒の眼から見れば、彼は日々恩恵を授けてくれる「新しいキュロス大王」だった。特に、ヤザドギルド一世がエーラーン帝国内におけるネストリウス派キリスト教信仰を公認した勅令は、「エーラーン帝国のミラノ勅令」と讃えられ、四一〇年には、帝都テースィフォーンで公会議が開催された。また、ユダヤ教徒の眼から見れば、彼は「レーシュ・ガルータクの娘シューシャーン・ドゥフトを娶ったユダヤの王」にして、「彼女の要請に応じて、ガイの街（＝現在のエスファハーン）にユダヤ人を住まわせた」徳高き王だった。

この時、キリスト教徒たちは少々遣り過ぎたようである。ヤザドギルド一世は、強大化し過ぎたマズダー教神官団を牽制するべくキリスト教を保護したのであって、出し抜けにキリスト教信仰に目覚めたわけではない。しかるに、キリスト教徒たちは、拝火神殿に放火し、神官を辱めるなどの不法行為を働き、マズダー教神官団側からの反発を一層激化させたのみならず、結局はヤザドギルド一世の寵遇までも失った。そして、晩年のヤザドギルド一世が政策転換して大宰相に任命したのが、マズダー教信仰に燃えるパルティア系大貴族ミフル・ナルセフ・スーレーンであった。

大宰相ミフル・ナルセフ・スーレーンの登場

ミフル・ナルセフは、この後の五代の皇帝の大宰相を連続して務め、皇帝自身よりもエーラーン帝国の政策に影響を与えているので、ここで詳しく解説する価値がある。彼は、ペルシア州アブルヴァーン出身と伝わるものの、家系の上では、パルティア系大貴族の一つ、スーレーン・パフラヴ家の一族である。

これまで、サーサーン朝政府には、「大宰相（＝ウズルグ・フラマーダール）」という役職はなかった。類似の先例を挙げるとしたら、アルダフシール一世時代の「（官職不明の）アバルサーム・イー・アルダフシール・ファッル」、ナルセフ一世〜オフルマズド二世時代の「ビダフシュのパーバグ・カーレーン」が該当するが、いずれも「ウズルグ・フラマーダール」ではなく、職掌範囲も不明である。また、ヴァフラーム二世〜ナルセフ一世時代には、マズダー教神官団の勢力を背景にしたキルデールの台頭もあったが、最終的な職階は

「オフルマズド・モーベド」で、純然たる聖職者に留まった。他にあるとすれば、シリア語文献で「ヤザドギルド一世時代中期のホスロー・ヤザドギルド」が「ハルマダーラー・ラッパー」に就任したとの記事である。ミフル・ナルセフは、このホスロー・ヤザドギルドの退任後、彼の権限をより強化したかたちで、新設の大宰相職に就任したのである。

ミフル・ナルセフがスーレーン家の出身である点は重要である（資料上は、ミフル・ナルセフとスーレーン・パフラヴが別々に現れるが、時代や行動を考慮すると、同一人物と考えられる。本書では、「ミフル・ナルセフ・スーレーン・パフラヴ」という一人の大宰相が存在していた前提で記述を進める）。ヤザドギルド一世以降、しばらく皇帝暗殺が止んでいるので、大宰相職にパルティア系大貴族が就任する慣行は、サーサーン朝皇帝とパルティア系大貴族の妥協の結果ではないかと思われる。

羚羊皇帝ヴァフラーム五世

ヤザドギルド一世がイラン高原東北部で急死した後、シューシャーン・ドゥフト所生の三人の皇子たちが帝位を争った。長男シャーブフルは、四一五年にアルシャク家のホスロー四世が没した後、東アルメニア王国を接収して「アルメニア大王」として君臨していたのだが、テースィフォーンに急行して即位を試みたところ、大貴族たちによって暗殺された。彼の即位を認めるならば、第一五代皇帝シャーブフル四世に当たる。

残ったのは、メソポタミア平原南部の外藩アラブ系ラフム朝で養育されていた次男ヴァフラームと、三男ナルセフだったが、大貴族たち――大宰相ミフル・ナルセフを含む――は、父帝の政策を改め、大貴族たちに妥協的な統治をおこなうと約束したヴァフラームを皇帝と認めた。彼が、第一六代皇帝ヴァフラーム五世である。

ヴァフラーム五世の戴冠式は、二つの点でサーサーン家の伝統から逸脱している。第一に、歴代皇帝はペルシア州との縁を切らさず、サーサーン以来の父祖の地エスタフルで戴冠式を挙げたが、イスラーム期のアラビア語資料（ビールーニー）によれば、ヴァフラーム五世以降は、イラン高原西北部のアゼルバイジャン州ガンザク（現在のタフテ・ソレイマーン）で戴冠式を催した。シャーブフル二世が戴冠式レリーフの造営地点をペルシア州からターゲ・ボスターンに移動させた際は、前者はテースィフォーンから約一〇〇〇キロ、後者は約三〇〇キロと、後者の方が帝都に近接しているからとの理由で説明できた。しかし、ガンザクとなると、テースィフォーンから約六〇〇キロで、距離の上でそこまでメリットのある地点ではない。何らかの積極的な理由で、サーサーン朝の正統性を体現する聖地が、ペルシア州からアゼルバイジャン州に移動したのである。

第二に、ヴァフラーム五世は、歴帝が大貴族によって戴冠されていたのに対し、マズダ

図43：ヴァフラーム5世の狩猟用離宮。於サルヴェスターン（ペルシア州）

ー教大神官によって戴冠された初の皇帝である。この情報が正しければ、ヤザドギルド一世治下で大打撃を受けたマズダー教神官団は、パルティア系大貴族と同様に権威を回復していたことになる。

神人分離の極

だが、ヴァフラーム五世は甚だ享楽的な皇帝で、政務をほぼ大宰相に任せたまま、自身はペルシア州サルヴェスターンに狩猟用の離宮（図43参照）を建設して羚羊（ゴール）狩りに興じ、ために「ヴァフラーム・ゴール」の綽名《あだな》を奉られている。また、恋愛に明け暮れ、インドから数千人の吟遊詩人を招聘して臣下を楽しませていた。これを筆者は、エーラーン皇帝が官能に浸り、「神々の末裔の放恣」を最高度に発揮した結果と見る。これがために、彼はイスラーム期のペルシア文学——特にニザーミー・ギャンジャヴィー（一二

○九年没）の『七王妃物語』――のなかで、サーサーン朝屈指の英雄として描かれ（図44参照）、後世の人気はすこぶる高い。もっとも、日本人研究者の目から見れば、奢侈と享楽に耽ってばかりのヴァフラーム五世のどこが英雄なのか、理解に苦しむのだが。

この純粋に放埒な行為を、もしも好意的に理解するなら、国政をスーレーン家出身の大貴族に任せ、サーサーン朝の宿弊だった皇帝と大貴族の摩擦を避けようとしたのだろう。しかし、これは来るべき現人神思想の崩壊の、恐るべき予兆でもあった。

図44：『七王妃物語』のミニアチュールに描かれたヴァフラーム5世

この間、大宰相ミフル・ナルセフが対ローマ外交を担当し、コーカサス山脈を越えて侵攻するフン族に対する共同防衛条約を締結して、「実際の防衛はエーラーン帝国軍の担当、防衛費の支出はローマ帝国の担当」と定めた。また、叛服常なき東アルメニア王国を廃止し、エーラーン帝国の直轄地に編入して、辺境総督（マルズバーン）を任命している。

ヴァフラーム五世本人は、四三九年に、大貴族に暗殺されることもなく、自然死を遂げた。遠方で狩猟に明け暮れていたので、暗殺する価値がなかったのかもしれない。だが、理由はともかく、ヴァフラーム五世は、「シャーブフル二世以来、じつに五九年ぶりに暗殺を免れたサーサーン朝皇帝」として歴史に名を刻んだ。一応、これはこれで快挙である。

謹厳皇帝ヤザドギルド二世

ヴァフラーム五世の没後は、息子のヤザドギルドが、第一七代皇帝ヤザドギルド二世として継いだ。彼は、享楽的だったヴァフラーム五世の息子とは思えぬほどに謹厳実直な皇帝として知られ、「ヤザドギルド・ナズム（＝謹厳なるヤザドギルド）」との綽名を奉られている。少なくとも、大貴族やマズダー教神官団の眼から見れば、すこぶる高評価の皇帝であった。

そのためかどうか、ヤザドギルド二世は、四四五年に大宰相ミフル・ナルセフをアルメニア遠征に派遣し、アルメニア貴族に「ゾロアスター教」への改宗を迫っている。それを肯《がえ》んじないアルメニア貴族は、イラン高原東北部へ流刑に処され、そこで対エフタル族の軍務に服した。皇帝自身は、四五三年以降、中央アジア方面に侵攻していたキダーラ族迎撃のために自らイラン高原東部に出撃し、そのままネーウ・シャーブフルに本営を構えて、二度と帝都テースィフォーンに戻らなかった。直轄軍を率いてこれだけの長距離・長期間にわたって親征した皇帝は、サーサーン朝開闢《かいびゃく》以来である。しかし、これを以って皇帝権力の回復とまでいえないことには、中央政府を大貴族出身の大宰相に一任してしまう皇帝もまた、初めてであった。結局、ヤザドギルド二世は、四五七年に親征先のネーウ・シャーブフルで没した。

スーレーン家の全盛時代

皇帝不在中に、帝都テースィフォーンの中央政府を任されていたスーレーン家の権力は、この頃に絶頂期を迎えていた。ミフル・ナルセフは、相変わらず大宰相の職に留まって、対ローマ帝国政策、対アルメニア王国政策を担当する他、中央政府の業務全般を取り仕切った。これほど長期不在の皇帝から信任されるとは、承詔《しょうしょう》必謹《ひっきん》で臣道を実践する人物だったのであろう。

また、三人の息子も中央政府で栄達した。すなわち、長男ズルヴァーン・ダードはヘールベダーン・ヘールベド（神官団指導者）を務め、次男マーフ・グシュナスプはワーストルヨーシャーン・サーラール（農業長官）を務め、三男カールダールはラサーシュタールラーン・サーラール（帝国軍司令官）を務めている。この三兄弟によって、スーレーン家は、サ

（上）図45：ジェッレのミフル・ナルセヤーン拝火神殿
（中）図46：ミフル・ナルセフ橋の残骸。於アルダフシール・ファッラフ
（下）図47：ミフル・ナルセフの中世ペルシア語碑文

カスターンの本領維持に加えて、エーラーン帝国の宗教政策、経済政策、軍事政策の三権をすべて手中に収めた。

さらに、ミフル・ナルセフは、ペルシア州のジェッレにミフル・ナルセヤーン拝火神殿（図45参照）と他に四つの拝火神殿を建設し、マズダー教信仰の宣揚にも意を用いた。ミフル・ナルセフが考えていた「マズダー教」の内容については、後述する。また、彼が慈善事業としてアルダフシール・ファッラフ近郊に造営した橋の残骸（図46参照）は、現在でも残っている。全盛期のミフル・ナルセフの権力の強大さは、サーサーン朝の臣下のなかで、キルデールと並んでただ二人だけ、中世ペルシア語碑文（図47参照）の造営を許されている点からも窺い知ることができる。

ミフル・ナルセフの「マズダー教ズルヴァーン主義」回勅

では、帝国の全権を掌握した大宰相ミフル・ナルセフが強力に推奨した「マズダー教」の教義は如何なるものだったのであろうか？　これだけの権力を手中に収めたミフル・ナルセフには、帝国イデオロギーたる「マズダー教」の内容を闡明《せんめい》にする余裕があった。そして、それを明らかにしているのが、四三九年にアルメニア人キリスト教徒に対して「マズダー教」への再改宗を勧めた回勅『始原から終末に至るまでの世界の本質と人間の霊魂に関する解説』である。残念ながら、中世ペルシア語原本は失われているものの、五世紀のアルメニア語訳が二点、及び一三世紀の近世ペルシア語訳が伝存している（青木 二〇一二年参照）。

それによると、四三九年段階のマズダー教教義は、我々が現在ゾロアスター教の正統教義として認識している二元論ではない。そのような教義が出現するのは、もう少し後である。この回勅のなかでは、時間の神ズルヴァーンの下で、善神オフルマズド（アフラ・マズダー）と悪神アフレマン（アンラ・マンユ）が闘争を繰り広げる「ズルヴァーン主義」が、中核教義をなしている。そして、時代を同じくする伝説が欠落しているのであるが、アルメニア語訳では、相変わらず教祖ザラスシュトラ・スピターマに関する伝説が欠落しているのである（一三世紀の近世ペルシア語訳にはザラスシュトラ伝説が現れるが、これは後代の付加であろう）。

すなわち、ここで表明されている教義は、「ゾロアスター教」ではない。それは、サーサーン朝初期以来継続してきた「マズダー教」の最終形態である。筆者としては、「マズダー教」が最終的に教義を整えたこの教えを、「マズダー教ズルヴァーン主義」と定義したいと思う。ミフル・ナルセフ自身もこれを信仰していたらしいことは、前出の彼の長男の名前「ズルヴァーン・ダード（＝ズルヴァーン神に創造された者）」から推測できる。

エーラーン帝国の国体明徴

だが、皇帝ヤザドギルド二世の即位以降、事態は一転して、まったく新しいエーラーン帝国の国体イデオロギーが明徴になった。ヤザドギルド二世の即位（四三八年）の一年後（四三九年）に宣布されたミフル・ナルセフの「マズダー教ズルヴァーン主義」回勅は、アルダフシール二世以来胎動していた帝国イデオロギーの混乱期の最終段階を象徴する徒花に過ぎない。

その国体明徴の証拠として、ヤザドギルド二世は、自ら発行したコインに、中世ペルシア語で「マズダー崇拝の神たるカイ（マーズデースン・バイ・カイ）」と刻んでいる（図48参照）。このうち、「マズダー崇拝の神」の部分については、前代の皇帝から変化はないが、決定的に重要なのは、後段の「カイ」の部分である。これは、預言者ザラスシュトラ・スピターマを輔翼して「ゾロアスター教」の普及に尽力したカウイ・ウィーシュタースパ大王の称号「カウィ」の中世ペルシ

図48：ヤザドギルド2世の「国体明徴」コイン

ア語形に当たる。つまり、サーサーン朝史上初めて、疑う余地もなく『アベスターグ』的な文言が、エーラーン帝国の公的資料に出現したのである（Shayegan 2003 参照）。いわば、サーサーン朝皇帝は、「神々の末裔」たる現人神であることを止め、その代わりに、ゾロアスター教の守護者たるカウィ王朝（中世ペルシア語ではカイ王朝）の末裔としての立場を選んだのである（たしかに、矢鱈と臣下による暗殺の憂き目に遭っているようでは、「現人神」としての権威も地に堕ちていただろう）。

このサーサーン朝皇帝の「カイ王朝宣言」とも言うべき転身は、ヤザドギルド二世の「東方趣味」に求められるかもしれない。実際、ヤザドギルド二世は、「イラン高原東部へ征旅に出た」と言えば聞こえは良いが、実質的には宮廷ごとイラン高原東部へ移動しているのである。その動機は、当初は必ずしも宗教的なものではなく、むしろ四五五年にエーラーン皇帝として初めて中国へ外交使節団を派遣していることからも明瞭なように、シルクロードの貿易利潤を求めてのものだったかもしれない（これを受け取ったのは、北魏の第四代文成帝《ぶんせいてい》だったはずだが、返信はなかった……当時漢化を進めていた拓跋氏としては、明らかな異民族である波斯《はし》〈ペルシア〉皇帝に返事を出している場合ではなかったのだろう。もっとも、エーラーン帝国政府も随分いい加減で、実際の貿易業務自体は、中央アジアのソグド人に外注する始末で、どこまで貿易に本腰をいれていたのかわからないが）。とまれヤザドギルド二世は、待てど暮らせど音沙汰の無い北魏皇帝からの返書を求めて中央アジアに滞陣するなかで、やがて中央アジア系のゾロアスター教伝承に触れ、揺れ動いていた帝国イデオロギー問題に最終的な決着を図ったのではないかと思われる。

ただし、この当時のイラン高原東部〜中央アジアの宗教事情については不明な点が多く、具体的に何が刺激になって、ヤザドギルド二世がゾロアスター教伝承に覚醒したのかよくわからない。中国とのシルクロード貿易の障害になるからとて、運悪くもヤザドギルド二世の征戦の対象になってしまったキダーラ族については、五世紀前半にイラン高原東部（主としてバクトリア）で台頭してきた遊牧民であること以外、実態は闇に包まれている。

そんななか、東方領土におけるゾロアスター教伝承の唯一の手掛かりは、キダーラ族到来直前にイラン高原東部を実効支配していたクシャーノ・サーサーン朝のヴァフラーム二世（在位三六〇年頃。前出オフルマズド・クシャーン・シャーの曾孫と想定される）が、「カイ・ヴァルフラーム・クシャーン・シャー（kdy wlhl'n kwš'n MLK）」と打刻したコインである（Grenet 2002参照）。事態を非常に単純化して捉えれば、カイ王朝伝説は四世紀前半のクシャーノ・サーサーン朝で国家イデオロギーとして表面化し、東方遠征をくりかえしたヤザドギルド二世は、五世紀前半にそれに触れて、いわば分家のクシャーノ・サーサーン家から、本家のエーラーン皇帝のサーサーン家にそれを逆輸入したと考えられる。

その経路はどうであれ、「神々の末裔」たる現人神の神官皇帝から、ザラスシュトラ・スピターマの教えを扶助して戦うカイ王朝の大王たちの末裔へ。これが、五世紀半ばにサーサーン朝の帝国イデオロギーが到達した地点であった。もしもサーサーン朝宮廷に、天《てん》壌無窮《じょうむきゅう》の皇運扶翼《こううんふよく》を念ずる右翼詩人がいたら、「などてすめろぎはひととなりたまひし」と詠んだにちがいないが、生憎なことに帝国の文化意志はマズダー教神官団によって独占されており、皇帝の現人神イデオロギーを守護しようという忠烈の臣はいなかった。

では、果たしてこのイデオロギーで、サーサーン朝皇帝は、パルティア系大貴族を「聖業完遂」に動員できたのだろうか？　アーリア民族の故国――実態はともかく――たる「神州の不滅」は達成できたのだろうか？　東方から迫り来る遊牧民の脅威は、このイデオロギーによって対応可能だったのであろうか？　これらが、次章の課題である。

第三章　サーサーン朝（後期：第一八代〜第二四代皇帝）

1　パルティア系大貴族の政権争奪とエフタルの影

スーレーン家からミフラーン家へ

四五七年に、ヤザドギルド二世が親征先のネーウ・シャーブフルで没すると、サカスターン王だった長男オフルマズドと中央アジア遠征に従軍していた次男ペーローズの間で、帝位を巡る内戦が勃発した。もしかすると、「アルメニア大王位」の消滅以降、「サカスターン王位」が筆頭皇族を意味していたのかもしれない。当初はオフルマズドが優勢で、テースィフォーンで第一八代皇帝オフルマズド三世として即位したものの、アルシャート・ミフラーン（あるいはラハーム・ミフラーン）の援助を受けたペーローズが次第に盛り返した。四五九年には、兄帝をライイ（ミフラーン家の本拠地）の戦闘で破って処刑し、自ら登極した。これが、第一九代皇帝ペーローズ一世である。彼もまた、父帝の伝統を受け継いで、コインに「カイ」の称号を打刻している。

この時の内戦は、長男と次男の帝位争奪戦以上の意味があった。というのも、テースィフォーンで即位したオフルマズド三世を支持した勢力は、ミフル・ナルセフ率いるスーレーン家と考えられるのに対し、ペーローズは明白にミフラーン家によって支持されているのである。大宰相ミフル・ナルセフは、辛くもこの混乱を生き延びたものの、ペーローズ一世の代理としてローマ帝国との外交交渉に赴くところで消息不明になった。また、彼の長男ズルヴァーン・ダードは、ペーローズ一世時代に「犯罪者」とされて失脚している。

図49：ペーローズ1世の胸像

帝国イデオロギーの混迷期の最終段階を担った「マズダー教ズルヴァーン主義」の痕跡も、彼とともに消え去った。

スーレーン家に代わってエーラーン帝国の実権を掌握したのは、ミフラーン家である。ヤザドギルド一世の乳兄弟だったイーザド・グシュナスプ・ミフラーンは、アルメニア東北部にある金貨の打刻地ボルベルドの要塞指揮官を任され、シャーブフル・ミフラーンも、グルジアの辺境総督に任命されている。いわば、オフルマズド三世からペーローズ一世への政権交代は、スーレーン家からミフラーン家への覇権交代でもあった。

ゾロアスター教三大聖火制度の導入

このペーローズ一世は、父帝に倣って、東方から新規導入したゾロアスター教の整備に尽力した。やはり、ゾロアスター教を守護する「カイ王朝」という新たな帝国イデオロギーを宣布するに当たっては、それなりの制度的裏付けの必要を感じたのであろう。その一例は、エーラーン帝国を守護する「帝国守護聖火」の概念に見られる。すなわち、

①ペルシア州カーリヤーン（現在では何処か不明）に設置されたアードゥル・ファッローバイ聖火。神官階級の守護聖火とされる。

②アゼルバイジャン州ガンザク（現在のタフテ・ソレイマーン）に設置されたアードゥル・グシュナスプ聖火。軍人貴族階級の守護聖火とされる。

③アバルシャフル州レーヴァンド山（現在では何処か不明。ネーウ・シャーブフル近郊か？）に設置されたアードゥル・ブルゼーンミフル聖火。農民階級の守護聖火とされる。

の三大聖火が、エーラーン帝国を外敵の侵入から守護するとの理念である。

このうち、アードゥル・ファッローバイ聖火に関する最も古い言及は、この聖火をヤザドギルド一世時代に帰着させているものの、イスラーム期のアラビア語資料（ビールーニー）によれば、この聖火に参詣した最古の皇帝はペーローズ一世とされる。また、前述のように、アードゥル・グシュナスプ聖火の御前で初めて戴冠式を挙行したエーラーン皇帝はヴァフラーム五世だとされるものの、ここで実際に確認される最古の考古学的遺物はペーローズ一世時代に属する。アードゥル・ブルゼーンミフル聖火については、残念ながらサーサーン朝皇帝と関連する伝説を指摘し得ないが、中世ペルシア語の伝説では、この聖火はカウィ・ウィーシュタースパ大王が設営したとされるので、聖地としての確立はヤザドギルド二世以降と推定される。この聖火だけがイラン高原東部にある点も、それを裏付ける。そして、これらを纏めて「三大聖火」として制度化したのは、ペーローズ一世時代だと思われる。

ペーローズ一世のキダーラ族追討

ヴァフラーム五世までのサーサーン朝皇帝は、対ローマ帝国の西部戦線に主力を傾注し、対中央アジア勢力の東部戦線はやや等閑に付されていた。これは、サーサーン家の直轄領がメソポタミア平原〜ペルシア州であったことを考慮すれば、容易に理解できる対外政策である。だが、ヤザドギルド二世からホスロー一世までの皇帝は、この比重を逆転させ、むしろ東部戦線へ親征する傾向にあった。

ペーローズ一世も、父帝がネーウ・シャーブフルに滞陣して対応していたキダーラ族を撃退すべく、即位早々に漠北に出陣した……と言いたいところだが、即位直後にメソポタミア平原が大飢饉に見舞われてしまい、やっと出陣できたのは四六六年だった。しかも、この間、立て続けに四回も北魏に使節団を派遣したものの、あいかわらず返信はなく、陸のシルクロード貿易の利潤などというものがどこにあるのかわからない状況に陥っていた。おまけに、ビザンティン皇帝レオ一世（在位四五七年〜四七四年）に対キダーラ戦の戦費の借用を申し込み、あっさり拒絶されたうえでの出陣だった。共通の利害があるコーカサス防衛のためならともかく、エーラーン帝国単独の利害しかない中央アジア防衛のための戦費を求められても、ビザンティン帝国も困惑したはずである。

かなりみっともないかたちで出撃したペーローズ一世だったが、この時に限っては首尾よくキダーラ族を粉砕し、バクトリアを奪還した。ペーローズ＝中世ペルシア語で「勝利」という実名は、伊達ではなかったのである。もっとも、この赫々《かくかく》たる戦果は、さらに東方で台頭していた遊牧民エフタル族との共同作戦の成果であろうし、おそらくはエフタル族の貢献の方がずっと大きかったと思われる。この親征の「成功」は、珍しくバルフでペーローズ名義の金貨が発行されていることから確認できる。

ペーローズ一世のエフタル族親征

だが、キダーラ族が没落すると、その空白を埋めるようにして、それまでクンドゥーズ（現在のアフガニスタン東部）にいたエフタル族が、速やかにバクトリアに浸透した（支配体制の確立が確認されるのは、バクトリア暦二六〇年＝西暦四八三年である）。せっかくキダーラ族からバクトリアを奪還したエーラーン帝国軍は、この時、何処で何をしていたのだろうか？

この事態に慌てたペーローズ一世は、四八一年（四六五年説と四六九年説もある）にバクトリアへの再征を企て、イスラーム期のアラビア語資料（タバリー）によれば、「彼らの男色趣味の故に」という妙な理由でエフタル族に宣戦布告した。エーラーン帝国としては、もう少し真っ当な開戦理由はなかったものかと思われる。あるいは、古代ギリシア人が移住したかつてのグレコ・バクトリア王国の地には、この時期までギリシア風の少年愛が残っていたのであろうか？

軍を親率して長途遠征する姿勢だけは立派なペーローズ一世だったものの、ゴルガーン会戦で見事にエフタル王アクシュンワル（またはホシュナヴァーズ）に撃破されてしまい、皇帝自ら捕虜となるというサーサーン朝始まって以来の醜態を曝した。ペーローズ一世及びそれを補佐するミフラーン家の人びとには、あまり軍才はなかったようである。ペーローズ一世は、皇太子カヴァードを人質として二年間エフタル族に預け、ペルシア銀貨で貢納金を支払う講和条約に同意した後で、やっと釈放され、帝都テースィフォーンに還御した。

四八四年、何とか貢納金の支払いを完了し、カヴァードを釈放してもらうと、ペーローズ一世は、側近の誰もが止めるのを振り切り、一〇万人規模の大動員を掛けて、エフタル族再征の途に就いた。皇帝本人だけは、まったく懲りていなかったようである。イスラーム期のアラビア語資料（タバリー）によれば、講和条約違反でないことを立証すべく、インドから動員した象部隊に「国境の塔」を東方へ牽引させ、つまりは国境線を少しずつエフタル寄りに移動させながら、バクトリアに侵攻したとされる。本人なりに頭を使ったのであろうが、恐ろしいほどに姑息な皇帝である。

だが、この労力のかかる工夫は功を奏さなかったようで、エフタル族は条約違反を理由に宣戦布告してきた。当たり前である。ペーローズ一世と帝国軍はなおも進撃を続けたものの、イスラーム期のアラビア語資料（タバリー）によれば、バルフ近郊（またはヘラート近郊）でエフタル軍の「落とし穴作戦」に嵌まった。本当だとしたら、エフタル軍もまた、恐ろしく古典的な作戦を採用したようである。一〇万人を一度に落とす落とし穴がどんなものか不明だが、この落とし穴に引っかかって、ペーローズ一世自身が「三〇人の息子とともに」玉砕した。鳳輦に供奉していた娘のペーローズ・ドゥフトとゾロアスター教神官たちは、生きて虜囚の辱めを受け、前者はエフタル王の妻とされた。この敗戦は、エーラーン帝国の中枢が一挙に覆滅されてしまうという前代未聞の一大カタストロフィーであった。

都市化の帝国vs遊牧民の襲来

ここで一旦フィルムを停止し、ペーローズ一世時代のエーラーン帝国に、何が起こったのかを検討してみよう。国初以来、サーサーン朝は直轄領での帝国都市造営にエネルギーを傾注した「都市化」追求型の帝国だった。その帝国都市の住民が、「アーリア民族の栄光の……」という魅力的な都市名に反して、多くの場合にセム系のキリスト教徒で占められていたことは、ここでは問題としない。それは単に、イデオロギーと現実とのギャップである。重要なのは、イスラーム・イラン史が研究の前提としている「遊牧民vs定住民」という枠組みと、「遊牧民側が政治権力を掌握する」という常識が、その直前のサーサーン朝史ではまったく通用しない点である。サーサーン朝は、都市住民が政治的覇権と経済力を二つながら掌握するタイプの帝国であった。

もちろん、ペーローズ一世時代以前のエーラーン帝国の領域に、遊牧民が居なかったわけではない。「クルド人」や「ケルマーン人」という名称の何者か――現在のクルド人やケルマーン人と混同してはならない――が存在していたのであるが、それが帝国政府の脅威とはならなかっただけである。むしろ、彼らはサーサーン朝の軍事組織のなかに組み込まれて、甚だ有用な役割を担っていた。

しかし、エフタルが登場するに及んで、都市住民に依拠した帝国政府と遊牧民との軍事力のバランスが逆転する。後述のように、サーサーン朝はこの危機を、税制改革や軍制改革によって切り抜けようと努力するものの、最終的には遊牧民ならざるアラブ人イスラーム教徒勢力の攻勢の前に崩壊し、その努力は断絶した。

いわば、ペーローズ一世は、西アジア史上で、都市住民が優勢を誇る時代から遊牧民が軍事力を誇示する時代への転換点に立っていた皇帝である。まったく予想できなかった事態に直面して、対応が後手に回ったのも当然であるし、最終的に華々しい戦死を遂げてしまったのも無理からぬところがある。

貨幣経済の発展

まったく冴えないペーローズ一世の時代に、エーラーン帝国の奥深いところで、別の変化が進行していた。サーサーン朝初期の解説で概観したように、帝国政府は建国当時から貨幣を発行してきた。その発行パターンが、五世紀後期から、顕著な変化を示すようになるのである。

第一に、小額の銅貨の発行量が急激に増加する。これは、そのまま一般庶民のなかでの貨幣経済の浸透を物語る。第二に、この時期以降、貨幣裏面に鋳造地が明記されるようになる。その総数はおよそ一〇〇以上に及び、サーサーン朝研究者を悩ませているものの、主要な鋳造地はおよそ二〇に纏められる。直轄領だったペルシア州発行の貨幣が圧倒的に多く、メディア州などで発行された貨幣は少ない。第三に、鋳造地を明記したペルシア銀貨のなかでもっとも銀の純度が高いのは、アバルシャフル州（のちのホラーサーン州）製銀貨——特にパンジシール（現在のアフガニスタン）のもの——である。この高純度の銀貨鋳造に必要な火力を調達すべく、森林を伐採したために、イラン高原東北部は現在のような禿山と化したという説がある。

このように、エーラーン帝国社会が急激に貨幣経済に巻き込まれていったのが、ペーローズ一世時代の大きな特徴である。この観点から観察するならば、ペーローズ一世が陸のシルクロードの確保に多大の努力を傾注し、東部国境に遠征しつづけた意図も、ビザンテイン帝国に借金を申し込みつづけた（残念ながら断られつづけたが）理由も、容易に納得できる。問題は、皇帝本人が軍事的には有能とは言いがたく、しかも運悪く遊牧民の興隆期と重なってしまった点である。

大宰相スフラー・カーレーン

上記のような遊牧民の攻撃によって、皇帝自身に加えて、帝国首脳——おそらくミフラーン家の領袖たち——を一挙に失ったエーラーン政府は、大混乱に陥った。ペーローズ一世の長男カヴァードは当時一一歳と若過ぎたために、対立皇帝としてペーローズ一世の弟ヴァラーフシュとザレールの二名が並び立ったものの、両者の抗争に決着を付けるべき軍事力は、はるか彼方のイラン高原東部で壊滅していた。そこで、ミフラーン家の生き残りのシャーブフル・ミフラーンとカーレーン家出身のスフラー・カーレーンは、アルメニア王国のヴァハン・マミコニヤン将軍を懐柔し、アルメニア貴族たちの軍事力によってザレールを倒した。

こうして即位したのが、第二〇代皇帝ヴァラーフシュ一世である。彼のコインには、父帝と兄帝が称していた「カイ」号の前に「hu-（良き）」を接続して、「フ・カイ」と打刻されている。弟ザレールや甥カヴァードに対抗するためには、単なる「カイ王朝」だけでは不足で、「良きカイ王朝」を名乗る必要を感じたのであろうか。

　ヴァラーフシュ擁立に加担した三人のなかで、いち早く抜け出してエーラーン帝国の政局を主導したのは、スフラー・カーレーンであった。彼は、アルメニア辺境総督ザルミフル・カーレーンの息子としてペルシア州で生まれ、当初はサカスターンで軍務に就いていた。ちなみに、中世ペルシア語スフラーは、近世ペルシア語ソフラーブに該当するので、『王書』に登場する英雄ソフラーブ（ロスタムの息子）のモデルは、このスフラー・カーレーンではないかと推測されている。伝説によれば、彼は、ペーローズ一世時代にすでに大宰相に任命されていたとされる。しかし、当時、父親のザルミフル・カーレーンが依然としてアルメニア辺境総督だったことや、ペーローズ一世政権下でミフラーン家が得ていた権勢を考えると、若年のうえにカーレーン家出身のスフラーが、そこまで栄達していたかどうかは疑わしい。

　スフラーは、四八四年にペーローズ一世がエフタルに大敗して戦死すると、ペルシア州アルダフシール・ファッラフ（何故此処にいたかは不明）からイラン高原東部に駆けつけて、エーラーン帝国領内に逆侵攻して来たエフタル王ホシュナヴァーズ（アクシュンワル）を撃退した。この際、人質となっていたカヴァード皇太子を救出した超人的な武勇は、「荊州《けいしゅう》長坂《ちょうはん》の趙雲の如し」と思われるのだが、残念ながら、後にソフラーブ伝説に吸収されてしまった。もっとも、スフラーはカヴァードの母方の叔父だったと伝わるので、スフラー自身としても、カヴァードを救出するメリットは大きかった。このように、ペーローズ一世敗戦後の時局を収拾し、エフタル膺懲《ようちょう》を果たしたことで、スフラー・カーレーンは、今度こそ本当に大宰相に就任した。中央政府の政局は二転し、スーレーン家からミフラーン家へ、そしてミフラーン家からカーレーン家へ政権が移ったのである。

ヴァラーフシュ一世は傀儡に終始し、四七三年生まれの甥カヴァードが一五歳に達した四八八年に、スフラーによって退位させられた。第二〇代皇帝ヴァラーフシュ一世から第二一代皇帝カヴァード一世への帝位交代である。その後のヴァラーフシュ一世の運命は杳《よう》として知れない。

2　カヴァード一世の政治改革とマズダク教

カヴァード一世の登極

カヴァードについては、先ずその名前に注目したい。この名は、預言者ザラスシュトラ・スピターマを輔弼したカウィ王朝の一族カウィ・カワータの中世ペルシア語形である。イラン高原東部に在陣経験の長かったペーローズ一世が、皇太子にこう命名するとは、ヤザドギルド二世以降に始まった「ゾロアスター教伝説（カイ王朝伝説）」のサーサーン家への浸透は、この時代まで確実に継続していた。

ちなみに、ペーローズ一世の弟で、ヴァラーフシュ一世に敗れたザレール皇子の名も、カウィ・ウィーシュタースパ大王の王弟ザリワリの中世ペルシア語形であり、後に登場するカヴァード一世の弟ジャーマースプの名も、ザラスシュトラ・スピターマの娘婿にしてカウィ・ウィーシュタースパ大王の宰相ジャーマースパの中世ペルシア語形である。ゾロアスター教伝説が帝国内に暢達したのでない限り、この奔流のようなカイ王朝系皇帝名の氾濫は説明が付かない。

だが、名称の美とは逆に、諸侯の間に巍然として抜きん出ているべきサーサーン朝皇帝の権勢は、この頃最低レベルまで低下していた。直率すべき帝国軍はイラン高原東部で崩壊し、国家の軍事力は叛服常ないアルメニア貴族たちに頼らねばならなかった。もっとも、ヴァハン・マミコニヤン将軍は、エーラーン帝国中央での栄達を求めず、四八五年にアルメニアの辺境総督に就任していたので、中央政府の実権はカーレーン家の大宰相スフラーに掌握された。おまけに皇帝自身は、多感な九歳～一一歳の時期をエフタル族の宿営地で育ったばかりに、遊牧民風の生活習慣を身に付けて、世界屈指の大都市テースィフォーンに舞い戻ってきていた。

イラン高原東部の喪失とスフラー・カーレーン失脚

四八四年～四九三年の一〇年間、混乱するエーラーン帝国を実質的に統治していたのは、大宰相スフラー・カーレーンだった。この間の最大の政治課題は、東方で強大化するエフタル族への対応である。すなわち、これまで曲がりなりにもアバルシャフル、ヘラート、メルヴなどの東方諸都市でサーサーン朝貨幣が鋳造されてきたのに対し、四八四年の大敗以降、これが忽然と停止するのである。ということは、それまでエーラーン帝国が保ってきた東方領土は、継続的にエフタル族に占領されていた可能性が高い。今やエーラーン帝国は、イラン高原西南半壁の地を擁し、遊牧民に朝貢する地方政権に堕していた。こうなると、同時期の中国南朝と好一対である。スフラー率いる中央政府としては、東方領土の奪還が急務であった。

だが、帝国には戦費がなかった。そこでスフラーは、ペーローズ一世とまったく同じ轍を踏むかのように、四九一年にビザンティン帝国のアナスタシウス皇帝（在位四九一年～五一八年）に戦費の借用を申し込んだものの、先方も破産寸前だとかで、すげなく拒絶された。悪いことは重なるもので、シャーブフル二世以降に押さえ込んでいたアラブ部族が国境付近で蠢動《しゅんどう》を始め、「ヴァル・イー・ターズィガーン（＝アラブの壁）」を越えて、サーサーン家直轄領に侵攻しはじめた。

対外的な失政が相次ぎ、経済活動が低調になり、大宰相に対するパルティア系大貴族の支持が揺らぎつつあった四九三年、スフラーとともにペーローズ一世戦死後の政局安定に努めたシャーブフル・ミフラーンが南メソポタミアで武装蜂起し、反カーレーン家のクーデターを決行した。スフラーは、一旦はシーラーズまで逃れたものの、ここで捕縛され、テースィフォーンで処刑された。それまで政権を担ってきたカーレーン家の人びとは、一時的に本拠地を離れ、タバリスターンやザーブリスターンに逼塞したと伝わる。

カヴァード一世の第一次改革と廃位

本来ならば、この後、クーデターの首謀者シャーブフル・ミフラーンが大宰相に就任してミフラーン家の天下となるはずなのだが、そうはならなかった。弱冠二〇歳に達したカヴァード一世が、母方の叔父スフラーの重圧から解放され、シャーブフル・ミフラーンを無視して親政を開始し、エーラーン帝国の改革に乗り出したのである。これは、急激な貨幣経済の進展と遊牧民の興隆という、ペーローズ一世以来積み残してきた政治課題に対するエーラーン帝国の一つの回答であった。

だが、その内実がどの程度のものだったのかについては、カヴァード一世の改革が前後二回にわたっていることもあり、すこぶる情報が錯綜している。確実なのは、この時、カヴァード一世が「女性の共有化」を断行したとの情報だけである。これが何を意味するのかは解釈の問題だが、一般には、「女性の共有化」によって、血統を重視する大貴族に打撃を与えようと意図していたと考えられている。もっとも、カヴァード一世自身がこれを実践してしまい、サーサーン家にも滔々《とうとう》として平民の血統が流入してくることになった。これはこれで、「アーリア民族の帝国」たるサーサーン朝の根幹を揺るがす改革であった。あるいは、遊牧民のなかで成長したカヴァード一世はレヴィレート婚に馴染みが深く、それをエーラーン帝国に持ち込んだとも考えられている。

しかし、このような政策を突然断行したのだとしたら、反発は必至である。案の定、パルティア系大貴族の一つカナーラガーン家（本書では詳述していない）のグシュナスプダードの反対に遭い、カヴァード一世は四九六年に廃位され、弟のジャーマースプが第二二代皇帝として即位した。グシュナスプダードが強硬に処刑を主張したにも拘らず、カヴァード一世は一命を助けられ、直轄領フーゼスターン州の城砦に幽閉された。

カヴァード一世の復位と第二次改革

こうして、カナーラガーン家によって政治生命を絶たれたかに見えたカヴァード一世だったが、予想以上にしぶとい廃帝であった。幽閉後すぐに、処刑されたスフラーの息子ザルミフル・カーレーン（五五八年没。祖父と同名）と騎士スィヤーヴァフシュ（五二〇年没。単なる騎士で、大貴族ではなかったらしい）の手引きによって、フーゼスターン州を脱出し、あろうことか宿敵エフタル族の懐に亡命して、そこでエフタル王の娘婿に納まったのである。エフタル王の后は、先に捕虜になっていた姉のペーローズ・ドゥフトであるから、結婚したエフタル王の娘は、実の姪であった可能性もある……もちろん、このような最近親婚は、ゾロアスター教的には祝福されるべきであったが。

図50：カヴァード1世の銀器（息子のホスロー1世、孫のオフルマズド4世も同じ意匠の帝冠を被っているので、この3者の銀器を識別するのは容易ではない）

四九八年、カヴァード一世とザルミフル・カーレーンは、捲土重来を期して、エフタル族の援軍とともにエーラーン帝国へ侵攻した。イラン高原東北部のアバルシャフル総督だったアードゥルグルバード・カナーラガーン（五四一年没。家名から判明するように、グシュナスプダード・カナーラガーンの親戚である）はあっさり寝返ってカヴァード一世側に立ち、ともにテースィフォーンに進軍した。この結果、ジャーマースプ一世は失明させられたうえに廃位され、グシュナスプダード・カナーラガーンは処刑されて、カヴァード一世が重祚した。彼は、弟ジャーマースプ一世時代をなかったことにしたかったらしく、四九八年に自らのコインを「在位一一年目」と打刻して発行している。

第二次カヴァード一世政権では、カーレーン家が勢力を回復させた。大宰相には、ザルミフル・カーレーンの弟のウズルグミフル・ボーフタラーン・カーレーン（伝説の大宰相ボゾルグメフルのモデル）が任命され、帝国軍司令官（ラサーシュタラーン・サーラール）には、貴族的背景を持たない騎士スィヤーヴァフシュが就任した。また、余禄として、カーレーン家はカスピ海沿岸のマーザンダラーンの独自支配を認められた。これが、イスラーム到来以降の西暦一一世紀まで存続する地方王朝カーレーン・ヴァンド朝の濫觴である。

マズダク教（?）

第二次カヴァード一世政権は、ゾロアスター教神官マズダクを起用して、平民を動員した平等主義的改革を断行したとされる。しかし、マズダクというゾロアスター教神官の実在は、六世紀の同時代資料では確認できず、彼が唱えたとされる「革新的教義」は、イスラーム期のアラビア語資料でしか言及されない。もしかすると、「マズダク教」に関する記述は、イスラーム期に出現したホッラム教などを逆投影した可能性もある。この頃、エーラーン帝国内部で何があったのかは、まったく闇に包まれている（Crone 1991 参照）。そして、過程が不明なのにも拘らず、カヴァード一世の改革自体は成功し、大貴族の勢力は削減され、息子ホスロー一世時代にゾロアスター教の正統教義が確立されるなど、エーラーン帝国の国運と皇帝権力は再び上昇気流に乗った。

確実なのは、今回のスローガンは「財産の共有」で（先の「女性の共有」の失敗に懲りたのであろうか）、少なくともパルティア系大貴族の筆頭であるスーレーン家がこれによって没落した点である。これにより、「ペルシア＝パルティア二重軍事帝国」の実質は、大きく前者に傾いた。もっとも、カーレーン家、ミフラーン家などの勢力は温存されているので、その限りでは成功したとはいえないかもしれず、スーレーン家だけが貧乏籤を引いた可能性もある。

また、第一〇代皇帝シャーブフル二世以来途絶えていた帝国都市の建設が再開され、ペルシア州に、ウェフ・カヴァード、エーラーン・ヴィンナールド・カヴァード、ウェフ・アズ・アミード・カヴァード、カヴァード・ファッラフの四都市、イラン高原西北部にエーラーン・アーサーン・カル・カヴァードの合計五都市を造営している。これによって、あいかわらずサーサーン家の直轄領はペルシア州に集中していたことと、この頃からエーラーン帝国の経済状況が再び好転しはじめたことが窺える。

アナスタシア戦争と東方領土の奪回

経済の好転は、エーラーン帝国の対外戦争の勝利とも関係している。五〇二年、カヴァード一世は、エフタル族への貢納金を支払うべく、またもやビザンティン帝国のアナスタシア皇帝へ借財を申し込んだ。父帝ペーローズや前任の大宰相スフラー・カーレーンが同じ試みをして、失敗しているにも拘らずである。案の定断られると、カヴァード一世は、義兄弟であるイスパフベダーン家のバーヴィー・イスパフベダーン（五三二年没。バーヴィー以下のイスパフベダーン家系図は343ページ参照）とミフラーン家のペーローズ・ミフラーンを司令官に任命して、ビザンティン帝国に宣戦布告した。エフタルと戦うためにビザンティン帝国に宣戦布告するとは、奇妙な逆説である。

開戦理由はどうであれ、この時はエーラーン帝国側が戦運に恵まれ、メソポタミア平原北部の国境線上の要塞テオドシオポリス、アミーダを次々に陥落させ、シャーブフル二世時代以来の勝利を博した。結局、五〇六年に和議が結ばれ、アミーダ返還の代償に多額の賠償金を獲得している。この一連の戦争を「アナスタシア戦争」と呼ぶが、もしかするとこの時に獲得した賠償金が、エーラーン帝国経済好転の原動力だったかもしれない。

ビザンティン帝国との関係はこの講和条約で修復したらしく、五二〇年、カヴァード一世はビザンティン皇帝ユスティヌス一世（在位五一八年〜五二七年）に対して、末子ホスローを養子にして、後見人になってくれるよう依頼している。これは、サーサーン朝皇帝の座がパルティア系大貴族によって左右されるのを避けるべく、敢えて隣国のビザンティン皇帝の後ろ盾を得ようとした深謀遠慮と思われる。もっとも、この提案は、エーラーン皇帝がビザンティン帝国の継承権まで主張する可能性を危惧したビザンティン帝国側によって、却下されたが。

では、カヴァード一世は、何故、自分自身と関係の深いエフタル王を愛息の後見人にしなかったのか？　その理由は、五二四年にアバルシャフルで発行されたペルシア銀貨に見出せる。先に述べたように、四八四年のペーローズ一世の大敗以来、東方領土でのペルシア銀貨鋳造は確認されていなかった。然るに、五二四年になると、四〇年ぶりにアバルシャフルでのペルシア銀貨鋳造が再開されるのである。これはつまり、史実として記録されてはいないが、この頃に、エーラーン帝国はエフタル族をイラン高原東部から駆逐し、アバルシャフルを奪還したものと解釈できる。相当世話になったであろうエフタル族をあっさり裏切って、彼らを東方領土から追うとは、カヴァード一世は冷酷非情な皇帝であった。

五三一年、カヴァード一世は五八歳で没した。彼は不思議な皇帝で、登極した時は国威が最低レベルまで落ち込んだ帝国を継承したにも拘らず、死去した際には立派に再建した帝国を息子に遺した。経済状況は再び好転し、珍しくも都市住民中心の政権が北方遊牧民を駆逐したのである。この間の施策として伝えられるのは、エフタル族のなかで育って、女性の共有化、財産の共有化を唱え、正体不明（どころか実在不明）の宗教者マズダクを起用し、ビザンティン帝国に無茶な理由で宣戦布告したくらいである。達成した功業と記録された施策の間に相当のギャップが感じられる彼の治世は、それでも、エーラーン帝国再建の転換点として、高く評価されている。

3　ホスロー一世によるエーラーン帝国再建

ホスロー一世の践祚

前述のように、ホスローは、カヴァード一世の末子であるにも拘らず、長兄カーウースと、次兄ジャーマースプを差し置いて、後継皇帝に指名された。しかも、あるイスラーム期のアラビア語資料によれば、第一次改革の「女性の共有」真っ最中に、カヴァード一世が平民の娘に生ませた子どもで、つまりは皇帝自ら改革を実践して儲けた庶子であった。これを以ってホスロー一世を、「生物学的な意味でもカヴァード一世の改革の申し子である」と称することもできるかもしれない。だが、ホスローは、歴帝が母系でパルティア系大貴族に繋がっているのに比べると、家系的に随分見劣りがする皇位継承者であった。また、別のアラビア語資料によると、バーヴィー・イスパフベダーン将軍の姉妹の息子ともされているが、後年、バーヴィーが謀反を起こしている点を考慮すると、この可能性は低いだろう。

ちなみに、長兄カーウースの名前は、伝説のカウィ王朝の大王カウィ・カワータ（中世ペルシア語でカイ・カヴァード）の息子カウィ・ウサン（中世ペルシア語でカイ・カーウース）に該当しており、命名上はカヴァードの後継者に予定されていたとしか思えない。これに対して、ホスローの名前は、『アベスターグ』中の英雄ハオスラワンハを起源とするものの、カウィ・カワータ王と直接の関係はない。これを見る限り、命名時点でのカヴァード一世の期待が那辺にあったかは明白なのだが、実際に後継指名を受けたのはホスローであった。

かなり強引なかたちで父帝から後継指名され、ビザンティン皇帝の後見まで確保すると

図51：ホスロー1世の銀器

ころだったホスローは、五三一年に第二三代サーサーン朝皇帝として践祚した。しかし、即位当初は自身の正統性に自信がなかったのか、皇位継承権を持つ兄弟や従兄弟の大量殺戮をくりかえし、サーサーン家の皇親勢力に大打撃を与えた。先にペーローズ一世とともにサーサーン家の皇子たちが大量に戦死していたのに加えて、このような大規模粛清をおこなったので、これ以降、顕著な活躍をする皇族王が見受けられなくなる。

このような政策を最初に実行したため、案の定、反対勢力が出現した。アナスタシア戦争の英雄バーヴィー・イスパフベダーン将軍が、ホスロー一世の次兄ジャーマースプ（とっくに粛清されていた）の息子カヴァード（ホスロー一世からすれば甥に当たる）を担いで、造反を計画したのである（これが、ホスロー一世の母親がイスパフベダーン家出身とは思えない根拠である）。この謀反は事前に発覚し、バーヴィー・

イスパフベダーン将軍は誅殺されて、イスパフベダーン家の勢力は大きく後退した。もっとも、イラン高原東北部を支配するこの家系は、ペーローズ一世敗死後の四〇年間、本拠地がエフタル族に軍事占領されていた期間に、何処を権力基盤としていたのかまったくわかっていないのだが。

　また、四九八年のカヴァード一世重祚に際して、一族のグシュナスプダード・カナーラガーン将軍を裏切ってまでカヴァード一世を支援したアバルシャフル総督アードゥルグルバード・カナーラガーンも、この時にカヴァードを匿った咎《とが》で、五四一年に誅に伏している。結局、イスパフベダーン家とカナーラガーン家が大きく勢力を落とすなか、ホスロー一世政権の初期には、父帝が任命した大宰相ウズルグミフル・ボーフタラーン・カーレーン〈印章から判明する本名は、ダードブルズミフル・カーレーンか？〈近世ペルシア語ではボゾルグメフル〉〉を中心とするカーレーン家の勢力が、政権の支柱となった。

　ちなみに、近年発見された「ダードブルズミフル・カーレーン」の印章には、「パルティアの司令官ダードブルズミフルは、ブルゼーン・ミフル聖火に助けを求めた」と刻まれている。ここから判断する限り、ウズルグミフル・ボーフタラーン・カーレーンは、自らを「パルティアの司令官」と自己規定し、ペルシア州ではなくホラーサーン州の聖火に祈りを捧げていたことになる。ペルシア州に出自を持つサーサーン朝皇帝としては、若干不気味なまでのパルティア意識の存続である。

エーラーン帝国の税制改革

マズダクの実在の有無に拘らず、カヴァード一世はある程度までエーラーン帝国の制度を改革し、国威回復に成功していた。これを継承したホスロー一世は、父帝カヴァード一世――もっと辿れば祖父のペーローズ一世――が遺り残した税制改革、軍事改革、ゾロアスター教の教義確立などに意を用いた。ロンドン大学教授のズィーヴ・ルービンによれば、このうちでもホスロー一世の改革の主軸は税制改革だったとされるので、以下に概観しよう。

カヴァード一世以前のエーラーン帝国の税制は地代の現物徴収に過ぎず、年間の税収の見込みはまったく立たなかった。また、イラン高原上での集団的な農地管理は、ヨーロッパの封建制度とは大幅に異なり、農地の所有権が問題なのではなく、数キロにも及ぶカナートの管理権が決定的に重要な役割を果たしていた。仮にカナート管理権を持つ大規模地主を放置すれば、中小農家はことごとくその傘下に収まり、主従関係で結ばれてしまうだろう。これが、エーラーン帝国における貴族の存立基盤になっていた。

そこで、カヴァード一世末期あるいはホスロー一世初期の中央政府（どちらにしても、政権担当者は大宰相ウズルグミフル・ボーフタラーン・カーレーンで継続性が保たれている）は、地代の徴収方法を現物徴収から定額の貨幣による徴収に改めた。同時代の大唐帝国でさえ、貨幣機能は絹が有しており、税が銀納になったのは宋代である。この時期のエーラーン帝国経済の先進性には驚かざるをえない。

これによって、条件の良い耕地を占める農家ほど税率が上がり、税負担の公平性が保たれるとともに、銀貨で定額を徴収することで、中央政府に恒常的な収入が見込めるようになった。加えて、単なる地代だけではなく、カナートを巡る水利権も課税対象としたので、大規模地主は大きな打撃を受けたはずだが、中小農家にとっては税負担の軽減に繋がったと思われる。

また、ホスロー一世時代に、現物徴収する地代に加えて、人間個人に課税して銀貨で徴収する人頭税（中世ペルシア語でガズィーダグ）も導入された。これは、農民以外への課税を狙ったと考えられ、ペーローズ一世時代以降に貨幣経済が浸透したことで初めて可能になった税法である。これら二つの税制は、いずれも一定の成功を収めたようで、エーラーン帝国の経済状況が好転するとともに、イスラーム期にもハラージュ（地租）とジズヤ（人頭税）として継承された。しばしば先進的と讃えられるイスラーム国家の税制の骨子は、実際にはエーラーン帝国時代に形成されている。

エーラーン帝国の軍事改革

ホスロー一世は、その税収増によって、従来の大貴族指揮下の封建的軍隊に対し、地主層を基盤とする皇帝直属の常備軍を組織しようと試みた。また、国初にはエーラーン帝国の外敵はローマ帝国だけだったものの、この時代になると、中央アジアやコーカサスから遊牧民が侵入するようになり、同時に複数方面の戦線を維持する必要が生じた。そこで、ホスロー一世は、従来あったエーラーン帝国軍の総司令官職（エーラーン・スパーフベドまたはラサーシュタ－ラーン・サーラール）を廃止し、四軍管区制（チャハール・クースト）に切り替え、各管区に軍司令官（スパーフベド）を任命したのである。その四軍管区とは、

北方アゼルバイジャン軍管区（クースト・イー・アードゥルバーダガーン）
西方メソポタミア軍管区（クースト・イー・フワルバラーン）
南方ペルシア軍管区（クースト・イー・ネームローズ）
東方ホラーサーン軍管区（クースト・イー・ホラーサーン）

である。ちなみに、イラン高原東部を示す地理上の名称として「ホラーサーン」が出現す

るのは、このサーサーン朝後期の実例を以って嚆矢とする。また、扱いが一定しないのがサカスターン州（＝スィースターン州）で、ホラーサーン州と一緒に東方軍管区の指揮下に入ったり、ペルシア州とともに南方軍管区を構成したりと、時代によって揺れている。

また、最高司令官職にパルティア系大貴族を任命すると、その大貴族に軍権が集中する弊害があった。カヴァード一世時代には、大貴族ならぬ騎士スィヤーヴァフシュを任命してみたりしたものの、結局、この職そのものを廃止する方向で改革したようである。かつてフランス高等研究院所長フィリップ・ジニュー（一九三二年〜）は、このように整備された四軍管区制はフィクションで、歴史的な根拠を持たないと論じていたが、二〇〇一年に出版されたリカ・ジズラン（一九四二年〜）の印章研究により、少なくとも官職の名称のうえでは、四軍管区制は間違いなくホスロー一世時代に導入されていたと明らかになった。

ただ、この四軍管区制が大貴族の軍権を削ぐうえで不徹底だったと感じられるのは、四分割された各軍司令官の地位には、結局、カーレーン家、ミフラーン家、イスパフベダーン家といったパルティア系大貴族を起用している点である。制度改革の趣旨は良かったとしても、このようなかたちでの運用は、後世に多大の禍根を残すことになった。せめてもの歯止めとして、各大貴族を封地以外の司令官に任命するといった工夫は見受けられる。中国の官僚制でよくある本籍回避である。例えば、

東方ホラーサーン軍管区司令官……ネハーヴァンドを地盤とするカーレーン家出身者
西方メソポタミア軍管区司令官……ホラーサーンを地盤とするイスパフベダーン家出身者
北方アゼルバイジャン軍管区司令官……ライイを地盤とするミフラーン家出身者

の如しである。ただし、このような歯止めがいつまで利いているかは、まったく予断を許さなかった。殊に、この軍制改革の趣旨が、帝国を囲繞する四囲の敵に対し、同時多発の戦争を可能にする点にあった以上、非力な司令官を任命した場合、こちらの趣旨が徹底しない恐れがあった。

エーラーン帝国海軍の再建

アルダフシール一世以降、久しく忘却の彼方にあったエーラーン帝国海軍であるが、ホスロー一世時代になって再建されたようである。その顕著な実例が、下記に述べるイエメン遠征となる。イラン高原からアラビア半島西南端のイエメンへの遠征は、当然、強力な海軍を必要としたであろう。

また、これと連動して海上貿易が隆盛に向かった証拠として、五世紀後半以降のサーサーン朝銀貨が、中国華南地方の三海港で発見されている事実も見逃せない。ペルシア州で鋳造されたカヴァード一世銀貨が広東で発見されている以上、五〜六世紀には、ペルシア湾岸から中国華南へ向かう交易ルートがあったものと推定される。この海上貿易の発達と、ペルシア湾岸で整備されたであろうエーラーン帝国海軍との間には、密接な関係があるであろう。

しかし、ヤザドギルド二世の項で述べたように、エーラーン帝国政府は陸のシルクロード開拓には随分熱心だったものの、交易自体は帝国外に居住するイラン系住民であるソグド人にほぼ丸投げしていた。とすると、この帝国海軍の実態と、それに連動する海のシルクロード交易の担い手が、果たしてどの民族だったのかについては、議論の余地がある。ホスロー一世時代の帝国海軍の活動と海のシルクロードの交易は、まだまだ未開拓の研究分野である。

ゾロアスター教神官団組織と官僚組織

いかに経済活動が活発化したとはいえ、エーラーン帝国では、軍事がすべてに優先した。当然、上記の軍事改革は帝国の各方面に強い影響を及ぼしたのだが、意外なことにそれを最も強く蒙ったのが、軍事とは最も縁遠そうなゾロアスター教神官団組織であった。すなわち、神官団は、各「指導者（ラド）」が教導する四つの「方面」に分割されたのである。この影響関係は、従来は想定されていなかった軍事組織とゾロアスター教神官団組織との強い結び付きを窺わせる。ちなみに、帝国崩壊後、約三〇〇年間にわたってゾロアスター教神官団組織が自力で生き延びることができた要因は、この組織分割（つまり、各方面組織に自立性を与えた点）にあったのではないかと、筆者は考えている。

逆の意味で意外なのは、帝国の行政組織である。「帝室領（オスターン）・州（シャフル）・州都（シャフレスターン）・県（ルースターー）・村（デフ）」という重層的な集権構造をとることらの組織の方が、軍事組織との関係が密であろうから、各州ごとに四分割されたかと思いきや、まったくその形跡が無い。しばしば、行政組織の構成員はゾロアスター教神官たちだったと説かれるものの（この点に関して最も有名なのは、ペルシア州アルダフシール・ファッラフ市のモーベドの事例である）、神官団組織とすら連動していないとなると、この段階での帝国の行政組織の内実が問われる。

ゾロアスター教正統教義の確立

ここで、帝国草創期からのサーサーン朝の宗教状況を、皇帝別に纏めて見よう。

①初代～第九代皇帝時代……皇帝は現人神で、マズダー崇拝者。「皇帝現人神思想」と内実は不明ながら「マズダー教」が、国家イデオロギーだった。
②第一〇代～第一五代皇帝時代……前代には不明だった「マズダー教」の教義は、ズルヴァーン主義だとする文書が出始める。
③第一六代～第二〇代皇帝時代……東方から「ゾロアスター教伝承」を導入し、新しい帝国イデオロギーとする。
④第二一代皇帝時代……正体不明の「マズダク教」が出現したとされる。

何と言っても一時代を画するのは、③のヤザドギルド二世によるゾロアスター教伝承の導入である。そして、ホスロー一世はこの流れを継承し、ゾロアスター教大神官ウェフ・シャーブフルを起用して、「ゾロアスター教正統教義」の整備に乗り出した。すなわち、マズダー教以来の最高神だった時間神ズルヴァーンを排除し、善神オフルマズドと悪神アフレマンが直接対峙するかたちでの二元論的教義の完成である。この時に、それまで口承で伝わってきた古代東イラン語の聖伝承は、新たに開発された五三音のアベスターグ文字によって文字化され、聖典『アベスターグ』（近世ペルシア語で『アヴェスター』）として書物化された。

また、それらに対する中世ペルシア語注釈文献（こちらは、相変わらず中世ペルシア文字で書かれた）が、ゾロアスター教正統二元論の基礎を提供した。これらの諸文献は、ホスロー一世時代以降の「ゾロアスター教」の不動の岩盤となり、現在のゾロアスター教徒に至るまで継承されている。筆者は、サーサーン朝期の「マズダー教」、「マズダー教ズルヴァーン主義」、「ゾロアスター教」の三者の関係を、このような図式で理解している。

東西文化の融合

ここで、ホスロー一世の「文化政策」にも注意を払っておきたい。もちろん、エーラーン皇帝として軍事に重きを置いていたホスロー一世であり、彼の治世におこなわれた文化事業が「政策」の名に値するほど自覚的におこなわれたかどうかは、甚だ疑問である。むしろ、好機が向こうから転がり込んできたと解釈した方が妥当かもしれない。その好機とは、ホスロー即位以前の五二九年に、ビザンティン帝国のユスティニアヌス大帝がプラトン以来の伝統を誇るアカデメイアを閉鎖し、ギリシア人哲学者たちを国外追放に処した事件である。

このビザンティン帝国からの知識人の大量流出は、ホスロー一世にとってはとんだ儲け物で、シャーブフル一世がフーゼスターン州に造営した帝国都市グンデー・シャーブフル（ウェフ・アンティオーク・シャーブフル）に学園を造り、彼らを迎え入れた。哲学者のなかでは、ペルシア人パウロがアリストテレス哲学の論理学書を翻訳し、医師のなかでは、サルギスがギリシア語医学文献をシリア語に訳している。

下記が、この時期にギリシア語に影響されて造語されたと考えられる中世ペルシア語の一端である。

フラド・ドーシャギーフ：哲学
ザミーグ・パイマーニーフ：幾何学
ゲーハーン・イー・コーダク：小宇宙

果たしてホスロー一世がどの程度まで新プラトン主義哲学を理解したかは定かではない。しかし、同時期に編纂されていたゾロアスター教中世ペルシア語文献には、アリストテレス哲学の四元素論と新プラトン主義の流出論の痕跡が見受けられるので、当時のゾロアスター教思想に一定の影響を及ぼしていることは立証されている。

また、この時期には、インド由来の文化が中世ペルシア語で書き留められた。これは、もともとインドからエーラーン帝国に間断なく文化が流入していたものが、偶々中世ペルシア語を以ってホスロー一世時代に書物化されたのか、それとも、ホスロー一世時代に限って、何かの事情でインド文化のエーラーン帝国流入が始まったのか、事情はよくわからない。ただ、これによって、インド伝来のバックギャモンやチェスの遊び方を解き明かした栄光は、ホスロー一世と大宰相ウズルグミフル・ボーフタラーン・カーレーンのものに帰した。

経済的中枢としてのペルシア州

本書では、サーサーン朝初期のエーラーン帝国の構造を、

ペルシア＝パルティア二重軍事帝国
メソポタミア＝**ペルシア**二重経済帝国
初期のイデオロギー的中心は**ペルシア州**⇓中期からアゼルバイジャン州へ

として纏めた。この意味で、自称「エーラーン帝国」は、後世から「ペルシア帝国」と名付け得るのである。

ここで、サーサーン朝後期におけるペルシア州の位置付けについても論及しておきたい。すなわち、近年の印章研究によれば、この段階でも、ペルシア州は依然としてエーラーン帝国内での重要性を失っていなかった。ただし、それは軍事的・イデオロギー的な意味ではなく、専ら交易上の意味においてである。

例えば、サーサーン朝の印章には、交易品の発送元を示す事例がいくつか存在する。それらの印章の出土地としては、以下の四例が代表的である。

タフテ・ソレイマーン（アゼルバイジャン州）
ガスレ・アブー・ナスル（ペルシア州）
アク・テペ（ホラーサーン州）
ドヴィン（アルメニア州）

而して、アク・テペやドヴィンへ発送された交易品に付された印章のなかには、ペルシア州のアルダフシール・ファッラフ発のものが多数確認されている。ということは、この当時にあっては、ペルシア州――とりわけアルダフシール・ファッラフ――が、帝国内部の交易活動にとって、中心的な役割を果たしていた証拠である。

「陸のシルクロード史観」に慣れた日本人研究者にとっては意外なことに、エーラーン帝国内部の交易活動にとっては、陸のシルクロードから掛け離れた位置にあるペルシア州が、重要な位置付けを維持している。これは、ペルシア州がサーサーン家発祥の地だというだけでは説明できず、陸のシルクロードを凌ぐ交易ルート――つまり、帝国海軍のところで述べた「海のシルクロード」――が、ペルシア州に直結し、相当の物産を内陸部に供給していたのではないかと思わせる。現に、以下の二つのペルシア湾岸の海港は、イスラーム期よりも、むしろサーサーン朝期に機能していたと見られている。

ボーフト・アルダフシール（現在のブーシェフル）

スィーラーフ

この「ペルシア州を介した海のシルクロード」交易の担い手については、類推する手掛かりがある。サーサーン朝後期の法律書『マーディヤーン・イー・ハザール・ダーディスターン』に拠れば、共同事業者を指す中世ペルシア語として「ハムバーリーフ」なる語があり、主として宗教共同体に即して用いられている。

とすると、陸のシルクロードがソグド人という中央アジアの特定民族によって担われていたのに対して、ペルシア州をセンターとする海のシルクロードは、ゾロアスター教徒、キリスト教徒、ユダヤ教徒、ヒンドゥー教徒、仏教徒といった宗教別コミュニティーによって営まれていた可能性が高くなる。陸のシルクロード史観に引き摺られて、海のシルクロードに、ソグド人のような貿易に従事した特定民族を求めるのは、おそらく間違いである。もちろん、キリスト教徒にはメソポタミア人やシリア人が多く、ヒンドゥー教徒や仏教徒はインド人で占められているといった宗教別の民族的偏りはあっただろうが。

4　ホスロー一世の世界大戦

対ビザンティン帝国戦役

カヴァード一世とホスロー一世の指揮下で再建された新生エーラーン帝国の真価は、対ビザンティン帝国戦役で試されることになった。五四〇年、ホスロー一世は、当時イタリア半島を支配していた東ゴート王国からの救援要請——よくそんな遠方から救援要請が来たものである——に応じて、ユスティニアヌス帝（在位五二七年～五六五年）治下のビザンティン帝国に宣戦布告したのである。先のアナスタシア戦争終結時に結ばれた平和条約を無視する「無名の師」ではあったが、ベリサリウス将軍（五六五年没）に率いられたビザンティン帝国軍の主力が東ゴート王国に遠征中という状況は、たしかに魅惑的な好機であった。

五四〇年には、エーラーン帝国軍は早くもアンティオキアを落とし、ここの住民をメソポタミアに徙民させて「ウェフ・アンティオーク・ホスロー」市を建設している。エーラーン皇帝たる者、相変わらずの帝国都市建設への精励恪勤ぶりである。しかし、エデッサ包囲戦は長期戦に縺れ込み、戦局は一進一退をくりかえした。また、黒海沿岸の要衝ラズィクを巡る攻防戦も展開されたものの、決着がつかず、五五三年にはラヴェンナが陥落して、西方の同盟国だった東ゴート王国が滅亡してしまった。結局、五六二年に「五〇年平和条約」を結び、ビザンティン帝国がエーラーン帝国へ毎年貢納金を支払う条件で和睦が成立した。貢納金を獲得したという意味では、エーラーン帝国優位の講和であった。

対エフタル戦役

すでにカヴァード一世がペーローズ一世時代に失われた東方領土奪還に成功してはいたものの、中央アジアに逃れたエフタル族の軍事力は、依然としてエーラーン帝国にとって脅威だった。そこで、ホスロー一世は、対ビザンティン帝国戦役が一段落した五五七年、折から北方で強大化していた突厥《とっけつ》の可汗・室点蜜《しちてんみつ》と同盟を結び、エフタル挟撃を約している。そして、おそらくはカーレーン家の出身者が指揮する東方軍管区の軍と、ミフラーン家の出身者が指揮する北方軍管区の軍を動員して、五六〇年のブハーラーの戦いで、エフタル軍を徹底的に撃破した。ここに、四八四年のペーローズ一世戦死の復仇は果たされたのである。

この後、エフタル族は五六七年までに完全に分解して、中央アジアを離れて四散した。一時期は北インドまで侵攻し、エーラーン帝国とグプタ朝を苦しめた遊牧国家としては、儚い最期であった。なお、この後、アム・ダリヤ川を国境として隣接することになったエーラーン帝国と突厥は、親善の名目で、室点蜜の娘とホスロー一世との政略結婚を図った。この時、突厥への外交官として活躍したのが、ミフラーン家のミフラーン・スィタードだったと伝わる。カーレーン家の東方軍管区の軍はあまり活躍しなかったのか、中央アジア方面では、専らミフラーン家出身者の活動がめだつ。

対イエメン戦役

五二二年、エチオピア・アクスム王国は対岸イエメンを制圧し、アラビア半島ヒジャーズ地方のアラブ人君主を追って、紅海沿岸の支配権を確立していた。ホスロー一世当時は、エチオピア軍のアブラハ将軍がイエメンを実質的に支配していたが、海のシルクロード交易に依存していたサーサーン家の経済にとって、エチオピア人のイエメン支配は看過できなかった。

五七〇年、ホスロー一世は、北方アゼルバイジャン軍管区司令官ゴールゴーン・ミフラーンの指揮下の軍を動員して、イエメンに派遣した（奇しくも、イスラームの預言者ムハンマドが生まれた年でもある）。何故、西方軍管区や南方軍管区ではなく、わざわざ遠方の北方軍管区の軍を動かしたのかは不明である。ゴールゴーン・ミフラーン将軍は自ら遠征せずに、息子のヴァフラーム・グシュナスプ・ミフラーンを派遣してイエメンの首都サヌアを奪還し、ここをエーラーン帝国の衛星国とした。多分、この時に、エーラーン帝国海軍が大活躍したはずである。

政権の支柱の交代

対イエメン戦役は、エーラーン帝国がイエメンを獲得したエピソード以上のものがある。イエメン遠征の成功は、ヴァフラーム・グシュナスプ・ミフラーンとその息子ヴァフラーム・チョービーン・ミフラーンが、徐々に北方軍管区の軍を私兵化し、強大な軍権を握る端緒となったのである。これと並んで、この頃、長年政権を担当していた股《こ》肱《こう》の大宰相ウズルグミフル・ボーフタラーン・カーレーンが死去したのか、ミフラーン家のイーザド・グシュナスプ・ミフラーンとその弟のファリーブルズ・ミフラーンが大宰相に就任した。ホスロー一世政権後半の支柱は、明らかにカーレーン家からミフラーン家に移行しつつあった。

もちろん、ホスロー一世は、ミフラーン家を牽制する手段も確保していた。皇太子オフルマズド（五四〇年生まれ）の皇太子妃には、先に粛清されたバーヴィー・イスパフベダーンの息子シャーブフル・イスパフベダーンの娘を配して、イスパフベダーン家をサーサーン皇室の外戚として重用したのである。さらに、貴族的背景を持たないスィーマーフ・ブルゼーンとヴァフラーム・アードゥル・マーフを起用して国政に参画させるなど、大貴族以外からの人材登用も積極的におこなった。軍制改革の趣旨からいえば、本来、このような人材を優先的に大宰相や軍司令官に起用しておくべきだったが、実際にはそうなっていない。軍司令官職を分割しつつ、あくまで大貴族の勢力均衡策に拘泥した点が、ホスロー一世政権の軍事政策の限界であった。

ホスロー一世の改革の評価

以上のようなホスロー一世のエーラーン帝国再建は、どのように評価すべきであろうか？　一般には、ホスロー一世はサーサーン朝中興の英主であり、ペーローズ一世の敗死以降、西南半壁の地を死守するまでに凋落した帝国を、果敢な軍制改革・税制改革によって、再び上昇気流に乗せたと論じられてきた。その証拠として、軍事的な意味では、ホスロー一世がエフタル族を滅ぼし、北顧の憂いを絶ったことは事実である。また、経済的な意味では、彼の税制が後のイスラーム国家にまで継承され、相当の持続性を見せたことも否定し難い。

　しかし、ホスロー一世が精魂傾けて再建した当のエーラーン帝国は、本人の崩御（五七九年）からわずか六三年後（六四二年＝ネハーヴァンド戦役）には、地上から跡形もなく消え去っている。ホスロー一世が「不死霊帝（アノーシャグ・ルヴァーン）」の追号を奉られるほど讃えられる「不滅の名君」だったとすれば、彼の作品たる新生エーラーン帝国の方が槿花一朝の夢と消え去った事実を、どう説明できるだろうか？

　この逆説を解明するために、従来は「イスラームの宗教的優越性」、あるいはその裏返しとして「イスラーム教徒の狂信性」といった要素が重視されてきた。いわば、エーラーン帝国はたしかに再建されたのだが、その直後に超自然的な災難に見舞われたかの如く、神意によって押し流されたのである……だが、この解説は、イスラームに対して過剰な説明責任を押し付けていないだろうか？　イスラームの精神的な要素は客観化し難く、また、ゾロアスター教とイスラームを比較してどちらが優越しているかという議論はほとんど意味をなさない。

筆者としては、サーサーン朝後期まで時間を巻き戻して、「ホスロー一世の改革は本当に成功だったのか?」との問いを立てる方が、生産的な議論ができると考えている。そして、筆者なりの解釈を述べるならば、ホスロー一世の軍制改革は、その意図は良かったにせよ、結果的にはパルティア系大貴族の叛乱を次々に誘発してしまい、アルダフシール一世が築いた「ペルシア=パルティア二重軍事帝国」の基礎を根底から覆していった。この経過は、以下で述べるサーサーン朝末期の歴史的状況を概観すれば首肯できると考えている。

また、税制改革と時期を同じくして、少なくともサーサーン家の直轄領の範囲内では、人口の都市集中が見られた点も見逃せない。交通の利便性の高い都市への人口集中は、なるほどヤザドギルド二世以来賦活された国際貿易とペーローズ一世以降に確認される貨幣経済をさらに振興させただろうが、反面では、サーサーン朝初期以来帝国経済を支えてきた農業を衰退させた可能性がある。もちろん、因果関係としては、この急激な都市化が、シルクロードを介して齎される東西文化の融合を促進したし、さらには織物工芸、ガラス工芸、金属工芸の発展を促しもし、エーラーン帝国にとっての収支決算はあっていたのだろうが。

いわば、本人の意図とは違った結果を導き出したホスロー一世の改革が、エーラーン帝国崩壊の原因の一つかもしれない。この立場から見れば、アラブ人イスラーム教徒は、それ自体が強力で、再び全盛期を迎えたエーラーン帝国を正面から打倒したわけではない。彼らが出現する以前に、エーラーン帝国は実質的に解体しつつあったのである。アラブ人イスラーム教徒は、危機に瀕した帝国の管財人候補の一人として巧みに立ち回り、偶然の積み重なりの果てに、エーラーン帝国の遺産を丸ごと継承したに過ぎない。次節では、アラブ人イスラーム教徒の影も形もない段階で、エーラーン帝国が自壊していく様子を追究しよう。

5　パルティア系大貴族の帝権簒奪

オフルマズド四世の大粛清

五七九年にホスロー一世が長逝すると、三九歳の皇太子オフルマズドが、オフルマズド四世として第二四代サーサーン朝皇帝に践祚した。即位当初の人事を参照すると、大宰相として政務全般を取り仕切るのが、父帝が任命したミフラーン家のイーザド・グシュナスプ・ミフラーン、ファリーブルズ・ミフラーン兄弟。これを、大貴族ではないスィーマーフ・ブルゼーンとヴァフラーム・アードゥル・マーフが補佐し、外戚のシャーブフル・イスパフベダーン将軍が後見役となった。軍事的には、北方軍管区司令官にミフラーン家のヴァフラーム・チョービーン・ミフラーンが就任、東方軍管区司令官にカーレーン家のチフルブルゼーン・カーレーン（＝『シャー・ナーメ』のスィーマーフ・ブルゼーン・カーレーン）が就いて、帝国の防備を固めた。一見すると、オフルマズド四世政権は、ミフラーン家とイスパフベダーン家とカーレーン家をすべて支柱にして、順調に船出したかに見える。

この政権が大きな成果を挙げたのは、東方経営であった。五七〇年のヒムヤル戦役（イエメン遠征）の遠征軍を率いたヴァフラーム・グシュナスプ・ミフラーン将軍の息子、ヴァフラーム・チョービーン・ミフラーンは、祖父ゴールゴーン・ミフラーンの後を継いで北方軍管区司令官に任命されると、一万二〇〇〇の騎兵部隊を率いて、エフタル残党に占領されていたバルフを奪回。五八八年には、オクサス川を越えてルーイーン・ディズ要塞（ブハーラー近郊）まで遠征し、エフタル残党の殲滅に成功した。この赫々たる戦功により、ヴァフラームは「チョービーン」（新ペルシア語では「木製の」を意味してしまうが、中世ペルシア語では「ショーペーン」で「投槍のような」の意味）の綽名を得て、一躍中央アジアに武名を轟かせた。サーサーン朝皇帝は弓術で自らの武力を誇示したものだが、このミフラーン家の将軍は投槍の名手だったのであろう。今やエーラーン帝国はタシケントやサマルカンドの支配権まで獲得し、オフルマズド四世はこれらの都市で自らの銘が入った貨幣を鋳造するを得た。

だが、五八〇年代半ばから、オフルマズド四世の挙動がおかしくなる。この国威の隆盛を、父帝が果たせなかった大貴族排除の好機と見たのか、恐怖政治で名高いヤザドギルド一世ですら成し得なかったような、サーサーン朝史上空前絶後の大貴族粛清に乗り出すのである。先ずは、ミフラーン家出身の大宰相イーザド・グシュナスプ・ミフラーンが処刑され、儚い最期を遂げた。後任の大宰相には、背景不明のアードゥル・グシュナスプが任命されている。つづいて、スィーマーフ・ブルゼーンとヴァフラーム・アードゥル・マーフも、相次いで処刑された。大宰相を加えたこの三人は、ホスロー一世の臨終に際して、後継者指名に関して諮問を受けるほどに重用されていたと伝わるのだが、自らが推したオフルマズド四世によって、当の本人たちが粛清されてしまったわけである（ちなみに、大貴族ならざるヴァフラーム・アードゥル・マーフは、実在に疑念が呈されていたものの、最近、彼の印章が発見された。これで、彼がホスロー一世とオフルマズド四世時代に活躍していた重臣であることに、疑問の余地はなくなった）。

最後は、各地の軍司令官の順番だった。東方軍管区司令官チフルブルゼーン・カーレーンは、中央政府に出仕していたヴァフラーム・アードゥル・マーフと仲が悪かったが、互いに争った末、両者纏めて処刑された。また、オフルマズド四世の義父であるシャーブフル・イスパフベダーンも、外戚の重鎮であるにも拘らず、五八六年に些細な口実を設けて粛清された。北方軍管区司令官のヴァフラーム・チョービーン・ミフラーンだけは、中央アジア遠征中の故を以って、この時の粛清を免れている。

ヴァフラーム・チョービーンの乱

ここまでくると、オフルマズド四世の次の標的がヴァフラーム・チョービーンであることは自明だった。オフルマズド四世と大宰相アードゥル・グシュナスプは、先ずは騎兵隊の給与削減のためと称して、北鎮する北方軍管区軍の削兵を進めた。同時に、軍の給与を一割削減した。また、ヴァフラーム・チョービーンの解任を試みて、「汝は女の如く恩知らずだ」と書き送り、女物の衣服を送って辱めた（まるで諸葛孔明と司馬仲達の対決を思わせる故事である）。

ことここに至って、北辺に在陣中のヴァフラーム・チョービーンは、自らをゾロアスター教の救世主カイ・ヴァフラーム・ヴァルジャーヴァンドに擬して、五九〇年に軍事叛乱

図52：イラン・イーラム州にあるヴァフラーム・チョービーンの叛乱時の指揮所遺跡

に踏み切った。ゾロアスター教の救世主を名乗るとは、いかにも中央アジアに所縁の軍司令官らしい選択である。オフルマズド四世がおこなった粛清が空前絶後の規模だったので、ヴァフラーム・チョービーンの叛乱も空前絶後の規模に達した。ヴァフラーム・チョービーンが中央アジアから取って返してミフラーン家の本拠地ライイまで進撃すると、意外にも多くのエーラーン貴族がオフルマズド四世を捨てて、ヴァフラーム・チョービーンの許に馳せ参じた。オフルマズド四世、粛清をくりかえし過ぎたためか、まったく人望がなかったようである。

テースィフォーン中央政府は、これを迎撃しようにも、有能な将軍たちはあらかた粛清の犠牲になっていたので、やむなく文官である大宰相アードゥル・グシュナスプが自ら出陣した。しかし、ハマダーンに到着した段階で部下に暗殺されて、迎撃軍は交戦する前に消滅した。

粛清対象であったヴァフラーム・チョービーンの軍が雪だるま式に膨れ上がって首都に侵攻してきたので、サーサーン朝中央政府は大混乱に陥った。そんななか、在京していたイスパフベダーン家の大貴族、シャーブフル・イスパフベダーンの息子のヴィスターフムとヴィンドゥーヤ兄弟が行動を起こしている。この兄弟は、彼らの妹がオフルマズド四世の皇后であるにも拘らず、大混乱の責任はオフルマズド四世にありとして、義兄弟オフルマズド四世を失明させ帝位から引き摺り下ろした挙句、処刑した。父親のシャーブフル・イスパフベダーンがオフルマズド四世に粛清されたのを恨んでの行動かもしれない。新たに第二五代サーサーン朝皇帝として即位させたのは、彼らの妹が生んだオフルマズド四世の長子ホスローである。時に五九〇年六月二七日、弱冠二〇歳の青年皇帝ホスロー二世の誕生であった（この日付は、彼が最初に発行した銀貨から判明している）。

ヴィスターフムとヴィンドゥーヤ兄弟の別の妹ゴルディーヤはヴァフラーム・チョービーンの正室だったので（つまり、オフルマズド四世とヴァフラーム・チョービーンは、イスパフベダーン家の姉妹を介して相婿の関係になる）、この親族関係を梃子《てこ》に和平がなるかと思われた。しかし、オフルマズド四世の失脚を聞いたヴァフラーム・チョービーンは、作戦目的を「オフルマズド四世に対する軍事クーデター」から、都合よく「オフルマズド四世の復仇」に改めて、そのままテースィフォーンに進軍した。アレクサンダー大王以降、オリエントでは、ごくごくありがちな光景である。

ホスロー二世とイスパフベダーン家の兄弟は、残された軍を指揮して、一旦はこれを撃破したものの、結局は防ぎきれず、ヴァフラーム・チョービーンはナフラヴァーン運河を越えてティグリス川の対岸まで達した。ホスロー二世は、なおも交渉による決着を求め、ヴァフラーム・チョービーンに「エーラーン帝国軍最高司令官のポストを復活して提供しよう」と申し出たものの、まったく相手にされず、テースィフォーンを捨ててビザンティン帝国へ亡命していった。この時のヴィンドゥーヤの捨て身の奮闘は史上に名高く、ついにヴァフラーム・チョービーン軍の捕虜となったが、ヴァフラーム・チョービーンは騎士の作法によって、ヴィンドゥーヤを丁重に扱ったとされる。約一〇〇年前の四九六年に曽祖父カヴァード一世がエフタルに亡命して以来、二度目のサーサーン朝皇帝の国外退去であった。

サーサーン朝のヴァフラーム六世、あるいはミフラーン朝のヴァフラーム一世

ヴァフラーム・チョービーンは、五九〇年夏に京師テースィフォーンに入城し、「アルダフシール一世による支配は、もともと羊飼いであったサーサーン家による簒奪行為であり、正しいアルシャク家の支配を回復する」との名目の下、翌五九一年三月九日のノウルーズを期して、エーラーン皇帝に即位した。三六六年も前の出来事を昨日のことのように持ち出す歴史感覚には驚かされるし、ミフラーン家が前王朝アルシャク家の分家であることを寸毫《すんごう》も疑わない矜持には、もっと驚かされる。通常、歴史家は、彼を第二四代サーサーン朝皇帝ヴァフラーム六世と称するが、本人も述べているように、サーサーン家からミフラーン家への王朝交代なのだから、本人の意を汲んで「ミフラーン朝のヴァフラーム一世」と呼んで差し上げるべきと思われる。

図53：皇帝ヴァフラーム・チョービーン・ミフラーンのコイン

これまでも、サーサーン朝に叛乱を起こした大貴族がいたことはいた。中期の皇帝たちなどは、大貴族によって頻繁に暗殺されていたが、それもヤザドギルド一世時代に大宰相を設置して大貴族たちと権力を分有した段階で、対立はひとまず回避されたはずであった。しかし、今回は、中央政府の宮廷内での暗闘に留まらず、軍司令官が公然と反旗を翻し、しかも首都を攻略したのである。独自貨幣まで発行した以上、これは、従前の大貴族の専権とは次元の違う帝位簒奪であった。

何がこのような事態を齎したのだろうか？　制度的な面では、ホスロー一世が軍司令官職を分割したまでは良かったのだが、その方面軍司令官に相変わらず大貴族を起用しつづけた運用面の失策が挙げられる。その欠を補おうと試みたオフルマズド四世の大貴族粛清は、かえって大貴族側の軍事叛乱を誘発しただけの結果に終わった。

思想的な面では、ヤザドギルド二世時代の「現人神思想からゾロアスター教の守護者カイ王朝思想への転換」が、思うような効果を挙げていないのではないかと思われる。「現人神思想」ならば、他の大諸侯とは比べるべくもないサーサーン家の神聖権力を主張できるだろう。しかし、「カイ王朝思想」の場合、極論すればサーサーン家たるとミフラーン家たるとを問わず、「ゾロアスター教の守護者」を名乗れば、支配の正統性を主張できてしまうのである。現に、ヴァフラーム・チョービーンは、叛乱を起こした時点では、「アルシャク家の末裔」ではなく、「ゾロアスター教の救世主カイ・ヴァフラーム・ヴァルジャーヴァンド」を名乗っている。筆者としては、ゾロアスター教の守護者思想の導入が、かえってサーサーン家のエーラーン皇帝たる正統性を弱めたのではないかと考えている。

だが、五九〇年夏の段階では、青年皇帝ホスロー二世が、コンスタンティノープルで捲土重来を期していたし、同格のパルティア系大貴族であるイスパフベダーン家も、サーサーン皇帝を支持して、反撃の機会を窺っていた。ヴァフラーム・チョービーン・ミフラーンの新帝国が定着するかどうかは、依然として予断を許さない情勢であった。

第四章　サーサーン朝（末期：第二五代〜第三〇代皇帝）

1　ホスロー二世の復辟

ホスロー二世アパルヴェーズ

五九〇年夏、コンスタンティノープルに到着した敗残の青年皇帝ホスロー二世は、ビザンティン皇帝マウリキウス（在位五八二年～六〇二年）とビザンティン帝国元老院に対して、エーラーン帝国再建のための軍事援助を要請していた。「暗黒の勢力がエーラーン帝国を占領したら、次は遠からず、ビザンティン帝国の順番になるでしょう」という甚だ暗示的な救援要請の文面が残されている。交渉の結果、ホスロー二世はマウリキウスの娘マルヤムを娶ること、エーラーン帝国再建の暁には、コーカサス諸国をビザンティン帝国に全面割譲することで合意が結ばれた。ホスロー二世は、五九一年一月に、ビザンティン帝国の援軍四万と、それを率いるビザンティン将軍ナルセス（中世ペルシア語名ナルセフのギリシア語訛り）とともに、自分が治めるべきエーラーン帝国に逆侵攻を開始した。これとは別に、ヴィスターフム・イスパフベダーンも、アゼルバイジャンで独自に募兵を開始しており、こちらでも二万の援軍を得た。

エーラーン皇帝ホスロー二世が親率するビザンティン帝国軍（矛盾した表現のようだが）は、五九一年早春にメルディンに布陣した。ヴァフラーム・チョービーンは、ホスロー二世軍とヴィスタームフム軍の合流を阻止すべく、ガンザク近郊のブラトンで迎撃したものの、到着が遅すぎ、両軍の合流後の会戦となった。ここで、終日かかる大会戦が戦われ、両軍併せて恐るべき死傷率を記録したとされるが、結局、ヴァフラーム・チョービーン軍は数に勝るホスロー二世軍に惨敗した。歴戦の将軍にしては思わぬ不覚であったし、ミフラーン家の軍事力によってのみ支えられていた新帝国の運命は、これで決した。敗因の一つは、同格である大貴族たちが、ミフラーン家の簒奪者を一切援助しなかった点にもあった。おまけに、彼が前年夏以来実施していた宗教的な寛容政策は、帝国の官僚層を形成していたゾロアスター教神官団の支持を得るに至らなかった。

これに対して、ホスロー二世は、祖父が導入した人頭税を半額に減免するとともに、ゾロアスター教拝火神殿への寄進を増額して、ゾロアスター教神官団の歓心を買っていた。ホスロー二世自身は、カルケドン派キリスト教徒の正妻マルヤムに加え、フーゼスターン州出身の単性論派キリスト教徒の愛妾シーリーンに囲まれて、完全にキリスト教徒的な環境に身をおいていたにも拘らず、政権奪還のために敢えてゾロアスター教神官団の機嫌をとったのである。

図54：アフラ・マズダーとアナーヒターに祝福されて即位するホスロー2世。於ターゲ・ボスターン

この結果、ホスロー二世は、五九一年夏にはテースィフォーンへの再入城を果たし、第二五代サーサーン朝皇帝に復辟した。捕虜となっていたヴィンドゥーヤ・イスパフベダーンも、無事に解放されている。ホスロー二世は、この戦勝を、勝利の神ウルスラグナを彫り込んだ銀貨の発行によって祝っているのだが、皮肉なことに、ウルスラグナの中世ペルシア語形はヴァフラームであって、敵の肖像を戦勝コインに彫り込んだかのようなかたちになっている。また、この叛乱鎮圧により、ホスロー二世は「アパルヴェーズ（=中世ペルシア語で勝利者）」の称号を得て、祖父「ホスロー一世アノーシャグ・ルヴァーン」に準《なぞら》えて、「ホスロー二世アパルヴェーズ」と呼ばれるようになった。ただし、援軍の代償として、ビザンティン帝国にコーカサス諸国、特にアルメニア王国の支配権を認めたので、ビザンティン帝国とエーラーン帝国の軍事的なパワーバランスは、大きく前者に傾いた。

ヴァフラーム・チョービーンの敗死

ブラトン会戦で敗れたヴァフラーム・チョービーンは、妻子や財宝を捨てて東方をめざし、ネーウ・シャーブフル近郊でホスロー二世の追撃部隊とカーレーン家の部隊を振り切った。この段階では、カーレーン家も敵に回っていたらしい。その後、ヴァフラーム・チョービーンは、中央アジアを横切ってフェルガーナまで逃亡し、最後は西突厥に亡命したものの、そこでホスロー二世が放った刺客によって暗殺された。

ミフラーン家の後継者としては、弟のマルダーン・スィーナー、長男シャーブフル、次男ミフラーン、三男ノーシュラドが残され、ヴァフラーム・チョービーンが中央アジアに扶植した勢力を、しばらくの間維持した。また、ヴァフラーム・チョービーンの生涯は、中世ペルシア語文献『ヴァフラーム・チョービーン・ナーマグ』のなかで、カイ王朝の末裔の理想的な騎士として描かれた。原本は失われたが、その内容はマスゥーディーやフェルドゥスィーの著作のなかに織り込まれた。この「理想の騎士ヴァフラーム・チョービーン像」は、中央アジアの政治的救世主として、はるか後年のアッバース朝初期に活躍した「悲劇の将軍アブー・ムスリム（七五五年没）」の造型にまで継承されている。

大宰相ヴィンドゥーヤ・イスパフベダーンの粛清

こうして、ミフラーン家が大きく勢力を後退させるなか、ホスロー二世は、復位の功労者ヴィスターフム・イスパフベダーンを東方軍管区司令官に、ヴィンドゥーヤ・イスパフベダーンを大宰相に任命して、この兄弟の労に報いた。特に、ヴィスターフムを、イスパフベダーン家の勢力基盤である東方軍管区の司令官に任命したのは、大変な優遇だった。また、禁闕守護の近衛部隊には、援軍として同行したビザンティン帝国軍がそのまま登用された。こうして、当面はイスパフベダーン家を中心とした政権運営がなされるのではないかと思われたが、それも束の間、直ぐに風向きがおかしくなった。

このホスロー二世という人物は、万事に派手好みで、勤倹な祖父が蓄えたエーラーン帝国の財宝を惜しげもなく浪費して、愛妾を蓄え、豪奢な離宮を建て、数多のゾロアスター教拝火神殿を建てる皇帝であった。サーサーン朝史上に燦然と輝くヴァフラーム五世の享楽も、彼の前では影が霞むほどなのだが、さりとて、高名な先祖に倣って、悦楽に満足して政務と軍務を放棄してくれるかというと、事態はまったく逆であった。困ったことにホスロー二世は、自らの主導によって、祖父の攻撃的な対外政策と、父の大貴族粛清政策の両方を同時に追求しはじめる始末で、彼の政策に巻き込まれて運命を狂わされた対象は、イスパフベダーン家、ミフラーン家、スーレーン家、アラブ系ラフム朝、ビザンティン帝国、エフタルの残党と、ほぼ古代末期のオリエント全域に及ぶ。

これまで筆者は、カヴァード一世とホスロー一世の二代にわたるエーラーン帝国の改革を、主にパルティア系大貴族の勢力削減の観点から記述してきた。しかし、それは、裏を返せば、エーラーン皇帝への権力集中を意味する。これまでの皇帝は、良くも悪くも大貴族によって牽制されてきたが、改革後の皇帝が、自らの意思で自覚的に権力の使用を抑制する保証は何処にもない。仮に誇大妄想狂の皇帝が出現し、帝国の国力をはるかに超えた遠大な目的を追い求めた場合、この帝国にはもうブレーキが付いておらず、皇帝とともに奈落の底に沈むしかないのである。

そして、カヴァード一世とホスロー一世にとって情けないことに、彼らの曾孫・孫に当たるホスロー二世は、正にそのような皇帝だった。仮にもう少し無能で、政務を大宰相に全面委任するような皇帝だったら、帝国の運命も違っていたと思われるのだが、ホスロー二世はなまじ中途半端に有能であった。筆者は、エーラーン帝国とビザンティン帝国が勢力を均衡させ、ゾロアスター教とキリスト教が東西で教勢を分かち合っていた古代末期の世界秩序を最終的に破滅させた人物を唯一人挙げるとしたら、このホスロー二世だろうと考えている。

それはともかく、復位直後に安定した政権基盤を築くべきホスロー二世は、それと相反するかのように、五九四年に大宰相ヴィンドゥーヤ・イスパフベダーンを逮捕させている。一説には、父帝オフルマズド四世を処刑した責任を問うたのだと解釈されるものの、正確な罪状は定かではない。本当の目的は、皇帝権力を掣肘《せいちゅう》する大宰相の職自体の廃止だったのではないだろうか。ホスロー二世が、ヴィンドゥーヤの右手と右足を切断したところ、ヴィンドゥーヤは「サーサーン家の忘恩」を激しく呪ったとされ、ついにホスロー二世は彼をグンデー・シャーブフルに連行して、そこで十字架刑に処した。

東方軍管区司令官ヴィスターフム・イスパフベダーンの乱

当然だが、兄のヴィスターフムは激しく反発し、任地の東方軍管区で大規模な軍事叛乱に踏み切った。彼は、まるでヴァフラーム・チョービーンをなぞるかのように、「イスパフベダーン家はダーラヤワウシュ三世の末裔であり、アルシャク家の正統後継者である。元来羊飼いに過ぎなかったサーサーン家など、帝位の資格はない」と宣言して、イスパフベダーン朝のヴィスターフム一世として即位した。あれだけ懸命にホスロー二世の復位に努力した自分自身の過去の全面否定である。妹ゴルディーヤの縁で、ヴァフラーム・チョービーンの弟マルダーン・スィーナーと長男シャーブフルも合流し、かつてのミフラーン家の残党まで糾合して、ヴィスターフムの勢力は、エーラーン帝国の北方軍管区から東方軍管区にまで膨れ上がった。ほぼ、サーサーン家とエーラーン帝国を二分する勢いである。

図55：皇帝ヴィスターフム1世のコイン

ヴァフラーム・チョービーンの乱が実質的に一年で終結したのに対し、ヴィスターフム・イスパフベダーンの乱は、五九四年から六〇〇年まで丸七年間継続した。ヴィスターフムは、ライイの街を拠点に勢力を拡大し、東方ではエフタルの残党とも結んで、ホスロー二世が派遣する軍を撃破しつづけた。ライイの街は後年のテヘランの南郊なので、イスパフベダーン朝を認めるなら、彼は、ガージャール朝（一七九六年〜一九二五年）を遡ること一二〇二年、テヘランを首都に定めた最初の皇帝に当たる。また、ヴィスターフムが転戦中に宿営した街は、後年、彼の名を取って中世ペルシア語で「ヴィスターフムの街」、新ペルシア語で「ビスタームの街」と呼ばれるようになった。これが、イスラーム神秘主義者バーヤズィード・ビスターミー（八七四年没）の生地として名高いセムナーン州ビスターム市である（この街を「バスターム」と呼ぶべきとの主張があるが、仮にヴィスタ－フムにちなんで命名されたとしたら、「ビスターム」の方が正式名称と思われる）。

これを鎮圧するべきホスロー二世は、補佐役のイスパフベダーン家の伯父たちを欠いても、意外に有能であった。大貴族たちが頼りにならないと見るや（そもそも、役に立ちそうな大貴族は父親と自分で粛清していたのだが）、アルメニアの王子スンバト・バグラトゥニを遠征軍の司令官に起用し、皇帝の近衛部隊になっていた旧ビザンティン帝国軍とアルメニア貴族軍を預けて、長駆クーミスを突かせたのである。これによって、ヴィスターフムはライイを失い、カスピ海沿岸のギーラーン州に後退していった。

伝説によれば、ホスロー二世は、叔母のゴルディーヤに結婚の約束を持ちかけ、その兄ヴィスターフムの暗殺を教唆した。結局六〇〇年に、ヴィスターフムは妹に暗殺されるかたちで首級を挙げられ、ヴァフラーム・チョービーンの長男シャーブフル・ミフラーンは捕縛されて、京師テースィフォーンに連行された。ヴィスターフムの首級は、駱駝に乗ったシャーブフル・ミフラーンの首に括り付けられ、そのままテースィフォーンの大通りを引き回されたと云う。シャーブフル・ミフラーンも、直後に処刑されている。ついでながら、ホスロー二世は、叔母との約束を妙に律儀に守り、この後、本当にゴルディーヤと結婚した。

この後の戦後処理は、若干不可解である。アルメニア王子スンバト・バグラトゥニがゴルガーン州辺境総督に任命され、エーラーン帝国の東方領土がアルメニア王族に任せられたのは良いとしても、先のミフラーン家の没落で空席になっていた北方軍管区司令官に、ヴィンドゥーヤの息子ファッロフザード・オフルマズド・イスパフベダーンが起用されているのである。彼の長男ロータスタフム・ファッロフザードと次男ファッロフザード（兄と混同しそうな名前である）は、後年、対アラブ人イスラーム教徒戦役で活躍することになる。

2　エーラーン帝国の爛熟

ホスロー二世宮廷の雅びと華やぎ

六〇〇年の夏から六〇二年の初秋にかけて、ホスロー二世は絶対君主としてエーラーン帝国を統治していた。帝権を掣肘する大貴族はあらかた消え去り、大宰相の職は空席のまま、皇帝が万機を親裁していた。ゾロアスター教神官団は立て続けに建設される拝火神殿に幻惑されて、ホスロー二世に忠誠を誓っていた。ホスロー二世は各地に離宮を建てて、美姫愛妾に囲まれ、京師テースィフォーンの宮廷は空前の繁栄を謳歌した。

皇帝権力が絶頂に達するのに合わせて、宮廷の礼式も洗練を極めた。臣下が皇帝の謁見を賜る時は、「申し次ぎ（ホッラム・バーシュ。原義は御簾の担当者）」の許可を得て、御簾越しでなくてはならなかった。幸運にも謁見を許された臣下は、「叩頭の礼（パド・ローイ・オーバスト）」を用い、「万歳（アノーシャグ・バウェード）」を唱えた後に、はじめて用件を言上することができた。まるで、皇帝独裁体制が確立した明代中国を、七〇〇年以上先取りしたかのような宮中儀礼である。

春分のノウルーズ祭と秋分のメヘラガーン祭の際にのみ、皇帝は一般人民の前に姿を現し、民衆歓呼のなかで恩賜の品を分配した。この際に、皇帝と臣民の絆が再確認され、エーラーン帝国の一体性が保証されたのである。

このホスロー二世が主催する宮廷の雅びを描くに当たり、古式ゆかしい宮中宴会（バズム）におけるオーケストラの人員を挙げてみよう。

歌手（フニヤー・ガル、ラーミシュン・ガル）
ハープ奏者（チャング・スラーイ）

ヴィーナ奏者（ウィン・スラーイ）
リュート奏者（ウィン・カンナール・スラーイ）
フルート奏者（スール・ピーク・スラーイ）
チター奏者（タンブール・スラーイ）
リラ奏者（バルブト・スラーイ）
ネイイ奏者（ナーイ・スラーイ）
タンバリン奏者（ドゥンバラグ・スラーイ）

これらの楽団の充実を背景として、ホスラヴァーニー歌曲で名高いペルシア州出身のバールバド（六二八年没）、いつも暁に歌ったとされるバームシャード（中世ペルシア語で「暁の喜び」の意味）、ハープの名手ネギーサー（この名前は女性である）、フーゼスターン州出身の単性論派キリスト教徒サルカシュ（経歴的に、シーリーンと関係あるのだろうか？）などの音楽家が、テースィフォーン宮廷で活躍した。このように、ホスロー二世が宮廷楽団に惜しみなく巨富を投じた結果、ペルシア音楽はこの時代に絶頂期を迎えた。殊に、ホスロー二世と愛妃シーリーンを讃えた歌曲が好まれたというから、あたかも唐王朝における玄宗皇帝と楊貴妃の逸楽を、これまた一〇〇年以上先取りしたかのような壮観を呈した。

図56：7世紀のサーサーン朝宴会を描いた銀器（大英博物館）

ちなみに、筆者としては、ペルシア音楽文化の発展を見る時、通常は思想文化の枠組みで考察されているゾロアスター教の『アベスターグ』朗唱や、マニ教の膨大なパルティア語賛歌を想起せざるを得ない。『アベスターグ』朗唱の美声をヴィーナの音（ウィン・ワーング）に準えるゾロアスター教の伝統から、派生的にペルシア音楽が分岐した可能性はないだろうか？　あるいは、マニ教の賛歌朗唱者たち（マフルサラーヤーン）は、宮廷歌手の伝統の延長線上に文脈付けられないだろうか？

この雅びを一層華やかなものにしたのは、下記のような宮廷道化師たちの存在である。

ロープ舞踏師（ラサン・ワーズィーグ）
鎖術師（ザンジール・ワーズィーグ。実質的にどんな芸なのか不明）
ポール舞踏師（ダール・ワーズィーグ）

蛇使い師（マール・ワーズィーグ）
フープ跳躍師（チャンバル・ワーズィーグ）
矢術師（タール・ワーズィーグ。実質的にどんな芸なのか不明）
杯術師（タース・ワーズィーグ。実質的にどんな芸なのか不明）
猿使い師（カビーグ・ワーズィーグ）

一見すると、どんな芸を披露したのかわからぬ名称もあるが、彼らがホスロー二世の宮廷生活に彩りを添えていたことは間違いがない。

さらに、調理師（フワフリー・ガル）も、宮廷で珍味を提供した。最上級の料理とされたのは、若羊（メーシャグ）の肉を酸味のタレ（アーブ・カーマグ）とバターミルク（カーマグ）で味付けした肉料理である。また、麻の実（シャーダーナグ）と大麦粉（アルド・イー・カシュケーン）とオリーブオイル（ローグン・イー・ザイト）で育てられた鶏肉も、エーラーン貴族の間で推奨された。

これ以外では、デザートならざる通常料理にたっぷり甘味を用いる（賛否が分かれるところである）独特のペルシア宮廷料理が発達した。夏には、アーモンド・ペストリー（ローゼーナグ）や胡桃ペストリー（ゴーゼーナグ）が好まれ、冬には、角砂糖（タワルザド）と香菜

（アーチャーラグ）で味付けされた冷やしペストリー（ワフレーナグ）が供された。

これだけ甘味が発達している以上、エーラーン貴族たちは甘党揃いなのかと思うと、葡萄酒（マイ・イー・カニーグ）も存分に楽しんだらしい。赤葡萄酒（マイ・イー・スフル）と白葡萄酒（マイ・イー・スピード）の両方が嗜まれ、産地別ではアッシリア産（マイ・イー・アスーリーグ）が最高級とされた。

この文化的爛熟を見る限り、エーラーン帝国は最盛期に突入したかと思われた。こうなると、中国史であれば、皇帝の背後に宦官が出現して、強大な帝権を背後から操るのだが、エーラーン帝国の場合、宦官（シャービスターン）が表に出現することはほとんどない。初期のサーサーン朝皇帝の碑文には幾人かの宦官が登場するし、後期になると宦官の印章も発見されているのだが、政治的に重要な役割を果たした確証がないのである。

エーラーン貴族文化

この宮廷文化に呼応するようにして、貴族文化も洗練の度を深めた。もちろん、一概に「貴族」といっても多様で、

皇族（シャー）

大諸侯（ウィースプフラーン）
一般貴族（アーザーデガーン）

に分類される。しかし、総じて、軍事貴族としての自覚に基づき、日常生活では、騎乗（アスワーリーフ）、弓術（カマーンワリーフ）、馬上槍試合（ネーザグワリーフ）などに励んで武を磨いた。狩猟はこれらを応用したエーラーン貴族の嗜みであり、男性貴族のみならず、女性貴族もこれに参加した。イスラーム期とは異なり、サーサーン朝期のエーラーン女性は、――少なくとも貴族階級にあっては――随分と活動的であった。

また、貴族はおおむねそのランクに応じて、下記のような軍職を奉じ、尽忠報国したことになっている）。

近衛武官（シェフシェーラール）
式部卿（グラストベド）
刑部卿（ゼーンダーニーグ）
固関使（ダルベド）
要塞司令官（ディズベド）

蔵人（ガンジワル）
千人隊長（ハザールベド）

職人ギルドの発展と経済活動

この文化的爛熟と歩調を合わせるかのように、帝国国内での経済活動も活況を呈していた。ホスロー一世～ホスロー二世当時の状況を記述したと見られる中世ペルシア語文献『デーンカルド』第八巻第三八章には、エーラーン帝国国内の市場（ワーザール。近世ペルシア語でバーザール。英語のバザールの語源）で活動する市場商人たち（ワーザーラガーン）と、それを支える職人たち（キッローガーラーン）について、以下のような記述がある。

鍛冶屋（アーヘン・ガル）
鉄細工師（アーヘン・パイカル）
銀鍛冶屋（アーシェム・ガル）
銀細工師（アーシェム・パイカル）
屋根職人（アシュコーブ・カルダール）
弦細工師（バンド・カール）

漆喰職人（チャールー・ガル）
鉄工（チェーラーン・ガル）
仕立て職人（ダルズィーグ）
磁器職人（ドーセーン・ガル）
大工（ドゥル・ガル）
洗濯職人（ガーザル）
靴職人（カフシュ・ガル）
縄靴職人（スルガル）
陶器職人（クルワール・ガル）
パン焼き職人（ナーン・バーグ）
書籍のミニアチュール職人（ニベーガーン・ニガール）
ミニアチュール職人（ニガール・ガル）
椀職人（パヤール・ガル）
皮なめし職人（ポースト・ガル）
染物職人（ラングラズ）
床屋職人（ワルス・ウィラーイ）

テント職人（ウィヤーン・ガル）
スイーツ職人（ハーンリー・ガル）
食布職人（ハーン・ガル）

彼らは、各職人ギルドの長（キッローグベド）によって統率され、市場全体は帝国官僚である価格監視官（ワーザールベド）によって管理された。また、各市場の間は、隊商指導者（サールトワー）によって統率された隊商（カーラワーン。英語のキャラバンの語源）によって結ばれていた。六〜七世紀の段階で、これだけ多様な各種職人たちを擁し、管理された市場ネットワークを運営していたエーラーン社会の爛熟を思うべきである。

商工業の担い手

だが、この「爛熟」に幻惑されてはならない。前述のように、エーラーン帝国社会には、アーリア民族に特有の階級制度が存在し、少なくとも理念的には、神官階級、軍人貴族階級、農民階級、職人・商人階級の順で等級が付けられていた。となると、敢えて職人や商人になろうと試みる帝国臣民が多いとは考えられず、そもそもなろうと思っても、血統的に無理な場合もあった。となると、必然的にエーラーン帝国臣民以外、あるいは少なくともゾロアスター教徒以外が、積極的に商工業に進出する契機が生まれた。

陸と海のシルクロード交易に関して、帝国政府が北魏皇帝に書簡を送ったり、ペルシア湾岸に海軍を整備したりと、貿易刺激策を取っているにもかかわらず、エーラーン帝国臣民が妙に貿易参加に消極的なのは、おおむねこの理由によると考えられる。陸のシルクロードは、ゾロアスター教徒ではあるが帝国臣民ではないソグド人によって担われたし、海のシルクロードは、おそらくはキリスト教徒、ユダヤ教徒、ヒンドゥー教徒、仏教徒といった他宗教のコミュニティーが担っていた。これは、貿易を外部委託しているも同然で、本来挙げられたはずの利潤を失ったという意味で、帝国政府の財政にとっては一大損失だった。

華やかな職人層の形成にしても、これがエーラーン帝国臣民のなかから育成されたかというと心許なく、カヴァード一世やホスロー一世の執拗なローマ帝国攻撃によって、シリアや東地中海沿岸から強制連行された職人たちではなかったかと考えられる（むしろ、問題は逆で、エーラーン皇帝は優秀な職人たちを拉致するために、敢えてビザンティン帝国に宣戦布告していた可能性もある）。上述の職人ギルドの長たちに、キリスト教徒の比率が多いことが、この間の消息を物語っている。

ここに、軍事優先だったエーラーン帝国の構造的な脆さが垣間見える。一見すると隆盛を極めているかに見える帝国内部の商工業は、実際には外来の民――悪くすると、意に反して拉致してきた異国の民――によって支えられていたのである。そのうえに立った宮廷文化や貴族文化が如何に繁栄していようとも、国家の運営を一歩誤ると、一気に崩壊しかねないような要因を、エーラーン帝国は内在させていた。

キリスト教徒の増大

その構造的な脆さは、この頃のキリスト教徒人口の増大にも反映している。宗教的な観点から見た場合、この頃のエーラーン帝国では、ゾロアスター教徒人口に対してキリスト教徒人口が大幅に伸長しているのである。しかも、それが、帝国の中枢を担うべき軍人貴族階級の間にまで見られる。

これは、単に思想的な意味で、一神教が二元論を駆逐したと見るべきではない。むしろ、職人・商人への蔑視が抜き難いゾロアスター教徒に対して、容易にそれらに順応できるキリスト教徒の方が、当時の社会情勢に適合的だったのである。せっかく教義が確立したゾロアスター教にとっては残念なことだが、都市化を国家運営の基本としたエーラーン帝国が、職人層や商人層を自ら遠ざけるかのようなゾロアスター教を国家イデオロギーとして維持しつづけたのは、緩慢な自殺行為であった。

3　ホスローⅡ世の世界大戦

アラブ人ラフム朝の廃止

この頃、すべてを自ら決裁しなければ気が済まないホスローⅡ世は、アラビア半島のベドウィンとの緩衝国家になっていたヒーラのラフム朝を廃止している。背景には、ビザンティン帝国亡命以降、キリスト教に深入りしたホスローⅡ世の意向があった。すなわち、愛妾シーリーンが単性論派キリスト教徒であるのに加えて、新たに財務卿に起用されたヤズディーンはアラム人貴族家系の単性論派キリスト教徒であり、宮廷医師ガブリエルはシリア正教会の信者であった。まるで、政権中枢がパルティア系大貴族ならぬ単性論派キリスト教徒で占められたような奇観である。

而して、幸か不幸か、ラフム朝はネストリウス派キリスト教を信奉する国家であり、単性論派とは甚だ相性が悪かった。おそらく、これが理由で、ラフム朝最後の君主アン・ヌゥマーン三世イブン・アル・ムンディルは、六〇二年にテースィフォーンに召喚され、そこで処刑されている。長年、エーラーン帝国の対アラブ最前線の防衛を担ってきたラフム朝は解体されてしまい、ハマダーンの地主出身のアーザードベフ・バーネガーンがヒーラ辺境総督に任命され、アラブのベドウィンと直接対峙することになった。よせばいいのに、ホスロー二世はキリスト教に深く介入し過ぎたようである。もちろん、これは皇帝個人の志向の問題ではなく、当時のエーラーン帝国社会にキリスト教が深く浸透してきたことが原因であろうが。

第一期――エーラーン帝国の全面攻勢（六〇二年～六〇九年）

だが、ラフム朝の解体は、帝国の死命を制するほどの事態ではない。それ以上の「古代末期の世界大戦」の発端は、思わぬ方面から訪れた。すなわち、六〇二年一一月、サーサーン朝建国以来初めてといっても良いほどに良好な関係を築いていたビザンティン帝国で、ドナウ川軍団の中級指揮官フォカスが叛乱を起こしたのである。フォカスの軍勢は、早くも一一月二三日にはコンスタンティノープルに入城し、二七日にはホスロー二世の恩人だったマウリキウス皇帝を、五人の皇子もろとも処刑した。唯一生き残った長子のテオドシウスは、新ビザンティン皇帝フォカスに追われてテースィフォーンに亡命し、ホスロー二世に援助を要請した。まるで、一二年前の青年皇帝ホスロー二世の姿が、攻守ところを変えて再現したかのようであった。

図57：愛馬シャブディーズに騎乗し、戦場で指揮をとるホスロー2世。於ターゲ・ボスターン

西方の隣国の突然の政変に、テースィフォーン宮廷は驚いたはずだが、帝国の全権を握るホスロー二世は、これをビザンティン帝国に軍事的に容喙する好機と捉えた。テースィフォーンでテオドシウスのビザンティン皇帝戴冠式を挙行すると、北部メソポタミアとアルメニアで同時にビザンティン帝国に対する戦端を開き、偽皇帝フォカスに宣戦布告したのである。本人自身、まさかこれが二六年間も継続する未曾有の世界大戦になろうとは、予想していなかったのではないだろうか。

このうち、主戦線となる北部メソポタミアでは、ホスロー二世自らが、愛馬シャブディーズ（中世ペルシア語で「夜の漆黒」の意味）に騎乗し、近衛部隊を親率して進軍した。サーサーン朝皇帝自ら出撃して虜庭を犁《たがや》すとは、じつにペーローズ一世以来の快挙であった。たしかに、一一年前には同じルートを逆に辿ってエーラーン帝国に侵攻したのだから、この付近の地理には、将軍たちの誰よりも、ホスロー二世本人が詳しいはずであった。この頃、五九〇年以来の旧知であるビザンティン帝国のナルセス将軍は、フォカスに反対してエデッサに籠城しており、ホスロー二世の最初の軍事目標は、このエデッサ解放であった。そして、六〇二年末、ホスロー二世は無事にエデッサ包囲軍を撃破して、ナルセス将軍をフォカス軍の重囲から救出し、旧恩に報いている。

他方、副戦線に当たるアルメニアでは、大貴族ならざるシャーヒーン・ヴァフマンザーデガーン将軍を起用し、旧アルメニア王国の版図奪回に乗り出した。一一年前に、軍事援助の見返りにビザンティン帝国に接収された因縁の領土である。だが、こちらでは戦局は思わしくなく、六〇三年にはビザンティン帝国軍の前に大損害を出して後退している。

六〇四年になると、北部メソポタミア戦線でも破綻が見られた。ヒエラポリスを巡る会戦では、フォカス側から寝返ったナルセス将軍が戦死するなど、次第に戦線は膠着状態に陥っていった。やはり、エーラーン帝国とビザンティン帝国の国力は拮抗しており、基本的に、どちらかがどちらかを圧倒するなどという関係ではなかったようである。

膠着状態のなか、ホスロー二世は親征を中止し、自身はテースィフォーンに帰還して対ビザンティン帝国戦争の戦略全般を指導するとともに、北部メソポタミア戦線の指揮を、南方軍管区司令官（これは印章から確認される）のピーラグ・シャフルヴァラーズ将軍（中世ペルシア語で「帝国の猪」の意味）に引き継いだ。このシャフルヴァラーズの家系的背景は、近年まで不明であったが、最近発見された印章によって、ミフラーン家出身者であると判明した。ただし、父親の名前はアルダフシールと伝わるので、ヴァフラーム・チョービーン・ミフラーンとの直接の血縁関係はないようである。彼は、ホスロー二世の妹ミールフラーンと結婚したとされており、よほどの信任を得ていたことが窺える。

なお、ミフラーン家は伝統的に北方軍管区を任されていたはずであるが、何故ここで南方軍管区の軍を指揮しているのか不明である。この頃、南方軍管区の副司令官（パードゥースパーン）であるスーレーン家のマルダーンシャー・スーレーン将軍（スーレーン家の登場は、ミフル・ナルセフ以来である）がホスロー二世によって処刑されており、この人事もそれに関連するかもしれない。

第二期――エジプト占領とコンスタンティノープル包囲（六一〇年〜六二一年）

この膠着状況は、またもやビザンティン帝国の側から動いた。ただし、当のビザンティン帝国にとって不利に、であるが。すなわち、六〇八年、ビザンティン帝国のカルタゴ総督だったヘラクレイオス（これがまた皮肉なことにアルメニア出身者で、アルシャク王家の血統と推測されている）が、国を憂いて蹶起《けっき》したのである。彼は、簒奪者フォカスを打倒して帝国を救うべく、地中海を横断し、首都コンスタンティノープルに向けて進撃を開始した。本人の主観としては尽忠報国の念に燃えていたのかもしれないが、ヘラクレイオスのこの行動によって、北部メソポタミア戦線を支えていたビザンティン帝国軍は急旋回してコンスタンティノープル防衛に向かわざるを得ず、シリアの防衛網は完全に破綻した。結局、ヘラクレイオスのクーデターは成功し、六一〇年にフォカスを処刑してビザンティン皇帝に即位している。

ヘラクレイオスは、直ちにエーラーン帝国と講和すべく、テースィフォーンに外交使節団を送った。おそらく、このあたりがエーラーン帝国優位の講和条約を結ぶ潮時だっただろうが、あくまでテオドシウスの即位に拘《こだわ》るホスロー二世は、ヘラクレイオスを認めず、あろうことか使節団を皆殺しにするという暴挙に出た。目の前でシリア防衛網が寸断されているのだから、ホスロー二世にとっては、ビザンティン帝国を打倒する千載一遇の好機到来と感じられたのであろう。

ホスロー二世は、今次大戦を一過性のものにする気はなく、これまでの世界秩序を根本的に変革する意図を持っていた。この度はエーラーン帝国の四方面軍のうち、じつに三方面軍までを対ビザンティン帝国戦役に動員し、全面攻勢をかけたのである。すなわち、これまでアルメニアで転戦していたシャーヒーン・ヴァフマンザーデガーン将軍率いる西方軍管区の軍はエジプト侵攻に転用され、代わってファッロフザード・オフルマズド・イスパフベダーン将軍（例のヴィンドゥーヤ・イスパフベダーンの息子）率いる北方軍管区の軍がアルメニア戦線を支え、ピーラグ・シャフルヴァラーズ・ミフラーン将軍率いる南方軍管区の軍がコンスタンティノープルへ侵攻するという気宇壮大な戦略である。残る東方軍管区の軍は、アルメニア王子のスンバト・バグラトゥニに率いられて西突厥を抑えていたから、帝国の四方面軍は、ホスロー一世による創設以来、初めて総動員されていた。

かつてのシャーブフル一世でさえ、エデッサ侵攻が限界であったし、祖父ホスロー一世も、アンティオキア攻略で矛を収めている。それにも拘らず、ホスロー二世は、右手でコンスタンティノープルを狙い、左手でエジプトを抑えようと目論んだのである。いまだかつて、ビザンティン帝国を地上から抹殺しようと考えたサーサーン朝皇帝はいなかったが、ホスロー二世は本気でそれを企図したのである。

これだけの雄図を目にすれば、誰しも息を呑むであろうが、それと同時に、これを総指揮するホスロー二世の能力に不安の念を抱いたはずである。そして、二度とできなそうな大規模な軍事動員に、果たしてエーラーン帝国の経済力が耐えられるかどうか、自信はなかったと思われる。だが、ヴァフラーム・チョービーンの乱とヴィスターフム・イスパフベダーンの乱の鎮圧で、自らの軍事的才能と帝国の国力を過信するホスロー二世を制止する政治機構は、すでに失われていた。大宰相は空席であり、臣下のなかの最高位は、アラム人キリスト教徒の財務卿ヤズディーンに過ぎなかった。

こうして、無謀とも思える総力戦を展開したエーラーン帝国軍だったが、ホスロー二世は存外な調整能力を発揮し、三方面軍は各戦域で連戦連勝を重ねた。ファッロフザード・オフルマズド・イスパフベダーン率いる北方方面軍は、アルメニアから進撃して、六一一年にはアナトリア半島の主要部分を制圧した。シャフルヴァラーズ・ミフラーン将軍率いる南方方面軍は、六一三年に、即位式も慌しく切り上げて反撃にやってきたヘラクレイオスの軍を、アンティオキア郊外で完膚なきまでに撃破し、地中海への道を拓いた。ヘラクレイオス帝は、弟のテオドシウスとともにダマスカスに籠城したものの、ここもシャフルヴァラーズ将軍に突破されてしまい、果たしてビザンティン帝国を救うべく蹶起したのか、それともエーラーン帝国を利するべく立ち上がったのか、よくわからない状態に陥った。

六一四年には、南方方面軍はエルサレム攻略に成功。イエス・キリストが磔刑に処された聖十字架を略取し、これを戦利品としてテースィフォーンに送っている。キリスト教的雰囲気を湛えるホスロー二世の宮廷は、これに狂喜乱舞したはずである。シャフルヴァラーズ将軍は、翌六一五年にはアナトリア半島の地中海沿岸を西進して、とうとうボスポラス海峡に到達し、カルケドン側からコンスタンティノープルを指呼の間に望んだ。シャーヒーン将軍の西方方面軍は、六一九年にアレクサンドリアを攻略してエジプトを攻略し、ビザンティン帝国から最大の穀倉地帯を奪った。エジプト総督には、新たにシャフルアーラーニヨーザーンが任命され、ファイユームに鎮して徴税に当たった。この頃、バルカン半島でアヴァール人の活動が活発化し、ビザンティン帝国の軍はドナウ川流域にも展開せざるを得ず、やむなくエジプトを放棄したのである。

ホスロー二世の脳裏にどのような未来予想図が描かれていたかは不明だが、おそらく、エーラーン帝国とビザンティン帝国を統合した新帝国がオリエント世界全域を統治し、ゾロアスター教を国教とした王道楽土を築く予定だったのではないかと思われる。うまくしたもので、マウリキウスの娘マルヤムとの間に生まれた長男シェーローエーは、父方ではエーラーン帝国のサーサーン朝の血を引き、母方ではビザンティン帝国のユスティニアヌス朝の血を引いていたから、そのような世界帝国の可能性は充分にあった。

ここでコンスタンティノープルが陥落していれば、テースィフォーンに輝いていた（はずの）ザラスシュトラ・スピターマ以来の聖火はコンスタンティノープルにも灯され、ロ

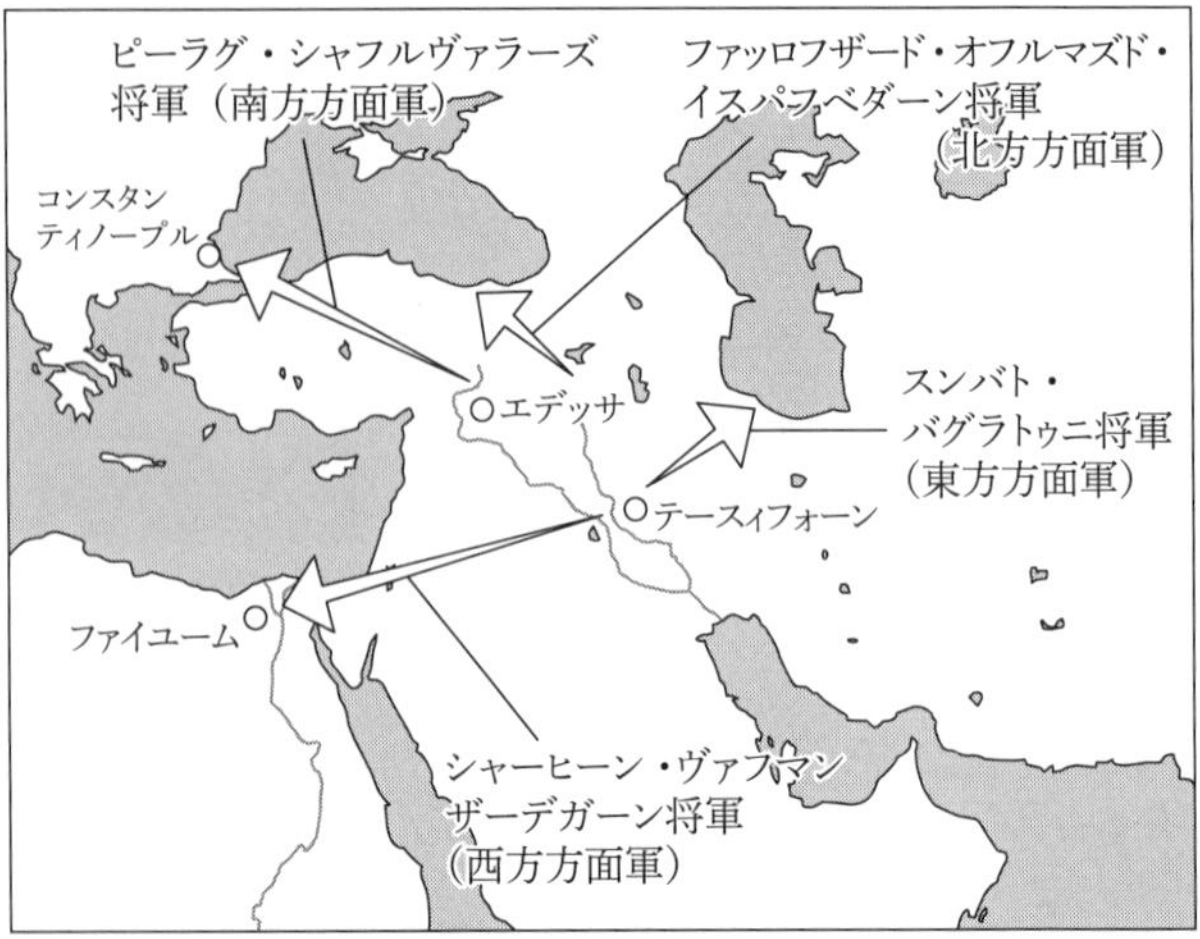

図58：ホスロー2世時代のエーラーン帝国最大版図

シア・東欧のスラヴ人たちはゾロアスター教に改宗し、ゆくゆくはモスクワが「第三のテースィフォーン」と讃えられるようになっていたはずである（あくまでイラン学者の想像である）。周辺諸民族にとっては、迷惑極まりない未来図だっただろうが、後に現実化したイスラーム勢力の台頭と比べて、イラン人にとっては、それほど悪くなかったかもしれない（ちなみに、こう考えるホスロー二世ファンの現代イラン人は結構多い。多分、現代イラン人の間では、ホスロー一世よりもホスロー二世の方が人気がある）。

すでにして勝利を確信したホスロー二世は、偉大な祖先たちに倣って、アルダフシール二世以来久々に戦勝レリーフの造営を目論んだ。しかも、相変わらず同時多発で複数の目的を追い求める性格は変わらず、ペルシア州のナクシェ・ロスタム、ケルマーン・シャー州のターゲ・ボスターン、ハマダーン近郊のビーソトゥーン、メディア州のハルスィーンと、四つの壁面を確保し、いつでもレリーフを彫り付けられる態勢を整えていた（結局、実現したのはターゲ・ボスターンのレリーフだけだったが）。

第三期——コーカサスからの反撃（六二二年〜六二八年）

だが、この時のコンスタンティノープル攻略は成らなかった。エーラーン帝国は、地理的条件からして陸軍国であり、ホスロー一世が遺した騎兵隊もあれば、インドから動員した象部隊もあり、野戦攻城の兵器には事欠かなかった。しかし、こと海軍となると、ペルシア湾に若干の艦隊が浮かんでいたようであるが、遥々地中海まで回航してくるのはまず不可能だった。結局、シャフルヴァラーズ将軍の南方方面軍は、虚しくアナトリア半島を徘徊するだけで、対岸のコンスタンティノープルに有効な打撃を与える手段がなかった。

ヘラクレイオス帝は、満更無能でもなかった証拠に、この期間を利用して教会財産を売却し、軍資金を作ったうえで反撃に転じた。時に六二二年四月四日の復活祭の翌日だった。これで、ビザンティン帝国の戦争目的はキリスト教の守護にまで格上げされてしまい、暗黒の勢力たるエーラーン帝国とは、いよいよ講和の余地がなくなった。ビザンティン帝国軍のキリスト教徒兵士から見れば、この戦役における戦死は殉教を意味するのである。

ビザンティン帝国からエーラーン帝国への反撃路として想定されるのは、アナトリア半島南部を東進してシリアから北部メソポタミアへ通じるルートだが、ヘラクレイオス帝は、敢えてアナトリア半島北部を抜けて、アルメニア方面へ出る道を選んだ。不意を突かれたシャフルヴァラーズ将軍の南方方面軍は、ヘラクレイオス帝直率のビザンティン帝国軍四万を押し留めることができず、さりとてコンスタンティノープル攻略を命じられている以上、これを追撃することもできずで、ボスポラス海峡のアジア側海岸で完全に遊兵と化した。

また、ホスロー二世にとって不幸なことに、六二〇年代前半にはティグリス川が大氾濫を起こし、当時世界最高水準の都市化が進んでいたとされるメソポタミア平原が、一挙に泥濘と化していた。耕すものの居ない耕地は、次第に湿地帯に姿を変えつつあった。この事態は、エーラーン帝国にとっては、ただでさえ史上最大規模の軍事作戦を支える経済力が疲弊しているうえに、税収の半減を意味しており、大きな打撃となった。また、サーサーン家にとっては、他のパルティア系大貴族を圧倒していた経済的裏付けが失われたことを意味し、ホスロー二世の統帥権の弛緩は免れなかった。

案の定、北方方面軍を指揮していたファッロフザード・オフルマズド・イスパフベダーン将軍は、進撃してくるヘラクレイオス帝を迎撃するどころか、アゼルバイジャン方面で形勢観望を決め込み、まったく動かなくなった。もしかすると、給与の未払いなどの経済的理由が生じた可能性もあるが、肝心なところでの背信行為であった。そして、ついにヘラクレイオスは、六二四年に、約一五〇〇年前にペーローズ皇帝が造営したサーサーン朝第二の聖地ガンザクを攻略し、エルサレム陥落の雪辱を果たした。

辛うじてガンザクのアードゥル・グシュナスプ聖火を退避させたホスロー二世は、——エーラーン帝国にとっては不幸なことに——再び遠大な作戦を思い付いた。すなわち、コーカサス山中でヘラクレイオス帝が親率するビザンティン帝国機動軍を撃破するか、首都コンスタンティノープルを攻略すれば、この世界大戦がエーラーン帝国の勝利で終わるとは、誰もが想像するところである。そこまでは良いのだが、ホスロー二世は、何とこの二つの作戦目標を同時に達成しようと深遠な叡慮を巡らせたのである。こうなると、誰か止めろよと思わないでもない。

ホスロー二世の企図は、またもや壮大であった。前者の目的を達成するためには、エジプト占領中のシャーヒーン・ヴァフマンザーデガーン将軍の西方方面軍を召還してヘラクレイオス帝に当たらせると同時に、第五の方面軍として新軍を編成し、これを家系的背景不明のシャフル・アパラカーン将軍に授け、ヘラクレイオス帝の迎撃に向かわせた。また、後者を達成するためには、ドナウ川沿岸を支配するアヴァール人との共同作戦を立案し、シャフルヴァラーズ・ミフラーン将軍率いる南方方面軍に東西からのコンスタンティノープル挟撃を命じた。これで、エーラーン帝国が動員している方面軍は合計五つになったわけで、これでは、たとえこの世界大戦に勝利したとしても、帝国経済が保つかどうか危ぶまれるほどの消耗戦に突入していった。

疲弊したエーラーン帝国の経済力に対して、この新戦略は相当の重荷になったはずだが、奇跡的にも、このホスロー二世の作戦指導は順調に起動した。コンスタンティノープル包囲軍は、地中海のロードス島を占領し、アヴァール人と共同で再度、ビザンティン皇帝不在のコンスタンティノープルを包囲した。一方、シャフル・アパラカーン将軍指揮下の新軍は、六二六年、シャーヒーン・ヴァフマンザーデガーン将軍のエジプト占領軍の到着を待たずにヘラクレイオス帝の軍に攻撃を仕掛け、大敗を喫している。おまけに、遅れて到着したシャーヒーン将軍も、ヘラクレイオス帝の弟のテオドロスの軍に完敗し、シャーヒーン将軍自ら戦死を遂げた。この敗戦に激怒したホスロー二世は、シャーヒーン将軍の遺体を処刑したと伝わるものの、まったく無意味な行為であった。また、どさくさに紛れて、財務卿ヤズディーンも一緒に処刑されている。停戦を進言して、逆鱗に触れたのだろうか？

こうして、ヘラクレイオス帝の機動軍が、帝国北西部地域を破壊しながらテースィフォーンに迫るなか、シャフルヴァラーズ将軍の軍もコンスタンティノープルを包囲するという二重の首都決戦に縺れ込んだ。ホスロー二世の賭博的な作戦計画のつけが、ここで回ってきたわけである。しかし、エーラーン帝国とアヴァール人の連合軍は海軍を持たず、六二七年八月六日から七日にかけて総攻撃をかけたものの、とうとうコンスタンティノープルの城壁を抜くことはできなかった。一方のテースィフォーンでは、ホスロー二世が残りの軍をかき集め、アルメニア出身の将軍ラーフザードに託してテースィフォーン最後の防衛ラインを敷いて待ち構えていた。しかし、この軍は六二七年一二月一二日の会戦で敗れ、ラーフザード将軍は戦死したので、戦闘に備えて近隣の離宮ダストギルドに布陣していたホスロー二世は、自ら離宮を焼き、ティグリス川に架かる橋を落としてテースィフォーンに撤退した。この世界大戦の勝敗は、帝都テースィフォーンでの決戦に持ち込まれるかと思われた。

帝国の戦時経済

すでに征戦は二五年にも及び、国内の疲弊は深刻だった。ホスロー一世が育てた中小規模の地主たちは、自らの農地を顧みることもできず、帝国軍の主力として動員され、四半世紀にわたってエジプト・シリアを占領し、コンスタンティノープルを包囲し、漠北で西突厥と戦っていた。かつて隆盛を極めた国内市場を担うワーザール商人たちも、商業活動が停滞していたはずである。陸と海のシルクロードを中心に経済活動に従事する国際貿易商人たちは、帝国がビザンティン帝国と西突厥の双方と戦争状態に突入していたために、交易に多大の支障をきたしていた。この事態は、迂回路であるアラビア半島ヒジャーズ地方を握るアラブ人商人を利しただけだった。

ホスロー二世の銘の入った帝国銀貨の鋳造量は、彼の軍隊がエルサレムを攻略した六一四年を境に、飛躍的に増大する。この頃に、ホスロー二世はビザンティン帝国の攻略を視野に入れはじめたのであろう。お陰で、国家の財政支出は税収をはるかに上回る規模まで増加しており、その大半は軍事費に消えていたはずである。おまけに、これ以降六二七年にかけて、帝国銀貨の鋳造量は加速度的に増加を続けた。ペルシア州の貨幣鋳造職人たちが、過労で倒れなかったかと心配になるレベルである。現在、異常な規模でホスロー二世の銀貨が発見されているのは、これが原因である。

無論、エーラーン帝国は、ビザンティン帝国の穀倉地帯エジプト、シリア、アナトリア半島の大半を占領しており、そこからの税収増加で、ある程度まで帝国銀貨の発行量は償却できたはずである。しかし、結局のところ、この段階に至ると、エーラーン帝国の経済は、ビザンティン帝国の地上からの抹殺を前提に回転しており、仮にホスロー二世がヘラクレイオス帝との講和を望んだにしても（その可能性は著しく低いが）、過熱した帝国の戦時経済がそれを許さない状況に立ち至っていた。何が何でもコンスタンティノープルを占領して、ビザンティン帝国金貨を根こそぎ略奪しない限り、エーラーン帝国の経済はこれ以上もたなかったと思われる。

ホスロー二世の暗殺

これより先、五七歳に達していたホスロー二世は、マルヤムとの間に生まれた長男シェーローエーと、シーリーンとの間に生まれた次男マルダーンシャーの間で、後継者を決めかねていた（ついでに記せば、ホスロー二世には、ポーラーン・ドゥフトとアードゥルミーグ・ドゥフトという二人の娘もいた）。ここ最近のエーラーン皇帝の宝算を計ると、曾祖父カヴァード一世が五八歳、祖父ホスロー一世が推定六〇歳前後、父オフルマズド四世が推定五〇歳前後

（ただし暗殺）である。そろそろ後継者を決定すべき時なのだが、ここでホスロー二世は、愛姫シーリーンが生んだマルダーンシャーを選び、シェーローエーを投獄してしまう。この一件は、ホスロー二世の宮廷におけるシーリーンの影響力の大きさを物語っているが、結局はこの決断が禍根を残した。

戦局がエーラーン帝国に不利に傾くのを見たシェーローエーの乳兄弟で近衛部隊隊長のアスパード・グシュナスプとペーローズ・ホスロー（家系は不明）は、六二八年二月二三日夜に、投獄されていたシェーローエーを担いでクーデターを起こし、就寝中のホスロー二世を逮捕した。ホスロー二世は、こうなることを予期していたのか、まったく抵抗しなかったと伝わる。首都近郊には、ホスロー二世を救出しようと動く軍はなく、二五日に、シェーローエーが第二六代サーサーン朝皇帝カヴァード二世として即位した。

即位の正統性に不安の残るカヴァード二世は、自らのライバルとなるサーサーン家の男系子孫を絶つべく、ホスロー二世の目の前で、マルダーンシャーを含む一七人の兄弟・従兄弟を大量殺害した。二八日には、かつて父親のマルダーンシャー・スーレーンをホスロー二世に処刑されていたミフル・オフルマズド・スーレーンに命じて、ホスロー二世本人を射殺させた（ついでに、音楽家のバールバドも処刑されている。何の罪状だったのだろうか？　愛姫シーリーンは、ホスロー二世の後を追って自殺した）。これが、ビザンティン帝国の抹殺を目論み、実際に滅亡の瀬戸際まで追い詰めたエーラーン皇帝の最期だった。

4　サーサーン朝の解体

カヴァード二世政権とアルダフシール三世政権

ホスロー二世の失脚によって、和平への最大の障害が取り除かれた。カヴァード二世は、貴族的背景を持たないペーローズ・ホスローを大宰相に任命すると、六二八年四月に、ヘラクレイオス帝（テースィフォーン城外にいたはずである）に講和を提案し、基本的合意に達した。これで、テースィフォーンにおける首都決戦は回避された。もっとも、この時の軍事情勢は変則的で、ヘラクレイオス帝がテースィフォーンを囲む一方で、シャフルヴァラーズ将軍はコンスタンティノープルを包囲し、別のエーラーン軍は依然エジプトやシリアを占領中であった。古代末期の二つの超大国が、死力を尽くして相手の喉元を締め上げている状態で、どちらが勝利者かは判然としなかった。結局、双方に講和の意思はあるものの、条件を巡って紛糾し、停戦交渉はこのあと二年間も継続された。

こうして、二六年にも及ぶ世界大戦後の時局収拾は、カヴァード二世政権に託されたが、この頃、ホスロー二世の最後の置き土産ともいうべき疫病がメソポタミア平原一帯を襲った。六二〇年代前半のティグリス川の大氾濫の際に、農耕地を放棄して軍事作戦に没頭していた因果応報の理が、今頃になって回ってきたのである。そして、ホスロー二世の恐るべき復讐というべきか、クーデターに参加したカヴァード二世政権の幹部が次々に疫病で倒れ、果てはカヴァード二世本人が、六二八年九月六日に三八歳で病死した。わずか六ヵ月間の天下だった。

そのあとは、カヴァード二世の息子アルダフシールが、八歳で第二七代サーサーン朝皇帝アルダフシール三世として即位した。どういう政治力学が働いたのか不明だが、大宰相ペーローズ・ホスローは罷免され、代わってファッロフザード・オフルマズド・イスパフベダーンの従兄弟に当たるマーフ・アードゥル・グシュナスプ・イスパフベダーンが大宰相に就任した。大貴族の大宰相就任とは、オフルマズド四世とホスロー二世が苦労して抑圧してきた大貴族の復権を許すかのような現象であった。

簒奪者シャフルヴァラーズ・ミフラーン

六三〇年四月に、先にコンスタンティノープルを包囲していたシャフルヴァラーズ・ミフラーン将軍がテースィフォーンに帰還した。本人としては、ビザンティン帝国に敗北した気がしなかったであろうこの将軍は、恩賞に対する不満があったのか、麾下の軍団六〇〇〇とともに首都で叛乱を起こし、四月二七日にアルダフシール三世と大宰相マーフ・アードゥル・グシュナスプ・イスパフベダーンを処刑して、自らエーラーン皇帝を宣した。アルダフシール三世は、わずか八ヵ月間の在位であった。「大道廃れて仁義あり、国家昏乱して忠臣あり」というが、この場合「国家混乱して益々叛臣あり」である。

サーサーン朝史上で見れば、ヴァフラーム・チョービーン・ミフラーンとヴィスタープム・イスパフベダーンに次ぐ第三の簒奪者の出現である。ミフラーン朝という観点では、ヴァフラーム・チョービーン・ミフラーンに続く（ただし続柄は不明）第二代皇帝となる。皇太子には、彼の息子でキリスト教徒のニケータスが指名された。この際、前任の大宰相ペーローズ・ホスローは見事な転身振りを見せ、大宰相に返り咲いている。彼がどのようにして成り上がってきたのか不明だが、不倒翁の如きしぶとさである。

この時、ホラーサーン州で、カヴァード二世の甥に当たると名乗るホスロー三世が即位して、エーラーン皇帝を名乗っている。サーサーン家の男系子孫は、ペーローズ一世時代に大量に戦死し、ホスロー一世とカヴァード二世がそれに輪をかけて大量殺戮したために、もうほとんど残っていなかったはずである。少なくとも、皇族王とは確認されていないので、このホスロー三世が何者かは不明である。こちらを認めるとしたら、対立皇帝ながら第二八代サーサーン朝皇帝だが、この人物はすぐに暗殺されて、史上から姿を消した。

六三〇年六月九日には、かれこれ六年間も北方軍管区の軍を率いたまま情勢を観望していた——というより、事実上の独立勢力になっていた——ファッロフザード・オフルマズド・イスパフベダーン将軍が刺客を放ち、エルサレム攻略とコンスタンティノープル包囲戦の名将シャフルヴァラーズ・ミフラーンを、ゾロアスター教儀式の執行中にあっけなく暗殺した。こちらは、一ヵ月余りの在位期間だった。

女帝ポーラーン・ドゥフト（第一次）

ファッロフザード・オフルマズドは、ホスロー二世の長女でカヴァード二世の姉妹妻だったポーラーン・ドゥフトを女帝に祭り上げた。彼女が、第二八代サーサーン朝皇帝にして、初の女帝である。サーサーン家には、もう男系相続人がいなかったらしい。彼女は、庇護者のファッロフザード・オフルマズドを大宰相に任命し、どうにか小康状態を得た。彼女の貨幣は、ペルシア州からホラーサーン州まで、エーラーン帝国のほぼ全域で発行されているので、ともかくも支配は浸透したようである。

この余勢を駆って、六三〇年に、ポーラーン・ドゥフトとペーローズ・ホスローは、ビザンティン帝国との間にアラビソスの和議を締結し、二六年に及ぶ世界大戦を清算した。その内容は、エーラーン帝国が全占領地と聖十字架をビザンティン帝国に返還し、賠償金を支払うとの条件で、ほぼエーラーン帝国の敗戦を認めるものだった。

図59：ポーラーン・ドゥフト女帝のコイン

簒奪者シャーブフル・シャフルヴァラーズ・ミフラーン

ホスロー二世後の政権としては、ある程度治績を挙げたポーラーン・ドゥフト政府だったが、結局は安定しなかった。エーラーン帝国初の女帝は、今は亡きシャフルヴァラーズ・ミフラーン将軍とホスロー二世の妹ミールフラーンの間に生まれたシャーブフル・シャフルヴァラーズ・ミフラーン（ポーラーン・ドゥフトにとっては従弟に当たる）のクーデターによって廃位され、シャーブフルが自ら即位したのである。ミフラーン朝という観点からすれば、ヴァフラーム・チョービーン・ミフラーン、シャフルヴァラーズ・ミフラーンに次ぐ第三代皇帝である。

ちなみに、兄ニケータスは、弟の即位の際にビザンティン帝国に亡命して、ヘラクレイオス帝の将軍になっている。また、ヴァフラーム・チョービーンの次男ミフラーン・ヴァフラーム・ミフラーンの息子スィヤーヴァフシュ・ミフラーンは、祖父ヴァフラーム・チョービーンと伯父シャーブフルの罪を許されて、ミフラーン家の地盤であるライイの支配者に返り咲いた。

女帝アードゥルミーグ・ドゥフト

このシャーブフル・シャフルヴァラーズ・ミフラーンは、大貴族たちからまったく相手にされなかったようで、再び大宰相に就任していたペーローズ・ホスローによって暗殺された。ペーローズ・ホスローは、ポーラーン・ドゥフトの妹アードゥルミーグ・ドゥフトを擁立し、第二九代サーサーン朝皇帝に就けることで、政局の安定を図っている。

北方軍管区司令官のファッロフザード・オフルマズド・イスパフベダーンは、ここに来てようやく政権をめざして動いた。どう動いたかといえば、アードゥルミーグ・ドゥフトに求婚して、エーラーン女帝の婿になるという計画であった。そんな計画があるなら、ポーラーン・ドゥフトを擁立した際に実行しておけば良さそうだが、個人的な好みの問題かもしれない。また、散々状況を見据えた末、最後に打った手がこれだったとは、雌伏時代の苦労が報われないような気もする。しかも、アードゥルミーグ・ドゥフトに素気無く拒絶されて、恥の上塗りをした。

簒奪者ファッロフザード・オフルマズド・イスパフベダーン

この——本人としては——予想外の事態に直面し、政権獲得の夢が挫折したファッロフザード・オフルマズドは、ペーローズ・ホスローが擁立したアードゥルミーグ・ドゥフトに対するクーデターを起こして、振られた相手を廃位した。若干みっともない復讐だと思われるのだが、ファッロフザード・オフルマズドは、その勢いでエーラーン皇帝として即位している。サーサーン朝史上の簒奪者としては五人目であり、イスパフベダーン朝の皇帝としては、伯父ヴィスタームに続いて第二代である。彼のコインは、ペルシア州やメディア州で鋳造されているので、少なくとも西方軍管区と北方軍管区では、支配権を承認されていたようである。

これに対して、求婚を袖にしたら廃位された女帝アードゥルミーグ・ドゥフトは、ライイに鎮していたスィヤーヴァフシュ・ミフラーンに救援を求め、ミフラーン家の私兵をテースィフォーンに召喚した。檄に応じたスィヤーヴァフシュの軍によって、ファッロフザード・オフルマズドはあっけなく処刑され、アードゥルミーグ・ドゥフト政権が継続するかと思われた。それにしても、テースィフォーンで中央政府を掌握しようと試みる将軍たちは、シャフルヴァラーズ、シャーブフル・シャフルヴァラーズ、ファッロフザード・オフルマズド・イスパフベダーンと、立て続けに謀殺され過ぎであろう。この帝都には、謀殺を誘発する抜け穴でも備わっていたのかと思われるほどである。

女帝ポーラーン・ドゥフト（第二次）

だが、エーラーン帝国の政局は、ますます混迷の度を深めていった。六三一年、ファッロフザード・オフルマズド・イスパフベダーンの息子ロータスタフム・ファッロフザード・イスパフベダーンが、イスパフベダーン家の本拠地ホラーサーン州から来襲し、スィヤーヴァフシュ・ミフラーンの軍を蹴散らしてテースィフォーンに入城。父を袖にしたアードゥルミーグ・ドゥフトを失明させたうえで処刑し、その姉ポーラーン・ドゥフトを復位させたのである。これが、第二次ポーラーン・ドゥフト政権である。ちなみに、スィヤーヴァフシュは、ミフラーン家の本拠地ライイに遁走している。

ポーラーン・ドゥフトは、この後、ヤザドギルド二世が一旦は廃止した「神々の末裔」の称号を意識的に復活させ、コインに「ポーラーン、神々の末裔の確立者」と彫り込んで、垂簾聴政をおこなった。コインのデザインは、ほとんど父帝ホスロー二世のものを踏襲しているので、よほど父親に対する尊敬の念が篤かったのであろう。だが、名称を「神々の末裔」に戻して、昔日の現人神としての権威を回復しようとしても、今更どうなるものでもなかった。

第一次政権に際してビザンティン帝国との講和に成功していたポーラーン・ドゥフトは、第二次政権でもビザンティン帝国との協調によって事態を打開しようと試み、ネストリウス派キリスト教の大主教イーショーヤーブ二世をコンスタンティノープルに派遣している。しかし、この政策に反対だったのか、六三二年、宮廷内でしぶとく生き残っていた大宰相ペーローズ・ホスローとその与党ヴァフマン・ジャーダゴーウ将軍がポーラーン・ドゥフトを絞殺し、第二次ポーラーン・ドゥフト政権も一年で幕を下ろした。

覇図虚しくホスロー二世が死去して以来四年間というもの、不尽のティグリス川が滾々《こんこん》として流れるテースィフォーンの岸辺で、サーサーン家とミフラーン家とイスパフベダーン家は相克をくりかえし、やがて共倒れに近いかたちで零落していった。一面では風流天子でもあったホスロー二世全盛の日々に歌舞音曲に満たされていた宮廷は、兵久しくして戚々とするのみとなった。カーレーン家とスーレーン家は拙を守って本拠地を動かず、誰がこの時局を収拾するのかわからぬまま、すでに四春が過ぎようとしていた。

5　エーラーン帝国を継ぐ者

六三二年の状況概観

この時点で、サーサーン朝の命脈はすでに尽きていたと思われる。四年に及ぶ内戦状態の間に、ペルシア湾岸やイエメンの衛星国家は独立し、各地方の有力貴族たちは軍閥化していた。そして、ホスロー二世時代の無理が祟って、エーラーン帝国の経済は破綻していた。帝国の運命は虚無縹渺《ひょうびょう》の間にあり、残る問題は誰がこれを継承するかであった。

その候補としては、先の世界大戦の間に勢力を温存していたイスパフベダーン家が最右翼だった。この時点で活躍している――というか、まだ生き残っている――イスパフベダーン家の将軍としては、テースィフォーンのロータスタフム・ファッロフザード、本拠地ホラーサーン州のファッロフザード（ロータスタフムの弟）、北方軍管区の軍団を継承していたイスファンディヤール（ロータスタフムとの続柄は不明）などがあり、ともかくもイスパフベダーン家全体で北方軍管区と東方軍管区を手中に収めていた。

仮にテースィフォーンの中央政府が何らかの機能を果たしていたのだとしたら、これを統御する人間も、エーラーン帝国を継承する資格があった。そして、それに相応しい人物としては、貴族的背景を持たないながら、カヴァード二世に起用されて以降、幾多の政変を巧みに切り抜け、四年経ってみるとまだ大宰相の座にしがみついていたペーローズ・ホスローが最有力候補だった。

地方軍閥のなかでは、スィヤーヴァフシュ・ミフラーンがライイで勢力を保っていたものの、ヴァフラーム・チョービーンの乱とシャフルヴァラーズ・ミフラーンのコンスタンティノープル包囲戦で力を使い果たしたミフラーン家には、帝国を掌握する余力はなかった。カーレーン家は、ホスロー一世政権前期の大宰相ウズルグミフル・ボーフタラーン・カーレーン以降すっかり影が薄くなったし、スーレーン家に至っては、ペーローズ一世政権初期のミフル・ナルセフ・スーレーン以降政局から消え去っていた。

国外に目を転じると、エジプト、シリア、アナトリアを長期占領されたビザンティン帝国には、仮にヘラクレイオス帝と元老院が望んだとしても、エーラーン帝国に介入する余力はなかった。この意味では、ビザンティン帝国との修好に活路を見出そうとしていたポーラーン・ドゥフトの政策は、たとえ彼女がペーローズ・ホスローに謀殺されていなくとも、成功する見込みはほとんどなかったと思われる。漠北の西突厥は、もし統葉護《とうようご》が健在ならば、エーラーン帝国に介入して、エフタル族の栄光を再現することもできたかもしれない。しかし、奇しくもホスロー二世と同じ六二八年に暗殺され、西突厥自体が分裂していた。

ヤザドギルド三世即位

このようななか、テースィフォーンに残った大宰相ペーローズ・ホスローとロータスタフム・ファッロフザード・イスパフベダーン将軍は、ホスロー二世の孫と伝わるヤザドギルドの冊立で合意した。伝説によれば、カヴァード二世に殺害されたホスロー二世の息子シャフリヤール所生の幼児が、ペルシア州エスタフルに隠れ住んでいたのがヤザドギルドだとされる。しかし、実際のところ、彼とサーサーン家の血縁関係は闇に包まれたままである。

彼が第三〇代サーサーン朝皇帝ヤザドギルド三世として即位した時の年齢は、イスラーム期のアラビア語資料によって差があり、タバリー説九歳、クタイバ説一五歳、ディーナワリー説一六歳だが、いずれにせよ国政の重責を引き受けられるほどではない。結局、このヤザドギルド三世政府は、大宰相ペーローズ・ホスローとロータスタフム・ファッロフザード・イスパフベダーン将軍の連立政権であった。ヤザドギルド三世の初期のコインのミント地は、西方軍管区と南方軍管区のペルシア州、フーゼスターン州、スィースターン州に限定されており、エーラーン・シャフル全土に支配を貫徹していたわけではなさそうである。しかし、北方軍管区と東方軍管区はイスパフベダーン家の将軍たちが握っており、ロータスタフムがこの政権に参加している以上、とりあえずエーラーン帝国を全国支配している体裁だけは整った。

だが、ちょうどこの頃から、外敵の侵入が激化していた。考えてみれば、四年に及ぶ内戦の間、イスパフベダーン家が掌握していた北方方面軍以外の方面軍がすべて解体していたエーラーン帝国に、外敵が侵入していないことの方が奇跡だった。このうち、コーカサス山脈を越えて侵入を開始したハザル族については、たまたまアゼルバイジャンに駐屯中の北方方面軍が健在だったために撃退できた。

図60：ヤザドギルド3世のコイン

アラブ人イスラーム教徒軍のメソポタミア平原侵入

不吉なことに、六二〇年代にはイスラームの預言者ムハンマドがアラビア半島を統一し、その後継者たるカリフたちは、好戦的な対外政策をとろうとしていた。すでに六三三年春からは、ハーリド・イブン・アル・ワリード率いるアラブ人イスラーム教徒がメソポタミア西部国境を侵犯しはじめ、現在のクウェート付近にまで姿を現していた。

この事態に対応すべき西方方面軍は、コンスタンティノープル包囲戦とシャフルヴァラーズのクーデター失敗で蒸発していたので、テースィフォーン政府は、アルダフシール三世の大宰相だったマーフ・アードゥル・グシュナスプ・イスパフベダーンの二人の息子、カヴァード・イスパフベダーン将軍とアノーシャガーン・イスパフベダーン将軍に出動を命じ、イスパフベダーン家の私兵に頼って事態を打開しようと試みた。然るに、この軍は「鎖の戦い」で大敗を喫し、クウェート辺境総督オフルマズドは戦死、イスパフベダーン家の二人の将軍はメソポタミア平原中央部をめざして敗走した。

テースィフォーン政府は、アラブ人イスラーム教徒軍の北上を防ごうと、氏名不詳のカーレーン家の将軍を増援として送るとともに、カヴァード将軍とアノーシャガーン将軍に再結集を命じ、ティグリス川付近に防衛線を張った。こうして生起したのが、六三三年四月の「川の戦い」だったが、ここでも帝国軍は大敗してしまい、カヴァード将軍、アノーシャガーン将軍、カーレーン家の将軍の三人は、枕を並べて討ち死にした。一般に、エーラーン帝国軍とアラブ人イスラーム教徒軍の戦いでは、帝国軍の方が質量ともに圧倒していたとされるものの、この戦況を見ていると、事実とは思えない。たしかに、ホスロー二世の全盛期の帝国軍であれば、アラブ人イスラーム教徒軍を圧倒できたかもしれないが、二六年間に及ぶ世界大戦と四年間の内戦を経た帝国軍は、昔日の帝国軍ではなく、アルシャク朝時代に逆戻りしたかの如く、大貴族の私兵の集合体に近かったと思われる。

六三三年五月初旬、かつてのラフム朝の首都ヒーラをめざして北上を続けるアラブ人イスラーム教徒軍を迎え撃つべく、テースィフォーン政府は、今度はホラーサーン州から兵力を抽出し、これを大宰相ペーローズ・ホスローの側近ヴァフマン・ジャーダゴーウ将軍とメソポタミア平原の地主出身のアンダルザーガル将軍に授けた。指揮官の人選から推測すると、これはサーサーン家の直轄領から召集した軍団である。この迎撃軍は、要衝ワラジャに布陣して、ハーリド・イブン・アル・ワリード率いるアラブ人イスラーム教徒軍の侵攻を阻止しようと試みたのだが、この「ワラジャの戦い」でも連敗を喫し、アンダルザーガルは戦死、ヴァフマンはテースィフォーンに逃げ戻った。

六三三年五月中旬には、帝国軍と称すべきか微妙だが、ヒーラ周辺のアラブ人キリスト教徒部族が結集して、ウライスの街でアラブ人イスラーム教徒軍を迎撃しようと試みた。だが、この「ウライスの戦い」も帝国の敗戦に終わり、いよいよアラブ人イスラーム教徒軍はヒーラに迫った。ホスロー二世がラフム朝を廃止していなければと思っても、後の祭りである。そして、対応に一貫性を欠くような気がするのだが、今度はスィヤーヴァフシュ・ミフラーン将軍が、ライイからミフラーン家の私兵とともに出現して、「アイヌッタミルの戦い」でアラブ人イスラーム教徒軍を防ごうとしたものの、鎧袖一触で撃破されてライイに逃走している。

以上、エーラーン帝国軍は、イスパフベダーン家の私兵、カーレーン家の私兵、大宰相ペーローズ・ホスローー指揮下のサーサーン家直轄軍、アラブ人キリスト教徒部族、ミフラーン家の私兵の順番で、行儀よくも各個撃破された。もう少し、相互に協力できなかったものかと思わないでもない。そして、六三三年五月下旬には、アラブ人イスラーム教徒軍はユーフラテス川西岸の大都市ヒーラへの入城を果たした。これによって、メソポタミア平原南部全域がアラブ人イスラーム教徒の手に落ちるとともに、彼らは帝都テースィフォーンまで直線距離で七〇キロに迫った。

帝都テースィフォーン陥落

だが、メディナの初代正統カリフ、アブー・バクルは、ここでハーリド・イブン・アル・ワリードに対し、対ビザンティン帝国のシリア戦線への異動を命じた。これによって、メソポタミアの状況は暫しの膠着状態を迎えた。

この小康状態を活用して反撃すべく、六三四年、イスパフベダーン家の総帥ロータスタフムは、ヴィスタープフム・イスパフベダーンの長男ティールーヤ・イスパフベダーンと次男ヴィンドゥーヤ・イスパフベダーン（ロータスタフムからすれば、父親の従兄弟に当たる）、アルダフシール三世の大宰相だったマーフ・アードゥル・グシュナスプ・イスパフベダーンの弟ナルセフ・イスパフベダーンの三将軍に出動を命じ、ヒーラを守備するアラブ人イスラーム教徒軍の排除を命じた。将軍の全員がイスパフベダーン家出身者で占められているので、帝国の正規軍というよりイスパフベダーン家の私兵だったのであろう。これに加えて、ガレノス将軍率いるアルメニアの増援軍も派遣されたものの、三将軍はこれの到着前にカシュカルで戦端を開いてしまい、結果、「カシュカルの戦い」でまたもアラブ人イスラーム教徒軍に敗れた。ティールーヤとヴィンドゥーヤはここで戦死し、ナルセフは行方不明になっている。

六三五年には、帝国の将来を慮って肝脳地に塗れさせつつあった（と思われる）大宰相ペーローズ・ホスローが、この事態を外交的に打開すべく、同じくアラブ人イスラーム教徒軍の侵襲に悩まされていたビザンティン帝国との同盟を画策し、ヘラクレイオス帝の娘（あるいは孫娘）とヤザドギルド三世の婚姻の可能性を探った。この大宰相は、いつでもビザンティン帝国との交渉に望みを繋ぐ傾向があったようである。ビザンティン帝国の方も、アラブ人イスラーム教徒軍の侵攻を受け、六三四年にエルサレムが陥落し、六三五年にはダマスカスを失っていたところだったので、共同戦線の提案は受諾しやすかった。もっとも、完全に疲弊していた両帝国の軍事的価値がいかほどのものかは、お互いにまったく不透明だったが。エーラーン帝国からすれば、首都の南方七〇キロ地点に不穏な敵軍が駐屯している以上、藁にも縋る思いだったのであろう。

六三六年、同盟成ったエーラーン帝国とビザンティン帝国は、大軍を催してアラブ人イスラーム教徒軍への反攻作戦を開始した。六三六年八月には、ヘラクレイオス帝の弟テオドロス（かつて六二七年にシャーヒーン・ヴァフマンザーデガーン将軍を討ち取った将軍である）がアンティオキアから出撃して、メソポタミアから転戦して来たハーリド・イブン・アル・ワリードの軍とヤルムークで対戦したものの、完膚なきまでに叩きのめされて全滅し、シリアを永久に失った。エーラーン帝国から見れば、何の頼りにもならない同盟国であった。ちなみに、往年の名将シャフルヴァラーズの長男ニケータスは、ビザンティン帝国の将軍としてこの戦役に参戦し、ここで戦死している。

その三ヵ月後の六三六年一一月には、満を持して、イスパフベダーン家の総帥ロータスタフム・ファッロフザード・イスパフベダーン本人が前軍を率い、左翼をミフラーン家のミフラーン・ヴァフラーム将軍（スィヤーヴァフシュ・ミフラーンの父親）、右翼をフーゼスターン州辺境総督オフルマズダガーン、後軍を大宰相ペーローズ・ホスローとヴァフマン・ジャーダゴーウが督率し、「カシュカルの戦い」に間に合わなかったガレノス将軍率いるアルメニアの増援軍も合流して、エーラーン帝国軍が出撃した。今回は、イスパフベダーン家の私兵、ミフラーン家の私兵、大宰相直率のサーサーン家直轄軍、アルメニア軍が混合しているので、ホスロー二世以降のエーラーン帝国には珍しく、総力戦の態勢を整えていたようである。この全軍を以って京師テースィフォーンを防衛し、アラブ人イスラーム教徒軍を沙漠に撃退する作戦であった。

対するは、新たにメソポタミア戦線を受け持ったサァド・イブン・アビー・ワッカース。而して、六三六年一一月一六日から一九日まで三日間にわたって戦われた「カーディスィーヤの戦い」は、またしても帝国軍の惨敗に終わり、少なくとも帝都の運命はこれで決した。前軍を受け持ったロータスタフム・ファッロフザード・イスパフベダーン将軍、後軍のヴァフマン・ジャーダゴーウ将軍、アルメニア増援軍のガレノス将軍の三人はここで国難に殉じ、右翼のオフルマズダガーン総督は降伏してイスラームに改宗した。おまけにこの総督は、管轄下のフーゼスターン州を、そっくりアラブ人イスラーム教徒軍に献上して、第二代正統カリフ・ウマルの顧問に納まっている。エーラーン帝国からすれば、憎むべき売国奴であった。後軍の大宰相ペーローズ・ホスローと左翼のミフラーン・ヴァフラーム将軍だけは脱出に成功し、テースィフォーン指して落ち延びていった。

六三七年一月から三月にかけて、テースィフォーン包囲戦が展開された。残存軍を指揮するのは、ロータスタフムの弟で、新たにイスパフベダーン家の総帥になったファッロフザード・イスパフベダーン。九年前にヘラクレイオス帝の包囲に耐え抜いた帝都は、二ヵ月間の徹底抗戦と、最後は焦土戦術を展開してのゲリラ戦の末、力尽きた。二二四年六月にアルダフシール一世が入城して以来、一度も陥落したことがなかったエーラーン帝国の京師は、アラブ人イスラーム教徒軍の手に落ちたのである。ヤザドギルド三世は、メソポタミア平原とイラン高原を結ぶ回廊の街ホルヴァーンに蒙塵した。

イラン高原喪失

メソポタミア平原とフーゼスターン州の喪失は、エーラーン帝国にとって、致命的な打撃となった。経済的な意味では、エーラーン帝国はメソポタミア平原～フーゼスターン州～ペルシア州を直轄領とするサーサーン家によって支配されており、実質的に「メソポタミア＝ペルシア二重経済帝国」だった。然るに、扇の要に位置するサーサーン家の直轄領の大部分が失われたのである。こうなると、政治的・軍事的な意味で「ペルシア＝パルティア二重軍事帝国」だったエーラーン帝国は、その求心力を劇的に低下させ、軍事機構は

——まだあったとすればだが——加速度的に解体していった。

六四二年、アン・ヌゥマーン・イブン・ムカッリン率いるイスラーム教徒軍がイラン高原本国への侵入を開始し、これを大宰相ペーローズ・ホスローがネハーヴァンドで受けて立った。イスラーム期のアラビア語資料では、参戦人数を「アラブ人イスラーム教徒軍三万に対し、エーラーン帝国軍一〇万」と記しているが、甚だ疑問である。というのも、帝国軍の指揮官として、ペーローズ・ホスローとシャフルヴァラーズ・ミフラーン（ミフラーン家の将軍だという以外は不詳）の名しか伝わっておらず、イスパフベダーン家の総帥ファッロフザード・イスパフベダーンやネハーヴァンドを地盤とするカーレーン家の将軍が参戦していないのである。貴族的背景を持たない文官ペーローズ・ホスローが、末期症状を呈する帝国のなかから一〇万もの大軍を召集できたかどうかはすこぶる怪しく、まだ残っていたサーサーン家の直轄領ペルシア州からの兵力しか動員できなかったのではあるまいか。

この「ネハーヴァンドの戦い」でも帝国軍は大敗し、六二八年以来断続的に大宰相を務めてきたペーローズ・ホスローはここで散華して、サーサーン家の直轄軍も解体した。サーサーン家に止めを刺したという意味では、イスラーム側から見て「勝利のなかの勝利」の呼称に相応しい戦役だった。ちなみに、下記が、サーサーン朝の主要な大宰相の推定在職年数である。

1．ミフル・ナルセフ・スーレーン：約五〇年間（四一〇年代〜四六〇年頃）
2．スフラー・カーレーン：一〇年間（四八四年〜四九三年）
3．ウズルグミフル・ボーフタラーン・カーレーン：約五〇年間（五〇〇年頃〜五五〇年頃？）
4．イーザド・グシュナスプ・ミフラーン：約三〇年間（五五〇年頃？〜五八〇年代半ば）
5．ヴィンドゥーヤ・イスパフベダーン：三年間（五九一年〜五九四年）
6．ペーローズ・ホスロー：約一四年間（六二八年〜六四二年。ただし中断あり）

五代の皇帝に仕えたミフル・ナルセフや、カヴァード一世後半期とホスロー一世前半期を支えたウズルグミフルの在任期間が他を圧倒しているが、ペーローズ・ホスローは、スフラー・カーレーンやヴィンドゥーヤ・イスパフベダーンを抜いて、在職年数では第四位につけている。大貴族ならざる人物の在職年数としては、かなり長い方であった。この最後の大宰相の戦死と直轄軍の解体により、帝室としてのサーサーン家は実質的に消滅した。

この帰趨を見届けたアルメニア王国は、アラブ人イスラーム教徒軍と和睦し、カーレーン家自体が何もしないうちに、その本拠地ネハーヴァンドはイスラーム教徒軍の手に落ちた。これ以降、エーラーン帝国の軍事機構は活動を停止し、二度と組織的な抵抗を試みることはなかった。

ヤザドギルド三世暗殺と帝国の消滅

ネハーヴァンド戦役で敗れた後、ヤザドギルド三世は、ファッロフザード・イスパフベダーンに付き添われて、ペルシア州、ケルマーン州、サカスターン州と逃避行を続けた。彼が五年間もの長期にわたってサカスターン州に滞在したことは、コインから確認されている。そのサカスターン州も危うくなった後、ヤザドギルド三世はホラーサーン州に姿を現し、ここでファッロフザードと分かれて、単独でメルヴをめざした。片雲と行をともにする孤独な旅だったにちがいない。だが、六五一年、彼はメルヴ近郊の水車小屋で、メルヴ辺境総督マーホーエー・スーリー（スーレーン家の一族と推定される）が放った刺客によって暗殺され、サーサーン朝は第三〇代皇帝で名目的にも終焉を迎えた。

サーサーン朝の消滅という事件は、より包括的なエーラーン帝国の大破局のなかに飲み込まれてしまい、両者はしばしば同一視されている。だが、厳密に言えば、サーサーン朝とエーラーン帝国は分けて考えるべきである。論理的には、前者が滅んだとしても、別の皇室を推戴して、後者が生き延びる可能性はあった。例えば、イスパフベダーン朝のエーラーン帝国や、ミフラーン朝のエーラーン帝国などもあり得る展開だった。その場合、帝国の全機構は継承され、二元論的ゾロアスター教が帝国イデオロギーとして存続し（相当の改革が必要だっただろうが）、ゾロアスター教神官団が帝国の官僚層を担いつづけただろう。西アジア史のその後の展開として、これは必ずしも不可能ではなかったと思われる。

だとしたら、サーサーン朝がエーラーン帝国とともに滅んだ原因は、何処に求められるだろうか？　ヤザドギルド二世による帝国イデオロギーの改革が、サーサーン朝の求心力を低下させ、帝国を解体に導いたのだろうか？　ペーローズ一世の中央アジア遠征の敗戦が、エーラーン帝国の軍事力低下の遠因だろうか？　カヴァード一世とホスロー一世の制度改革は、結局のところ帝国の全機構にとって失敗だったのだろうか？　社会的影響力を増大させる職人・商人層がキリスト教徒人口によって占められたことで、帝国の紐帯イデオロギーとしてのゾロアスター教の有効性が衰退したのが原因だろうか？　そして、ホスロー二世の無謀な世界大戦が、エーラーン帝国に止めを刺したのだろうか？

筆者は、サーサーン朝の凋落は、ホスロー一世の制度改革の運用面での失敗で、確定的になったと考えている。おそらく、これ以降にどのような手段を講じたにせよ、サーサーン朝による統治の存続は難しかった。帝国の機構は、貨幣経済が隆盛に向かうなかで過度に軍事力に依存し、すでに時代遅れになっていたのである。その軍事力の行使についてまで方針を誤った以上、ここで運命が定まったと思われる。

そして、サーサーン朝の没落をエーラーン帝国の消滅にまで拡大させたのは、ホスロー二世だった。断末魔のサーサーン朝は、ホスロー二世が起こした二六年間に及ぶ世界大戦により、帝国の経済力と軍事力をまったく自発的に極限まで消耗させた。そして、必ずしもサーサーン朝が意図したわけではないだろうが、続く四年に及ぶ内戦のなかで、サーサーン家と代替可能な帝国の潜在的な政治的予備群――イスパフベダーン家やカーレーン家――を無意味に蕩尽した。最後には、サーサーン朝の意に反することだろうが、九年間にわたるアラブ人イスラーム教徒軍への連戦連敗の過程を通して、エーラーン帝国の機構自体を解体させた。こうして、サーサーン朝は、エーラーン帝国と大貴族たちを道連れにして虚無の大渦流に吸い込まれ、古代末期の世界秩序とともに消え去ったのである。

第五章　エーラーン帝国の遺産

1　経済的・軍事的・政治的遺産の行方

経済的要地の接収

サーサーン朝とエーラーン帝国は滅んだ。そして、思わぬ破産管財人として、ビザンティン帝国でも中央アジアの遊牧民でもなく、アラブ人イスラーム教徒が急浮上してきた。まったくの歴史の偶然である。以下では、エーラーン帝国の経済的・軍事的・政治的遺産の行方に触れておきたい。

経済的遺産については、最もはっきりしている。サーサーン家の主たる収入源をなしていたメソポタミア平原〜ペルシア州の直轄領は、アラブ人イスラーム教徒たちが新たに設置したバスラ総督によって接収された。このバスラの街は、六三八年にアラブ人イスラーム教徒によって、かつてのヴァヒシュターバード・アルダフシールの上に建てられた新都市で、ティグリス川がペルシア湾に注ぐ河口に位置している。そして、サーサーン朝時代のメソポタミア平原の首都テースィフォーン、フーゼスターンの州都グンデー・シャーブフル、ペルシア州の州都アルダフシール・ファッラフの三都市の役割は、少なくともウマイヤ朝時代までは、このバスラによって継承され、その経済力を背景に、アラブ人イスラーム教徒がイラン高原を支配する原動力となった。

軍事的基盤の改宗

もともとがアーリア民族でさえないメソポタミアの民たちは、いち早くアラブ部族の庇護民（マワーリー）となってイスラームに改宗したし、アーリア民族（イラン人）でさえ、その方が経済的に有利と見るや、都市部から順にイスラームに改宗した。もともとアラブの部族社会では、優越する部族の庇護民とならない限り、個人が存続することは難しく、イスラーム支配体制下では、異教徒に人頭税（ジズヤ）が課されるとあっては、経済的誘引には抗い難いものがあった。エーラーン帝国が帝国都市を盛んに造営し、都市化が進んでいたことが、逆にイスラームへの改宗を促したのである。皮肉なことに、サーサーン朝があまり注意を払ってこなかったペルシア州の農村部の方が、一〇世紀に至るまで、サーサーン朝文化といわないまでも、ゾロアスター教文化の最後の拠点として残された。

政治的基盤の対応＝大貴族の三つのパターン

サーサーン朝の政治的基盤をなしていた大貴族たちの対応は、三つに分かれている。す

なわち、

①イスラーム教徒支配に順応していったパターン
②徹底抗戦して滅んでいったパターン
③唐王朝に亡命していったパターン

である。その比率は、資料に残っている限りでは、ほぼ等分に分かれる。以下では、上記の順番で個別のケースを参照してみよう。

2 イスラーム教徒政権下での地方王朝

イスパフベダーン家のバーヴァンド朝

六五一年にヤザドギルド三世と別れたファッロフザード・イスパフベダーンは、アラブ人イスラーム教徒軍に抗戦するかと思いきや、まったく予想外にも、ライイのスィヤーヴァフシュ・ミフラーンを攻撃すべく、アラブ人イスラーム教徒軍と同盟を結んだ。彼の目には、イスラーム教徒よりもミフラーン家の方が主要な敵として映っていたらしい。イスパフベダーン家を「エーラーン帝国の大義に殉ずる節義の名門」などと解釈すると、大変な誤解になる。ミフラーン家最後の当主スィヤーヴァフシュは、イスパフベダーン家とアラブ人イスラーム教徒の連合軍の攻撃を受けて戦死し、ミフラーン家の本流は滅んだ。その後、ファッロフザードはタバリスターンの支配権を認められ、ここでバーヴァンド朝という地方王朝を興している。ファッロフザード本人は、六六五年にカーレーン家の一族によって暗殺されたものの、王朝は一四世紀まで存続した。

なお、イスパフベダーン家の傍流として、北方軍管区の軍を率いて最後までアゼルバイジャンに留まっていたイスファンディヤール・イスパフベダーン将軍（ファッロフザードの息子か？）が挙げられる。こちらは、最終的にアラブ人イスラーム教徒軍に降伏したものの、独自の王朝など認められず、そのまま姿を消した。

カーレーン家のカーレーン・ヴァンド朝

カヴァード一世時代にマーザンダラーンの支配権を認められたカーレーン家の傍流は、この地域でより大きな勢力を保持していたダーブーイ朝の支配下にあったものの、ヴァンダード・オフルマズド（在位七六五年〜八〇九年）時代にダーブーイ朝が滅ぶと、バーヴァンド朝と並んで、カスピ海沿岸地域に独自の支配権を確立した。サーサーン朝時代には敵対関係にあったイスパフベダーン家とカーレーン家が、イスラーム期には隣同士で地方王朝を維持していたとは、若干微笑ましい光景である。この地方王朝は、マーフ・イーザド・カーレーン（在位八一七年～八三九年）の時代に最盛期を迎え、一一世紀まで存続した。

3　イスラーム教徒への徹底抗戦

カーレーン家宗家の滅亡

カーレーン家宗家は、六四二年のネハーヴァンド会戦にも参加せず、本拠地の陥落を傍観していたが、その後になってホラーサーン州で挙兵している。完全に時機を逸しているような気がしないでもない。その指導者アスヴァール・カーレーンは、アラブ人イスラーム教徒軍に徹底抗戦するばかりか、近隣のファッロフザード・イスパフベダーンの軍とも交戦し、イラン高原東部に一大勢力を築き上げた。

しかし、アスヴァール・カーレーンは、六五四年にバスラ総督アブドゥッラー・イブン・アミール（六二二年～六七八年）率いるイスラーム教徒軍とバードギースで会戦し、ここで戦死した。これが、カーレーン家宗家の滅亡である。この戦いで生き残ったカーレーン家の一族ヴァラフシュ・カーレーンは、六六五年に、上記のようにファッロフザード・イスパフベダーンを暗殺している。サーサーン家が滅亡した後のパルティア系大貴族たちは、果たしてアラブ人イスラーム教徒たちと戦っているのか、お互い同士で戦っているのか、判然としない。少なくとも、「一致団結して、エーラーン帝国に侵入してきたアラブ人イスラーム教徒を撃退する」などという発想は、ほとんどなかったようである。

ミフラーン家宗家の滅亡

前述のように、ヴァフラーム・チョービーンの次男ミフラーン・ヴァフラーム・ミフラーンの息子スィヤーヴァフシュ・ミフラーンは、六五一年にライイの戦いで、イスパフベダーン家とアラブ人イスラーム教徒軍の連合軍によって討ち取られ、ライイの街自体が手酷く破壊された。これが、アルシャク朝時代からこの街を支配していたミフラーン家宗家の最後だった。

また、ビールーニーが伝える伝説によれば、サーマーン朝（八七四年〜九九九年）の創始者サーマーン・ホダーは、ヴァフラーム・チョービーン・ミフラーンの三男ノーシュラドの曾孫とされる。バクトリア地方の地主だったサーマーン・ホダーが、実際にヴァフラーム・チョービーンの子孫だった可能性はほとんどないが、中央アジアに支配権を打ち立てるうえでは、ミフラーン家の血統主張は有効だったと思われる。

4　唐王朝への亡命

サーサーン家の長安亡命

マスゥーディーに拠れば、ヤザドギルド三世（六五一年の暗殺時点では、二八歳～三五歳だったはずである）には、長男ヴァフラーム、次男ペーローズ、他三名の女子が居たと伝わる。また、ヘルツフェルトに拠れば、ペーローズは六三六年生まれだとされる。このペーローズの生涯については、『旧唐書』と『新唐書』に記載がある。

後者に拠ると、ペーローズは、バクトリア地方、スィースターン州などでアラブ人イスラーム教徒軍に抗戦を続けたものの、所期の成果は得られなかった。六六一年には、唐王朝に救援を要請し、六六二年に高宗《こうそう》（在位六四九年～六八三年）から「波斯王」の称号を授けられている。だが、とうとう拠点を維持できなくなり、六七三年～六七五年に長安へ亡命して、ここで高宗から「右武衛将軍」に任命された（唐王朝の官制はよくわからないが、「波斯王」から「右武衛将軍」への任命は降格ではないかと思うのは気の所為だろうか)。

六七七年には、長安に「波斯寺」を創建しているが、現在西安市内で知られている六つの拝火神殿址(遺跡などは何も残っていない)のどれに当たるかは不明である。いずれにしても、唐王朝高官が多く住む東市周辺ではなく、外国人居留地が多い西市周辺なので、ペーローズ本人も、西市近隣に住んでいた可能性が高い。彼は、六七九年に四一歳で(ヘルツフェルトが正しければだが)没した。高宗と則天武后《そくてんぶこう》の乾陵《けんりょう》の蕃酋石像(本来は六一体だったが、現存は三六体)のなかには、彼の石像もあったと記録されているものの、どの石像に当たるかは不明である。

ペーローズの息子のナルセフは、六七九年頃、サーサーン朝再建のために、裴行倹《はいこうけん》(六一九年~六八二年)に付き添われて中央アジアへ出撃した。しかし、裴行倹は砕葉城(アクベシム)で行軍をやめてしまったので、ナルセフは単独でバクトリア地方に赴き、ここで二〇年以上転戦していた。唐王朝は、六五一年からアラブ人イスラーム教徒と外交使節を交換していたと伝わるから、どのみち唐王朝の支援によるサーサーン朝再建の可能性はなかった。ナルセフは、七〇七年~七〇九年に長安に帰還し、唐王朝から「左威衛将軍」に任命されたものの、ほどなくして病没し、サーサーン家の正統後継者は絶えた。

スーレーン家の長安亡命

アルシャク朝時代からサーサーン朝中期までは、帝国随一の名門とされたスーレーン家であったが、サーサーン朝後期にはすっかり衰退してしまい、アラブ人イスラーム教徒に対する華々しい抵抗も伝えられていない。しかし、八七四年に長安で死去した「左神策軍散兵　馬使蘇諒妻馬」という人物の漢文・中世ペルシア語併用墓碑が残存している。一九六四年に伊藤義教氏が中世ペルシア語碑文を解読したところでは、「Māsīš i 'duxt i anōšarvān fratomasp i Sīzinsay i 'hač Sūrēn」（パフラヴィー文字の翻字は二〇世紀前半の仕様＋伊藤氏独特の方式である）とあり、スーレーン家の娘の墓誌であると判明した。

図61：サーサーン朝の皇帝系図（ローマ数字はペルシア王としての在位順、アラビア数字はエーラーン皇帝としての在位順）

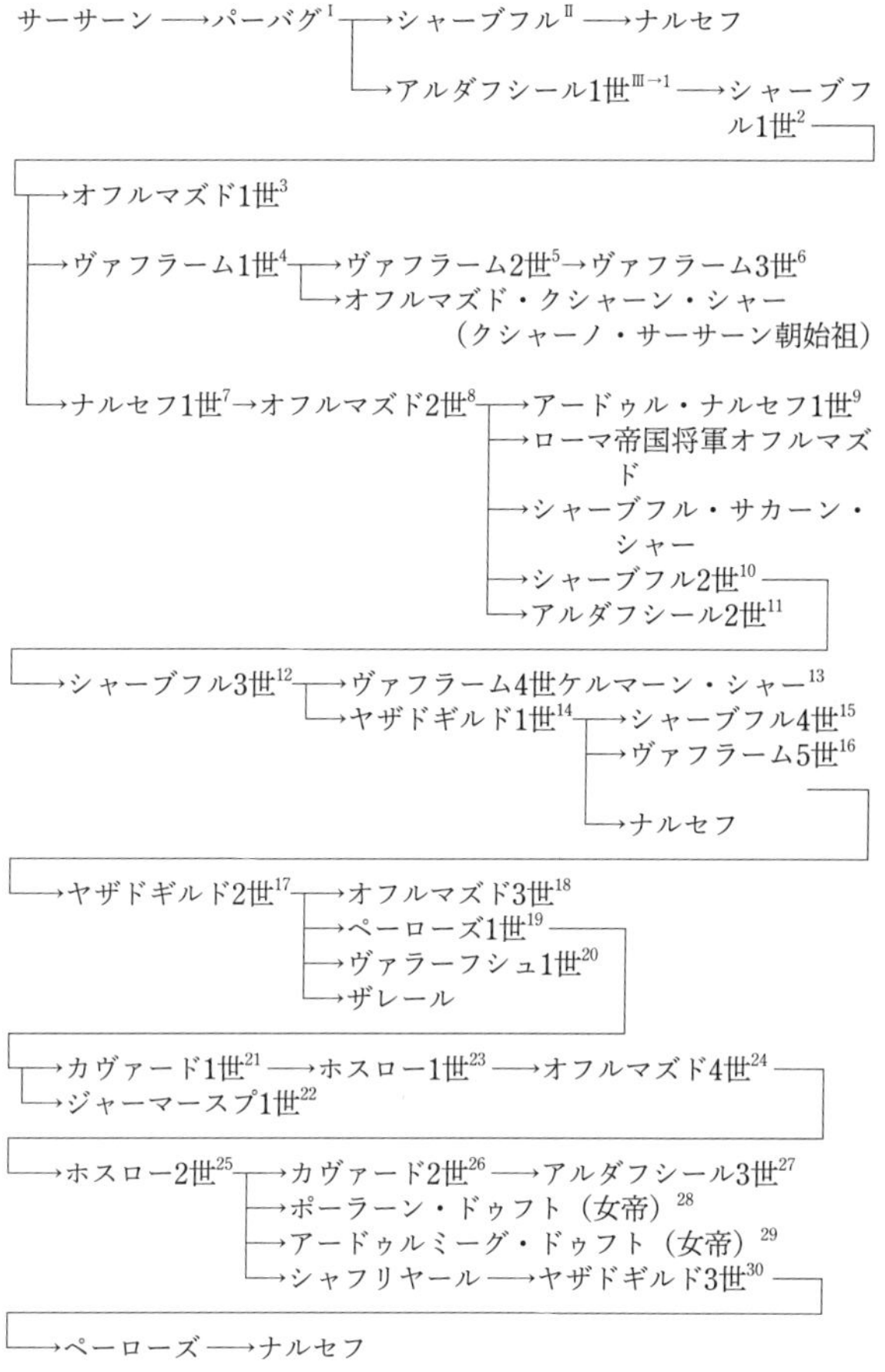

図62：スーレーン家の系図

スーレーナス将軍―（中略）―┬―（中略）―――――――――――――――┐
　　　　　　　　　　　　　　└→ゴンドファルネス大王（インド・パルティア王家）

└→ミフル・ナルセフ┬→ズルヴァーン・ダード
　　　　　　　　　├→マーフ・グシュナスプ
　　　　　　　　　└→カールダール

―（中略）→マルダーンシャー―→ミフル・オフルマズド

図63：カーレーン家の系図

アルシャク朝のフラアート4世―（中略）┬―（中略）―→パーバグ┐
　　　　　　　　　　　　　　　　　　└→カムサラガン家（アルメニア大公家）

└→ザルミフル―→スフラー┬→ザルミフル
　　　　　　　　　　　　├→ウズルグミフル・ボーフタラーン（ボゾルグメフル）
　　　　　　　　　　　　└→チフルブルゼーン

―（中略）→カーレーン・ヴァンド朝へ

図64：ミフラーン家の系図（アラビア数字はミフラーン朝皇帝としての在位順）

アルシャク朝のフララアート4世―（中略）┬―（中略）
　├→イベリア大公国
　└→ガルドマン大公国

└→アルシュタート・ミフラーン―（中略）→イーザド・グシュナスプ―（中略）

└→ゴールゴーン・ミフラーン ―→ヴァフラーム・グシュナスプ

├→ヴァフラーム・チョービーン[1]┬→シャーブフル
　├→ミフラーン・ヴァフラーム
　└→ノーシュラド（伝説上はサーマーン朝の祖）
└→マルダーン・スィーナー

└→スィヤーヴァフシュ

―（系統不明）→シャフルヴァラーズ[2]┬→ニケータス
　└→シャーブフル・シャフルヴァラーズ[3]

図65：イスパフベダーン家の系図（アラビア数字はイスパフベダーン朝皇帝としての在位順）

バーヴィー ―→シャーブフル┬→ヴィスターフム[1]┬→ティールーヤ
　└→ヴィンドゥーヤ
└→ヴィンドゥーヤ ―→ファッロフザード・オフルマズド[2]

├→ロータスタフム・ファッロフザード
└→ファッロフザード ―→バーヴァンド朝へ

―（系統不明）→マーフ・アードゥル・グシュナスプ┬→カヴァード
　└→アノーシャガーン

―（系統不明）→イスファンディヤール

エピローグ　「ペルシア帝国」概念の解体

ペルシア帝国の実体

「ペルシア帝国」とは、イラン高原のペルシア州を中心に西アジアを支配した二つの王朝——ハカーマニシュ朝とサーサーン朝——が、いまだかつてそう自称したことのない他称による概念である。それは、隣国のギリシア人が付与した名称であり、長らくヨーロッパで受け継がれ、明治期以降の日本語の語彙にまで流入した。本書を閉じるに当たって、この「ペルシア帝国」概念に実体が備わっていたのか、そうだとすれば、それはどのような意味で、どれだけの期間なのかを検討しておこう。

ギリシア人がハカーマニシュ朝を「ペルシア帝国」と呼ぶに当たっては、それ相応の根拠があった。この「帝国（クシャヤサ）」は、ペルシア州を基盤に勃興し、歴代の「世界王（アンシャン王とも自称した）」と「大王（パールサ王とも自称した）」はペルシアの一部族の出身者によって占められ、イデオロギー上の中心はペルシア州に置かれ、ペルシア人貴族が特権的な身分を保持して統治の任に当たった。王朝発祥の地と支配層の人的構成からするならば、外国人がこれを以って「ペルシア帝国」と認識するのは当然である。

ハカーマニシュ朝が滅んでから約五五〇年後、再びペルシア州を地盤としてサーサーン朝が興起した。この帝国は、自称は「アーリア民族の帝国（エーラーン・シャフル）」だったものの、およそ実態を反映していなかった。実際には、軍事力をペルシア州出身のサーサーン家とパルティア系の大貴族が担っており、この意味では「ペルシア＝パルティア二重軍事帝国」と呼ばれて然るべき存在だった。また、経済的な意味では、サーサーン家の直轄領であったメソポタミア平原〜ペルシア州が中核の位置を占め、セム系のキリスト教徒たちが職人や商人層を担っており、「メソポタミア＝ペルシア二重経済帝国」と見做すことができた。五世紀後半以降に貨幣経済が進展すると、国際貿易・国内貿易の両面で、ペルシア州の比重が再び高まっている。このように、軍事的・経済的な観点からするならば、この帝国を再び「ペルシア帝国」と名付け得る。

「地方史」と化したペルシア

イスラーム期に入ると、「ペルシア帝国」の実体は完全に消え去った。ペルシア人どころかアーリア民族さえ、いかなる意味でも特権的な立場を保持しておらず、ペルシア語もリンガ・フランカの地位を失い、イデオロギー上の中心はアラビア半島の地方都市に移動した。経済的な意味でペルシア州が主要な地位を占めたとの証拠も、イスラーム期には見出せなくなる。ペルシア州を中心とする交易路は、エーラーン帝国とともに消え去ったようである。こうなると、これ以降にペルシア州に成立したイスラーム国家を、「ペルシア帝国」と捉えるのは難しい。サーサーン朝以後のペルシア史は、取るに足りない地方史の連続である。それは、絶え間ない異民族の流入で変動するイラン史あるいは西アジア史全体に対して、鮮やかな対照をなしている。

ヨーロッパにおける「ペルシア帝国」の幻影

次に、幻影としての「ペルシア帝国」に話を移す。これにはさらに二種類があって、イランとヨーロッパで、おのおの別個の幻影が徘徊している。先ずは、ヨーロッパにおける幻影であるが、その発生源は隣国ビザンティン帝国の歴史記述にある。ビザンティン帝国の保守的な知識人層にとっては、自らの領土より東方に住まう民族は、それが現実にアラブ人イスラーム教徒であれ、セルジューク・トルコであれ、オスマン帝国であれ、すべて観念的に「ペルシア帝国」であった。これは、完全に現実を無視した絵空事である。

ペルシア州を存立基盤として西アジアを支配した国家など、サーサーン朝滅亡以降、一度たりとて存在していない。オスマン帝国に至っては、ペルシア州を領土に組み込んだことさえない。こうして、いよいよ現実と乖離したかたちで「ペルシア帝国」概念は生き延び、ヨーロッパで研究上の概念として再生産され、現代まで及んでいるのである。

「ペルシア帝国」は生きているか？

次に、イランにおける「ペルシア帝国」の幻影である。ここでは、観念的に「ペルシア帝国は生きている」と主張しようと思えば、かなり無理矢理だが、相当後世に至るまでそう主張できなくもない。それは最早、「ペルシア州」を基盤とした国家という本来の意味においてではなく、単にサーサーン朝の領土的範囲を継承したという意味においてであるが。

この観点からすれば、一時代を画するのは、サファヴィー朝（一五〇一年〜一七二二年）の成立である。よく知られているように、この王朝が推戴するサファヴィー王家は、アゼルバイジャンのトルコマン部族の出身であって、支配階級の出自だけを取り出せばトルコ系の国家である。だが、よく見ると、十二イマーム・シーア派が国教に採用され、西隣の大国オスマン帝国——領土的にはまごうかたなきビザンティン帝国の後継国家——との間に、一触即発の宗教戦争の種子を胚胎した。まるで、往年のビザンティン帝国とエーラーン帝国の対立の再現である。

おまけに、この王朝の国王は、イスラーム的な「カリフ」でも「スルターン」でも「アミール」でもなく、古式床しくも新ペルシア語で「シャー」の称号を名乗った。国粋主義的なイラン人——当時の用語で言えば、定住民のタージーク人——がいたら、きっと随喜の涙を流しただろう。また、言語的には、数世紀の時を経て新ペルシア語が復権を果たし、少なくともサファヴィー朝の版図内では公用語の地位を確立した。そして、地理的範囲としては、サファヴィー朝は、現在のイラン・アフガニスタンを中心とし、最盛期にはイラクまで併合しており、これは正確にサーサーン朝の領土に照応する。

イーラーン・ザミーンの出現

また、単に地理的名称としてではあるが、これに先立つ数世紀の間に、ユーフラテス川とアム・ダリヤ川の間の地域——要するに旧「エーラーン・シャフル」の版図——を、「イーラーン・ザミーン」と呼ぶ習慣も定着した。新ペルシア語の「イーラーン」は、中世ペルシア語の「エーラーン」の転訛である。新ペルシア語「ザミーン」は単に「土地」を表す語で、中世ペルシア語「シャフル」とは語感が異なるが。

つまり、サファヴィー朝は、「エーラーン・シャフル」ならぬ「イーラーン・ザミーン」を治める王朝だった。これだけの条件が揃うならば、サファヴィー朝は、ハカーマニシュ朝「帝国」とは言わないまでも、外見的には「エーラーン帝国」の復古版と言えなくもない。無論、このテーゼは、行為主体として外見が似通っているという以上の意味は持

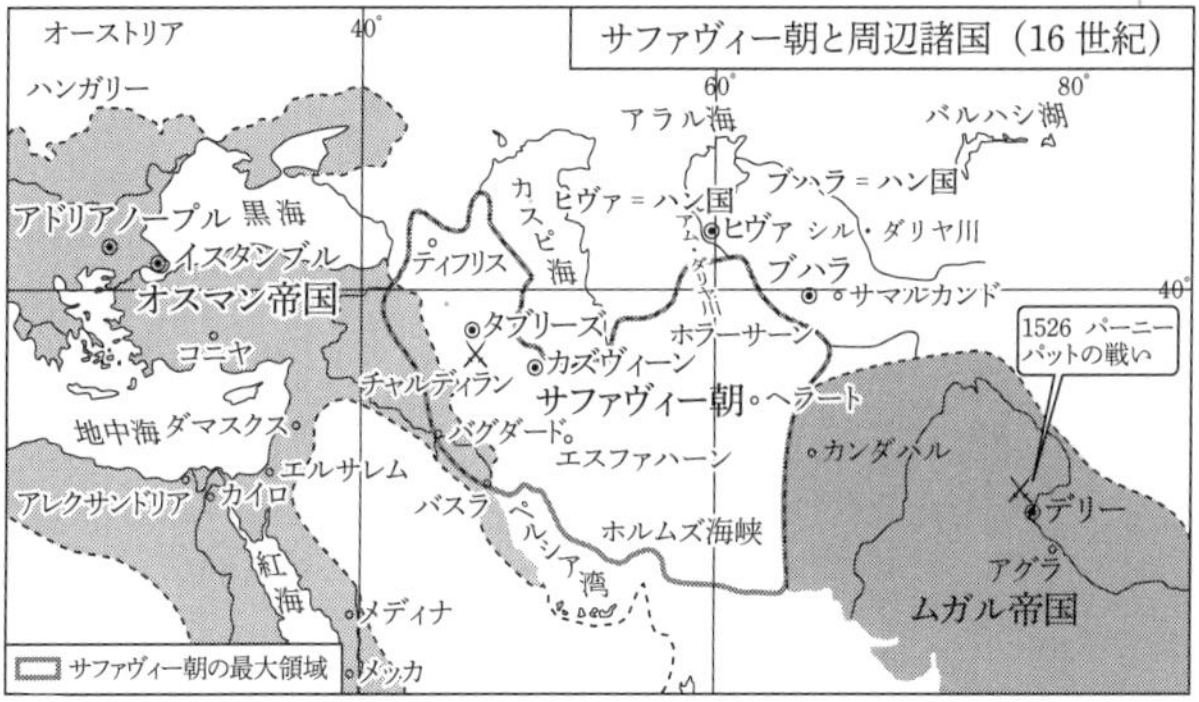

図66：サファヴィー朝の版図

たず、解釈過剰であるとの指摘はもっともである。トルコ語を話すムスリム遊牧民が統治する王朝が、「エーラーン帝国」の後継国家であるなどとは、サーサーン朝のシャーハーン・シャーたちは絶対に認めないであろう。

パフラヴィー朝の徒花

では、幻影の上での「ペルシア帝国」は、サファヴィー朝が滅んだ一七二二年あるいは一七三六年（サファヴィー朝の滅亡時点には二説ある）に、最終的に存在しなくなったのだろうか？　これがそうとも言い切れないのである。一九二五年に成立したパフラヴィー朝は、なるほどアフガニスタンもイラクも失ってはいたが、彼らの自意識のなかでは、「ペルシア帝国」の末裔だった。何しろ王朝名からして、スーレーン家やカーレーン家の如く「パフラヴ」なのである。そして、初代皇帝レザー・シャーは、一九三五年に「ペルシア王国」との国際名称を捨て、わざわざサーサーン朝に似せて「イーラーン帝国（新ペルシア語でケシュヴァレ・シャーハーンシャーヒー・イェ・イーラーン）」と名乗った。随分と領土が縮小したようだが、これは本人たちの責任ではない。

二〇世紀前半は、少なくとも西アジアでは民族主義の時代であった。この「イーラーン帝国」では、国威発揚を賭けて、イスラーム以前の古代ペルシアというアイデンティティーが強調された。無論、パフラヴィー朝は、サーサーン朝はおろかサファヴィー朝の残滓でさえなく、完全に新しい国家だったが。そして、偶然の巡り合わせなのだが、かつての「エーラーン帝国」がフーゼスターン州やペルシア州の経済力に依拠していた歴史的事実の相似形として、この新生「イーラーン帝国」はフーゼスターン州の油田に依拠していた。どこかしら胡散臭くも妖しい「ペルシア帝国」の徒花が、二〇世紀に咲いたのである。

「ペルシア連邦」の可能性

一九七九年のイラン・イスラーム革命で「イーラーン帝国」が倒れて以降、「ペルシア帝国」という共同幻想の枠組みを継承する国家は、地上から消え去った。今日では、それが復活するわずかな見込みすらない。エーラーン帝国の経済的中枢だったメソポタミアは、アラブ人の国家イラクに変貌を遂げた。もともとイラン人（アーリア人）が住んでいた地域ではないだけに、これは仕方がないだろう。

また、新ペルシア語を共通語とする国家は、地球上にイラン、アフガニスタン、タジキスタンの三ヵ国だけだが、これらが統一されて「ペルシア連邦」を形成する可能性もない。トルコ語系の諸民族が連合する「汎テュルク主義」は、少なくとも政治的スローガンとしては一九世紀後半から耳にする。しかし、「汎ペルシア主義」など、およそ聞いたことがない。筆者が知る限り、アフガニスタン人もタジキスタン人も、現在のイランのイスラーム統治体制に激しく反発している。そのようなペルシア民族主義が影響力を持つ可能性は、近い将来には皆無だろう。

補論　研究ガイド

第一章　ハカーマニシュ朝の研究史・資料・論点

1　ハカーマニシュ朝研究史

ゲオルク・グローテフェントとヘンリー・ローリンソン

ハカーマニシュ朝研究の黎明を告げたのは、楔形文字表記の古代ペルシア語碑文の解読だった。その第一陣となったのは、ドイツの高校教師ゲオルク・グローテフェント（一七七五年〜一八五三年）。生前はイタリア諸語の研究者として通っていたが、彼の最大の業績は、古代ペルシア語碑文に使用されている楔形文字の音価を同定した点にある。古代ペルシア語碑文の解読は、英国陸軍士官ヘンリー・ローリンソン（一八一〇年〜一八九五年）によって果たされた。その成果は、Rawlinson 1871 に見ることができる。これによって、ハカーマニシュ朝研究を当事者の同時代資料によって推進する端緒が拓かれた。古代ペルシア語碑文の日本語訳としては、伊藤 一九七四年参照。古代ペルシア語については、山中 二〇〇八年参照。

エルンスト・ヘルツフェルトとエーリヒ・シュミット

古代ペルシア語碑文は定型文のくりかえしが多く、それだけからハカーマニシュ朝を研究するのは至難の業である。もう一つ重要な手掛かりになったのは、ハカーマニシュ朝の首都と目されていたペルシア州パサルガダエ遺跡とペルセポリス遺跡の発掘であった。これらについては、ベルリン大学で世界最初の古代オリエント考古学の教授になったエルンスト・ヘルツフェルト（一八七九年〜一九四八年）が先鞭を付けた。彼のパサルガダエ発掘報告書としては、Herzfeld 1908、ペルセポリス発掘報告書としては、Herzfeld 1932-33 参照。

空撮考古学の先駆者となったエーリヒ・シュミット（一八九七年〜一九六四年）は、一九三五年に、レザー・パフラヴィー国王を口説いてイラン全土の考古学遺跡の空撮を敢行し、ペルセポリス遺跡のマッピングを完成させた。その成果としては Schmidt 1953-70 を参照。なお、シュミットは、サーサーン朝時代のペルシア州の州都エスタフルの発掘にも携わり、最初に十文字のトレンチを入れた。こちらの方は、その後まったく研究が進展していない。日本語でのペルセポリス訪問記としては、並河 一九七五年参照。

一九九〇年代以降

イラン民族主義を宣揚していたパフラヴィー朝下（一九二五年〜一九七九年）では、ハカーマニシュ朝研究には大規模な研究投資がなされ、継続的に成果を挙げていた。しかし、一九七九年にイスラーム革命が勃発すると、その反動が現れた。現地での発掘作業は中止された一方、文献学的研究は、古代ペルシア語、エラム語、バビロニア語、エジプト語、ギリシア語など言語別に区分され、それぞれがアッシリア学、インド・イラン学、エジプト学、西洋古典学の研究者によって追究された。一九九〇年代以降、それらを総合化する「学際的」研究が始動している。その旗振り役として、コレージュ・ド・フランス教授のピエール・ブリアン（一九四〇年〜）の活躍は見逃せず、その成果は *Bulletin d'histoire achéménide* の編集の他、Briant 1996, 2001 に見ることができる。日本語では、ブリアン 一九九六年が翻訳されている。

2　ハカーマニシュ朝研究の資料

一次資料

ハカーマニシュ朝研究の一次資料は、歴代大王たちによって造営された碑文である。それらは、エラム語、アッカド語、古代ペルシア語の三語併用であることが通例で、その殆どはヴァイスバッハの『アケメネス朝の楔形文字碑文』(Weissbach 1911) に収められている。古代ペルシア語版のみの解読に絞った研究書としては、ケントの『古代ペルシア語：文法・テクスト・語彙』(Kent 1953) を参照。

ニップルからは、一八九三年に七〇〇枚のタブレットからなる『ムラシュー文書』が出土した。それらはアラム語とアッカド語で表記されており、アルタクシャサ一世とダーラヤワウシュ二世時代のバビロニア地方の経済活動の実態を示している。

ペルセポリスからは、一九三〇年代に四〇〇〇点〜三万点(数え方によって差がある)のエラム語タブレットが発見された。ダーラヤワウシュ一世時代をカバーする「城砦文書」と、クシャヤールシャン一世〜アルタクシャサ一世時代をカバーする「宝物古文書」である。これらの解読には、シカゴ大学のキャメロン、ハロックが当たり、ペルシア州での経済活動はもとより、印章からハカーマニシュ朝の官職体系まで解明した(Cardascia 1951)。

二次資料

ハカーマニシュ朝時代に関する記述資料の大部分は、ギリシア諸都市の住民の見聞や伝聞に基づくギリシア語文献である。ヘロドトス、ベロッソス、クテシアスを始めとするギリシア語文献については、西洋古典学に属するので、ここでは列挙しない。

資料のまとめ

以上から判明するように、ハカーマニシュ朝研究は、イラン語資料とそれほど密接な結び付きはない。この領域で楔形文字表記の古代ペルシア語が占める比重は低く、内部資料の多くはエラム語、アッカド語、アラム語で表記されている。そして、外部資料のギリシア語文献が、圧倒的な分量を占めている。このため、内部資料がほぼ欠如しているこの王朝後期の歴史については、確実なところはまったくわからない。ハカーマニシュ朝研究に関する原資料としては、クールトの『ペルシア帝国：アケメネス朝に関する資料の集成』(Kuhrt 2007) を参照。

第二章　サーサーン朝の研究史と資料

1　サーサーン朝研究史

テオドール・ネルデケ

実証的学問としてのサーサーン朝研究は、一八七九年に、シュトラスブルク大学教授だったテオドール・ネルデケ（一八三六年〜一九三〇年）が、イスラーム教徒歴史家タバリー（九二三年没）のアラビア語著書『諸預言者と諸王の歴史』のサーサーン朝部分を、ドイツ語に翻訳した時に始まる(Nöldeke 1879)。象徴的なことだが、ネルデケは『クルアーン』研究で名高いセム学者であって、決して古代イラン学者ではなかった。一九世紀には、中世ペルシア語で書かれたサーサーン朝の同時代資料はほとんど知られておらず、初期イスラーム時代のアラビア語資料が、サーサーン朝研究を支えたのである。

いわば、サーサーン朝研究は、出発時点ではイスラーム期の記述資料を活用するイスラーム学の一部門として誕生した。これが、楔形文字資料研究（つまり、アッシリア学）の一部門として派生したハカーマニシュ朝研究との決定的な違いであり、ハカーマニシュ朝研究とサーサーン朝研究の双方を、研究者レベルで隔てる結果を齎している。

アルトゥル・クリステンセン

ネルデケが創始したサーサーン朝研究を大成し、当時の水準で決定版とも言えるサーサーン朝通史を執筆したのが、コペンハーゲン大学教授のアルトゥル・クリステンセン（一八七五年〜一九四五年）である。彼の強みは、キャリアの出発点がオマル・ハイヤームの近世ペルシア語詩研究だった点から推察されるように、抜群のイラン語能力だった（ちなみに、クリステンセンは古代・中世イラン語文献のファクシミリ版全一二巻の編集責任者となっており、その成果は *Codices Avestici et Pahlavici Bibliothecae Universitatis Hafniensis, Kopenhagen*, 1931-44 として公刊されている）。その語学力を存分に駆使したクリステンセンは、ネルデケが活用したアラビア語記述資料に留まらず、九〜一〇世

図67：サーサーン朝研究の始祖テオドール・ネルデケ

図68：サーサーン朝研究の大成者アルトゥル・クリステンセン

紀のゾロアスター教神官団が執筆した中世ペルシア語文献まで博捜し、大著『サーサーン朝下のイラン』(Christensen 1936) を上梓した。日本語のクリステンセンの事績概説としては、伊藤 一九六一年を参照。

クリステンセン・テーゼ

『サーサーン朝下のイラン』でクリステンセンが提出した「クリステンセン・テーゼ」は、二一世紀に至るまでサーサーン朝研究上で大きな影響力を誇ったので、ここで参照する価値は充分にある。彼によれば、サーサーン朝は、ゾロアスター教神官出身の皇帝が建国し、「ゾロアスター教」を以って国家宗教とした政教一致の中央集権的帝国であった。

彼が、マスゥーディーの『黄金の牧場』に即して示した図式は、以下の如くである。サーサーン朝の国制の頂点には、エーラーン皇帝（シャーハーン・シャー、原義は「諸王のなかの王」）が立ち、それを皇后（バーンビシュナーン・バーンビシュン、原義は「王妃のなかの王妃」）が補佐する。また、サーサーン家の皇族は、アルメニア大王（ウズルグ・シャー・アルミナーン）、ケルマーン王（ケルマーン・シャー）、サカ王（サカーン・シャー）、クシャーナ王（クシャーン・シャー）として、帝国の要地に赴任した。

中央政府は、文官の大宰相（ウズルグ・フラマーダール）、農業長官（ワースタルヨーシャーン・サーラール）、ゾロアスター教大神官（モーベダーン・モーベド）などが台閣に連なり、エーラーン軍最高司令官（エーラーン・スパーフベド）、近衛部隊（プシュティーグバーン）の司令官（ハザールベド）などが軍を指揮していた。これを支える官僚層は、主としてゾロアスター教神官団によって供給された。

地方政府は、文官の州総督（シャフルダール）、都市総督（シャフラブ）、ゾロアスター教判事（モーベド）と、軍人の辺境総督（マルズバーン、カナーラグ）、要塞司令官（アルグベド）などが任に当たった。軍は、師団（グンド）、連隊（ヴァシュト）を単位に組織され、ペルシア湾岸には海軍長官（ナーヴベド）が率いる艦隊が係留されていた。

一見すると、整然と組織された国家体制が浮かび上がってくる図式で、サーサーン朝は、さながらヨーロッパの絶対王政国家を一〇〇〇年以上先取りしているかのようである。そして、系統が異なるゾロアスター教神官団系の資料とイスラーム教徒系の資料の双方が、揃ってこのような記述を遺している以上、一九三六年段階の研究では、「サーサーン朝＝政教一致の中央集権国家」テーゼが鉄案と信じられたのも、無理からぬことであった。

リカ・ジズラン以降

二一世紀に入ると、資料面で大きな拡充があった。すなわち、ソルボンヌ大学のリカ・ジズランが、新出のパフラヴィー語印章資料を纏め、『サーサーン朝帝国の行政組織の地理的分布』、『サーサーン朝帝国の四方面軍の将軍』、『サーサーン朝帝国の歴史地理の新資料』などとして出版したのである（Gyselen 1989, 2001, 2002）。これに加えて、古銭学の方面でも、サーサーン朝末期に関する知見が飛躍的に高まった。これらによって、同時代資料に恵まれず、後代の記述資料に依拠せざるを得なかったサーサーン朝研究は、新たな段階に突入した。

二一世紀水準でのサーサーン朝通史としては、ニューヨーク市立大学准教授のパルヴァーネ・プールシャリーアティーの『サーサーン朝帝国の衰退と崩壊』（Pourshariati 2008）や、カリフォルニア大学ロサンゼルス校教授のトウラージ・ダルヤーイーの『サーサーン朝ペルシア：或る帝国の興亡』（Daryaee 2013）を参照。また、帝国イデオロギーの変遷に焦点を当てたラヒーム・シャーイェガーンの『アルシャク朝とサーサーン朝』（Shayegan 2016）、サーサーン朝の東方領土に焦点を当てたホルダード・レザーハーニーの『サーサーン朝の東方再考』（Rezakhani 2018）、論文集『サーサーン朝ペルシア』（Sauer 2019）なども、注目すべき業績である。

2　サーサーン朝研究の資料

一次資料

ここで、サーサーン朝研究の資料を概観しておこう。最も重視されるべき一次資料の時代的分布には、著しい偏差がある。初代皇帝アルダフシール一世から第七代皇帝ナルセフ一世までの歴帝は、多くの中世ペルシア語、パルティア語、ギリシア語の二語または三語併用碑文を造営したが、四世紀に入るとこれが途絶える。これらのサーサーン朝の碑文については、ミヒャエル・バックの『サーサーン朝の国家碑文——中世ペルシア語碑文の正書法と発音の研究』(Back 1978)を参照。また、古銭学の成果——特に歴帝の帝冠(図69参照)——によって、歴代皇帝の在位順も、ほぼ正確に割り出せる(図61参照)。

最後に、上述のジズランが集大成した印章資料があるが、こちらは、ホスロー一世時代以降のものが主である。つまり、一次資料は、三世紀の碑文と六世紀以降の印章に集中しており、両者を繋ぐ四～五世紀が資料上の空白時代として残されている。

二次資料

二次資料に当たる記述資料は、下記の三つに分類される。

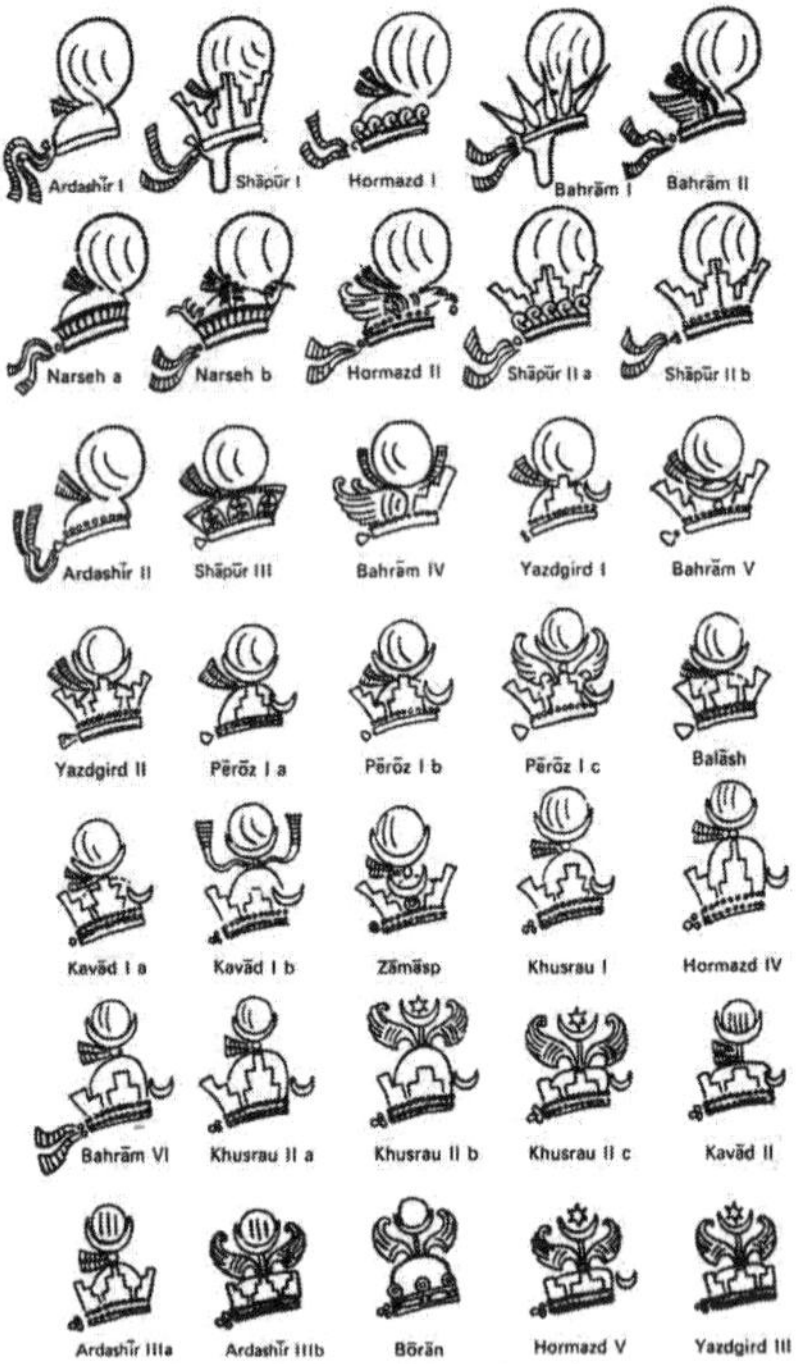

Fig. 1. The crowns of the Sasanian kings as found on coins and reliefs.

図69：サーサーン朝皇帝の帝冠の種類

①アルメニア語、ギリシア語＝東方キリスト教徒の資料

これらは、キリスト教アルメニア文字が開発された五世紀以降に属し、キリスト教徒側から見た情報を伝えている。また、ビザンティン帝国とエーラーン帝国の戦争が激化した六世紀以降は、ビザンティン帝国の視点から記述されたギリシア語文献も多くなる。

②中世ペルシア語＝ゾロアスター教徒の資料

九〜一〇世紀のペルシア州のゾロアスター教神官団が、それまで残存していた口頭伝承や、現在では失われた中世ペルシア語歴史書『フワダーイ・ナーマグ（王の書）』に即して書いた（とされる）文献群が、中世ペルシア語資料である。しかし、文献群中で、時代を確定できる最古の言及はホスロー一世時代を遡らないため、そのカバー範囲はサーサーン朝後期を出ない。

③アラビア語、近世ペルシア語／イスラーム教徒の資料

一〇世紀以降、イスラームに改宗したイラン人たちが、アラビア語、近世ペルシア語で古代ペルシア帝国史を叙述するに至った。相当年代が下るが、代替資料が見当たらないため、資料を欠く四〜五世紀の状況については、信頼性を危ぶみつつも、その記述を採用せざるを得ない。

資料のまとめ

サーサーン朝研究は、三世紀の碑文などによって、初期の皇帝の事績は把握しうるし、六〜七世紀の行政上の印章によって、ホスロー一世以降の状況も把握しうる。しかし、四〜五世紀については、基本的に外部資料と、後代の（それも四〇〇〜五〇〇年も後の）記述資料しかなく、信頼の置ける研究成果の提出は難しい。本書についても、「中期」の部分の記述は、その積もりでお読みいただければ幸いである。

参考文献表

Altheim, Franz und Ruth Stiehl 1954: *Ein asiatischer Staat: Feudalismus unter den Sasaniden und ihren Nachbaren*, Wiesbaden.

Back, Michael 1978: *Die Sassanidischen Staatsinschriften: Studien zur Orthographie und Phonologie des Mittelpersischen der Inschriften zusammen mit einem etymologischen Index des mittelpersischen Wortgutes und einem Textcorpus der behandelten Inschriften*, Leiden.

Briant, P 1996: *Histoire de l'Empire Perse de Cyrus à Alexandre*, Paris.

—— 2001: *Irrigation et drainage dans l'Antiquité. Qanâts et canalisations souterraines en Iran, en Égypte et en Grèce*, Paris.

Cardascia, G. 1951: *Les archives des Murašû*. Paris.

Christensen, Arthur 1936: *L'Iran sous les Sassanides*, Kopenhagen.

Crone, Patricia 1991: "Kavād's Herecy and Mazdak's Revolt," *Iran 29*, pp. 21-42.

Curtis, Vesta Sarkhosh and H. M. Malek 1998: "History of the Sasanian Queen Boran (AD 629-631)," *Numismatic Chronicle*, Vol. 158, pp. 113-129.

Daryaee, Touraj 2013: *Sasanian Persia: The Rise and Fall of an Empire*, London.

Grenet, Frantz 2002: "Regional Interaction in Central Asia and Northwest India in the Kidarite and Hephthalite Periods," *Indo-Iranian Languages and Peoples: Proceedings of the British Academy 116*, Oxford, pp. 203-224.

Gyselen, Rika 1989: *La géographie administrative de l'Empire Sassanide: les témoignages sigillographiques*, Publié par le Groupe pour l'Étude de la Civilisation du Moyen-Orient.

—— 2001: *The Four Generals of the Sasanian Empire*, Rome.

—— 2002: *Nouveaux matériaux pour la géographie historique de l'empire sassanide : sceaux administratifs de la collection Ahmad Saeedi,* Association pour l'avancement des études iraniennes.

Herzfeld, Ernst 1908: *Pasargadae. Untersuchungen zur persischen Archäologie,* Berlin.

——1932-33: *Iranische Denkmäler,* 3 Bände, Berlin.

Kent, R. G. 1953: *Old Persian: Grammar, Text, Lexicon*, American Oriental Society.

Khorashadi, Sorour 2015: "Symbols of the Clan of Qāren and the Rank of Bidaxš in Sassanian Times," *International Journal of the Society of Iranian Archaeologists*, Vol. 1, No. 2, pp. 107-117.

Kuhrt, A. 2007: *The Persian Empire: A Corpus of Sources from the Achaemenid Period*, Routledge.

Nöldeke, Theodor 1879: *Geschichte der Perser und Araber zur Zeit der Sasaniden. Aus der arabischen Chronik des Tabari übersetzt: Übersetzt und mit ausführlichen Erläuterungen und ergänzungen Versehn,* Leiden.

Olbrycht, Marek J. 2016: "Dynastic Connections in the Arsacid Empire and the Origins of the House of Sasan," *Parthian and Early Sasanian Empires*, Oxford.

Pigulevskaja, Nina 1963: *Les de l'état Iranien aux épogues Parthe et Sassanide*, Paris.

Pourshariati, Parvane 2008: *Decline and Fall of the Sasanian Empire*, London.

Rawlinson, Henry 1871: *The Five Great Monarchies of the Ancient World*, London.

Rezakhani, Khordad 2018: *ReOrienting the Sasanians*, Edinburgh University Press.

Sauer, Eberhard W. (ed.) 2019: *Sasanian Persia: Between Rome and the Steppes of Eurasia*, Edinburgh University Press.

Schmidt, Erich 1953: *Persepolis I: Structures, Reliefs, Inscriptions*, Chicago: University of Chicago Press.
—— 1957: *Persepolis II: Contents of the Treasury and Other Discoveries*, Chicago: University of Chicago Press.
—— 1970: *Persepolis III: The Royal Tombs and Other Monuments*, Chicago: University of Chicago Press.
Shayegan, M. Rahim 2003: "Approaches to the Study of Sasanian History," *Paitimāna: Essays in Iranian, Indo-European, and Indian Studies in Honour of Hanns-Peter Schmidt*, Costa Mesa, pp. 363-384.
—— 2016: *Arsacids and Sasanians: Political Ideology in Post-Hellenistic and Late Antique Persia*, Cambridge.
Tyler-Smith, Susan 2000: "Coinage in the Name of Yazdgerd III (AD 632-652) and the Arab Conquest of Iran," *Numismatic Chronicle*, Vol. 160, pp. 135-170.
Weissbach, F. H. 1911: *Die Keilinschriften der Achämeniden*, Leipzig.

青木健（二〇一二年）『ゾロアスター教ズルヴァーン主義研究』、刀水書房
足利惇氏（一九七七年）『ペルシア帝国』、講談社
伊藤義教（一九六一年）「アルトゥル・クリステンセンの人と業績」、『西南アジア研究』第七巻、六一～七五頁
——（一九七四年）『古代ペルシア——碑文と文学』、岩波書店
並河亮（一九七五年）『ペルセポリス——古代ペルシア歴史の旅』、芙蓉書房
ブリアン、ピエール（一九九六年）『ペルシア帝国』、小川英雄（監修）、創元社
家島彦一・上岡弘二（一九八八年）『イラン・ザグロス山脈越えのキャラバン・ルート』、東京外国語大学アジア・アフリカ言語文化研究所
山中元（二〇〇八年）『古ペルシャ語——古代ペルシャ帝国の碑文を読み解く』、国際語学社

あとがき

本書は、筆者がはじめて上梓する歴史に関する概説書である。二つのペルシア帝国の歴史をテーマとする以上、一見すると、筆者が専門としている思想史や宗教学――ゾロアスター教、マニ教、イスラーム――に関する書物ではない。しかし、環流式噴水のような循環論法だが、歴史はそれらの思想の後景である以上、単に思想研究の前景と後景を逆転させたものが、この歴史概説に当たる。このような意味で、筆者の主観では、本書はやはり思想史の書物の一環である。

こう主張する詳しい根拠は、以下の通りである。筆者がはじめてエーラーン帝国の共通語たる中世ペルシア語に触れ、その講読に参加したのは、一九九七年の東大大学院言語学科の演習においてであった。イスラム学科の院生だったにもかかわらず、当時は言語学科の演習にばかり熱中していた。その後、二〇〇三年にははじめてペルシア州の土を踏み、ペルセポリスやアルダフシール・ファッラフ等の遺跡に触れるに及んで、イスラーム以前の古代ペルシアの思想に決定的に興味関心の比重が移った。

そして、この頃から、その後景たるべき「ペルシア帝国」の歴史についても、文字でスケッチして描き溜めておいた。思想研究であれば、精密な具体性——つまり歴史的事実の羅列——は、抽象性を煮詰める作業の前段階に過ぎず、そのスケッチ自体は単に研究ノートたるに留まる。具体的に言えば、筆者はマニ教、ズルヴァーン主義、グノーシス主義、神秘主義といった主題を自分に引き寄せることはできたが、その後景にいるエーラーン皇帝たちに主体的関心を持つことはなかった。そこには抽象化されるべき要素がなく、つまりは問題性もないと感じられたからである。

しかし、爾来十数年を経て、この研究ノートの蓄積もかなりの量に及び、筆者としても翻然悟るところがあった。気難しい問題性は一旦措くとして、後景は後景として全面展開してみれば、そこに何か新しい発見があるかも知れぬ、と。こうして、どうしても思想研究に反映しきれなかった部分——頑固に抽象化を拒否した歴史的事実群——を収穫して、概説書として纏めさせていただくことにした。いわば、私的な研究ノートのなかのデッサンが、偶然の巡路によって、永遠の綴じ込みに保存される栄に浴することになったのである。筆者のメチエ（技量）にはおよそそぐわない歴史に関する概説書が完成したのは、以上のような経緯による。

なお、本書の前提となった思想研究の産物として、講談社から下記の四冊を出版させていただいている。

・『ゾロアスター教』(二〇〇八年、講談社選書メチエ)
・『アーリア人』(二〇〇九年、講談社選書メチエ)
・『マニ教』(二〇一〇年、講談社選書メチエ)
・『古代オリエントの宗教』(二〇一二年、講談社現代新書)

併せて御読みいただければ、合わせ鏡のようにして、古代ペルシアへの理解が深まるかもしれない。……と書けば、一分の隙もない自己是認になるが、そんな自信はない。もしかしたら、何かの役に立つかもしれないので、渺たる小著ではあるが、参考までに御読みいただきたいと思う。

ある程度まとまった書物の執筆には、安定したミリューが欠かせない。本書執筆に当たっては、現在奉職している静岡文化芸術大学文化・芸術研究センターの御世話になった。地方の公立大学には贅沢な研究環境を提供していただき、衷心より感謝申し上げる。また、前四著にひきつづき、本書の編集に当たっては、講談社学芸部の山崎比呂志氏と所澤淳氏の御世話になった。こちらも記して感謝申し上げたい。

二〇二〇年六月　Covid-19後の世界にて

青木健

N.D.C.227.2　374p　18cm
ISBN978-4-06-520661-4

講談社現代新書　2582

ペルシア帝《てい》国《こく》

二〇二〇年八月二〇日第一刷発行　二〇二〇年九月七日第二刷発行

著　者　青《あお》木《き》　健《たけし》　

発行者　渡瀬昌彦
発行所　株式会社講談社
東京都文京区音羽二丁目一二―二一　郵便番号一一二―八〇〇一
電　話　〇三―五三九五―三五二一　編集（現代新書）
〇三―五三九五―四四一五　販売
〇三―五三九五―三六一五　業務
装幀者　中島英樹
印刷所　豊国印刷株式会社
製本所　株式会社国宝社
本文データ制作　講談社デジタル製作
定価はカバーに表示してあります　Printed in Japan

「講談社現代新書」の刊行にあたって

教養は万人が身をもって養い創造すべきものであって、一部の専門家の占有物として、ただ一方的に人々の手もとに配布され伝達されうるものではありません。

しかし、不幸にしてわが国の現状では、教養の重要な養いとなるべき書物は、ほとんど講壇からの天下りや単なる解説に終始し、知識技術を真剣に希求する青少年・学生・一般民衆の根本的な疑問や興味は、けっして十分に答えられ、解きほぐされ、手引きされることがありません。万人の内奥から発した真正の教養への芽ばえが、こうして放置され、むなしく滅びさる運命にゆだねられているのです。

このことは、中・高校だけで教育をおわる人々の成長をはばんでいるだけでなく、大学に進んだり、インテリと目されたりする人々の精神力の健康さえもむしばみ、わが国の文化の実質をまことに脆弱なものにしています。単なる博識以上の根強い思索力・判断力、および確かな技術にささえられた教養を必要とする日本の将来にとって、これは真剣に憂慮されなければならない事態であるといわなければなりません。

わたしたちの「講談社現代新書」は、この事態の克服を意図して計画されたものです。これによってわたしたちは、講壇からの天下りでもなく、単なる解説書でもない、もっぱら万人の魂に生ずる初発的かつ根本的な問題をとらえ、掘り起こし、手引きし、しかも最新の知識への展望を万人に確立させる書物を、新しく世の中に送り出したいと念願しています。

わたしたちは、創業以来民衆を対象とする啓蒙の仕事に専心してきた講談社にとって、これこそもっともふさわしい課題であり、伝統ある出版社としての義務でもあると考えているのです。

一九六四年四月　野間省一